일본의 정치과정

국제화시대의 행정개혁

이상훈 저

보고사

책을 내면서

1980년대는 세계적으로 「행정개혁의 시대」였다고 인식되고 있다. 일본에 있어서도 80년대는 「행정개혁」이 최대의 정치과제로서 등장한 행정개혁의 시대였다고 평가되고 있다. 이것은 1981년 3월 16일에 발족한 임시행정조사회의 활동을 시작으로 개시된 행정개혁에 관한 일련의 과정이 일본의 정치·경제시스템에 미친 커다란 충격을 중시한 해석에서 나온 것이라 생각된다.

본서는 일본의 정치 · 경제시스템에 커다란 충격을 가했다고 하는 80년대 일본에서 행해진 행정개혁의 과정을 그 개혁안의 형성 · 결정과정에 있어서 이해관계를 갖는 다양한 정치행위자간의 대립과 타협을 야기하는 정치과정으로서 분석한 것이다. 즉, 현대일본정치에 있어서의 넓은 구조적 문맥을 의식하면서, 제2임조와 1983년 6월 28일에 발족한 임시행정개혁추진심의회의 심의과정 및 답신의 법안작성과정이라고 하는 행정개혁의 정치과정에 있어서 유력한 행위자가 행정개혁에 대해 어떻게 대응 · 행동했으며, 그것이 어떠한 결과를 가져왔는가를 실증적으로 분석한 것이다. 이와 관련된 본서의 또 하나의 과제는 현대일본의 정치과정을 규정하는 「구조」로서 「60년체제」를 제시하고, 60년체제가 변용하기 시작한 80년대, 바꾸어 말하면 일본에서 「국제화」가 진지하게 논의되기 시작한 시기에 행해진 행정개혁의 정치과정에 있어서 그 구조가 어떠한 결과를 가져왔는가를 명백히 하는 것에 있다.

그러나 정치학 비롯한 다른 학문에 있어서도 「구조」라고 하는 말은 극히 다양한 의미로 또한 다양한 레벨에서 사용되고 있으며, 일반적인 정의는 존재하지 않는다. 행정개혁의 정치과정을 구조적인 관점에서 분석하려고 하는 이 책에서는 데이비드 이스턴(David Easton)이 구조를 "개인이나 집합체의 행동을 제약하는 여러 관계의 패턴"이라고 개념정의하고 있는 것에 착목하여 행정개혁의 정치과정에 등장하는 각 개인, 여러 집단의 대응이나 행동을 규정하는 여러 관계의 패턴을 구조의 개념으로 정의한다. 그리고 1980년대 전반에 정치적인 최대중요과제로 등장한 행정개혁은 기존의 정책 네트워크에 개혁압력을 가하는 것이었으며, 이 정치과정은 기존의 여러 관계 패턴의 재구축과정이었다고 간주하고 있다.

1980년대 일본에서 행해진 행정개혁이 정치개혁의 의미를 가지고 있으며 정치과정론적 분석이 필요하다고 하는 것이 본서의 문제의식이며 그것은 전술한 바와 같이 구조적 문맥에 의한 분석이 유익하다는 논리로 이어진다. 왜냐하면, 정치의 세계에 있어서는 각 주체의 이해가 균형 있게 동시에 공평하게 표출된다고는 말할 수 없기 때문이다. 다시 말하면 과잉 대표되는 이익이 있으면, 정치적으로 유효성을 갖지 못하는 이익도 있다. 따라서 정치학의 고찰은 정부를 일정한 방향으로 작동시키는, 정책형성을 기본적으로 지탱하는 구조는 무엇인가를 대상으로 할 수밖에 없다. 그 이유는 사회경제에 분출하는 문제가 어떠한 구조 하에 정책과제로서 정치적으로 인식되어, 어떠한 절차를 걸쳐 정책으로서 공시되는가, 그리고 이 과정의 중심주체는 누구인가가 정치학에 있어서 고찰의 초점이 되기 때문이다.

이러한 의미에서 행정개혁에 관한 분석에 있어서는 그 내용에 대한 검토도 중요하지만, 실제 행해진 개혁의 정치과정을 연구대상으로 함으로써 등장하는 주요 행위자간의 영향력관계, 융합관계, 이익관계를 명백히 할 수가 있으며, 또 각 행위자의 상호작용이 산출한 행정개혁의 결과를 고찰하는 것에 의해서 그 정치적 구조가 갖는 특징을 파악할 수 있다는 것을 간과해서는 안 된다. 즉 제2임조를 둘러싼 정치과정을 검토하여 무엇이 달성되었고 무엇이 달성되지 않았는가를 아는 것은 그러한 정치수법에 의한 개혁의 가능성을 찾는 의미를 가진다. 그리고 무엇이 달성되었는가를 아는 것은 일본정치에 있어서 어디를 어떻게 움직이면 제도가 변할 수 있는가를 아는 것과 결부되며, 무엇이 달성되지 않았는가를 아는 것은 자기개혁을 가로막는 정치구조의 벽을 명백히 하는 것에 연결되는 것이다.

본서의 구성은 모두 6장으로 구성되어 있다. 제1장에서는 행정개혁의 개념을 어떻게 파악할 것인가에 대해 검토한 후 행정개혁의 정치과정에 대한 분석 틀을 제시한다. 즉 「추진・저항」과 「능동・수동」이라는 기준에 착목한 분석 틀을 제시하고 이에 기초하여 행정개혁의 정치과정에 등장하는 네 개의 주요 행위자에 관한 특징을 검토한다. 제2장에서는 소위 「55년체제」론의 한계를 지적하고 이것에 대한 대안으로서 「60년체제」론의 구조를 체계화함과 동시에 80년대를 60년체제의 변용기로 간주하는 이유를 명확히 할 것이다.

제3장에서는 행정개혁의 정치과정에 있어서 능동적 추진주체였던 나카소네 수상과 수동적 추진주체였던 자민당을 중심으로 한 정치과정을 실증적으로 분석할 것이다. 제4장에서는 제2임조와 행혁심의 심의과정 및 답신의 법안화과정에서 유력한 행위자로서 능동적으로 저항했던 관료제의 행정개혁에 대한 대응 및 행동, 그 귀결에 초점을 맞추어 검토한다. 제5장에서는 행정개혁에 반대했지만, 국회 내에서 고립화되어 갔던 사회당과 제2임조의 답신에서 표면화된 공사의 민영화 움직임에 의해 산하노조의 해체위기에 직면한 일본노동조합총평의회가 왜 수동적 저항을 할 수밖에 없었는가를 논증한다. 마지막으로 제6장에서는 90년대에 행해진 하시모토 행정개혁에서 중앙성청 재편이 가능했던 요인을 추출함으로써 80년대의 행정개혁과 90년대 행정개혁의 비교를 통해 이 책이 일관되게 주장하는 정치행위자간의 관계가 개혁에 미치는 영향을 분석할 것이다.

이 책은 저자의 1999년 일본국립오사카대학 박사학위논문(60年体制の変容期における行政改革の政治過程)을 수정한 후 2002년 5월 발행된 한국국제정치학회보인 국제정치논총에 실린 논문을 수정・보완한 것이다. 이 책이 80년대의 행정개혁을 주된 대상으로 하고 있으며, 많은 문제를 내포하고 있음에도 불구하고 발간을 결심하게 된 데에는 저자 나름대로 두 가지의 이유가 있다. 첫째, 현재 한국에서 출판된 일본정치관련 서적의 대부분이 일본의 외교나 국제관계(특히 한일관계), 정치사를 주요 대상으로 삼고 있기 때문에 일본의 국내정치 특히 일본의 정치과정을

이해할 수 있는 학술서적이 부족하다는 판단에서 이다. 또한 일본의 국내정치에 관한 책이라 하더라도 그 주된 관심이 조직적 제도적 측면에 집중되어 있어 정치 행위자들의 이해관계를 둘러싼 정치과정에는 주변적인 관심밖에 기울이지 않고 있다고 판단했기 때문이다. 둘째, 현재 한국에서는 개혁이 화두가 되고 있다고 생각되는 데 일본의 행정개혁의 분석을 통해 개혁이 갖는 의미와 그 정치과정을 이해함으로써 한국에서의 개혁에 대한 시사점을 제공할 수 있을 것이라고 생각했기 때문이다.

이 책이 나오기까지 많은 분들의 도움과 격려를 받았다. 우선 박사과정의 지도교수이신 오사카대학의 타고 케이이치(多胡圭一)교수님께 감사를 드리고 싶다. 저자가 박사과정생으로 5년간, 교원으로 4년간 총 9년간 일본에서 생활하는 동안 부족한 제자를 너무도 따뜻하게 대해주셨다. 학문적으로는 엄격하지만 사고의 자유를 인정해 주셨고, 외국인 유학생으로서가 아닌 한 명의 연구자로서 대등하게 대접해 주셨을 뿐 아니라 일상생활면에서도 불편함이 없도록 모든 것을 세심하게 신경 써 주셨다. 선생님께서 저자에게 해주신 것만큼 이제 저자가 학생들에게 해주어야 한다고 생각은 하면서도 그것이 쉽지 않음을 순간순간 느끼면서 감사함이 더해가고 있다. 박사논문을 꼼꼼하게 비평해주시고 좋은 조언을 해 주신 카와타 쥰이치(河田潤一), 타케나카 유타카(竹中浩), 사카모토 카즈야(坂元一哉)교수님께도 진심으로 감사드리며, 형과 같은 존재로 동료이자 테니스 파트너였던 타키구치 츠요시(瀧口剛)선생님에게도 고마움을 전하고 싶다. 오사카대학 이외의 분으로는 쿄토대학의 마부치 마사루(眞淵勝), 코베대학의 이토 미츠토시(伊藤光利)교수님께서 연구회를 통해서나 개인적으로 많은 가르침과 지적 자극을 주셨으며 학자로서의 갈 길을 제시해 주셨다. 이 자리를 빌어 감사한 마음을 전하고 싶다.

저자가 일본에 유학할 수 있도록 추천해 주시고 석사과정에 재학하고 있을 때 일본 정치에 관심을 갖게 해주신 한국외대의 김태정교수님은 넓은 마음과 따스한

눈빛으로 저자의 학문생활을 지켜봐 주시고 계신다. 그저 감사할 따름이다. 한국외대 정외과의 이정희, 김웅진 교수님 그리고 한국외대 명예교수이신 성황용선생님, 지금은 학계를 떠나계시는 노승우선생님께서는 정치학에 대한 폭넓은 지식과 연구자로서의 기초를 다지는데 커다란 도움을 주셨다.

현재 국민대학교 일본학연구소에 재직하고 있는 저자에게 연구에만 전념할 수 있는 좋은 환경을 제공해 주시고 학문이란 끊임없는 정진이 필요하다는 것을 몸소 보여주고 계시는 김영작, 한상일, 한경구, 이원덕 선생님께 마음으로부터 감사함을 전하고 싶다. 또한 동료이면서도 행정에 소홀한 저자를 너그럽게 이해해 주고 있는 전진호, 박홍영, 이이범, 김지연박사님에게는 그저 미안할 따름이다. 저자가 참 행운아라는 것을 국민대에서 느끼고 있음을 이 자리를 빌려 말씀드리고 싶다.

그리고 돌아가신 부모님을 대신하여 대학원시절부터 일본의 유학생활, 귀국해서 현재에 이르기까지 저자에게 물심양면으로 원조를 해주신 형님 내외분께도 감사하다는 말을 꼭 전하고 싶다. 유학생활이 어렵고 힘들다고 느끼지 못하고 보낼 수 있었던 것은 모든 부담을 대신 져주신 마음 든든한 형님내외분이 계셨기 때문이었다.

같은 연구자로서 자신의 일에 충실하면서도 가정에 결코 소홀하지 않은 아내의 내조가 없었다면 현재의 저자는 없었다고 해도 과언이 아니다. 부족한 남편을 언제나 믿고 따라주었을 뿐만 아니라 박사논문의 번역에도 많은 시간을 할애해 준 사랑하는 아내 지숙에게 곁에 있어주어 고맙다는 말과 함께 이 책을 주고 싶다.

마지막으로 어려운 출판사정에도 불구하고 흔쾌히 무명학자의 책을 출판해 준 보고사 김홍국사장님과 수고를 마다하지 않은 편집부 박정경씨에게도 진심으로 감사드린다.

2003년 3월 풍성한 하나님의 은혜에 감사하며

이 상 훈

목차

목차

제 1 장

행정개혁의 정치과정에 관한 분석 틀

제1장

행정개혁의 정치과정에 관한 분석 틀

제1절 문제의식

1. 체제개혁으로서의 행정개혁

이 장은 80년대의 일본에 있어서 최대의 정치과제로 등장한 행정개혁의 정치과정에 대한 분석 틀을 제시하고자 하는 것이다. 그 목적은 "구조가 정치과정을 규정한다"라고 하는 가설 하에, 나카소네 야스히로(中曾根康弘)정권기에 행해진 행정개혁이 갖는 의미를 명확히 하고, 80년대에 행해진 「행정개혁」의 정치과정에 대하여 「추진 · 저항」과 「능동 · 수동」이라고 하는 기준에 주목한 분석 틀을 제시함과 동시에 이 분석 틀에 기초하여 행정개혁의 정치과정에 4개의 주요 행위자가 등장하게 되는 요인을 경험적, 구조적으로 검토하는 것에 있다.

1960년대 초기 이케다 하야토(池田勇人)내각 당시 등장한 임시행정조사회(이하 제1임조)는, 답신의 「총론」에서 "직접적으로 정치나 행정에 관련되는 사항에 대해서는 원칙적으로 언급하지 않았으며, 또 지방정치의 문제에 대해서는 국가행정과 관련이 있는 부분만을 문제로 삼았다"[1]고 기술하고 있다. 이것과 비교해서 1980년대의 행정개혁에 참여했던 임시행정조사회(이하 제2임조) · 임시행정개혁추진심의회(이하 행혁심)의 멤버는 제2임조 · 행혁심의 행정개혁의 성격에 대해서 "임조 · 행혁심의 행정개혁은 제1임조가 행정운영의 통합화, 효율화, 능률

---

1) 行政管理研究センター編 『行政改革のビジョンⅠ・臨時行政調査會意見』(行政管理研究センター, 1977), p.24.

화라고 하는 행정의 방법에 대한 개혁에 중점을 둔 것에 비해, 행정의 내용이나 체제의 개혁에 주요한 목표를 두고 있다"[2]고 지적하고 있다. 이 점이 제1임조와의 큰 상이점의 하나라고 말할 수 있다. 다만 "행정의 내용이나 체제의 개혁에 주요한 목표를 두고 있다"라고 할 때의 「체제」가 무엇을 의미하는 것인가는 분명치 않다.

또한, 제2임조가 제1차 답신에서, 1982년 현재 82억엔에 이르는 국채잔고, 저성장에 의해 자연증수를 기대할 수 없는 재정, 증세를 허용하지 않는 정치환경 등과 같은 어려운 행재정(行財政)환경 속에서 "새로운 역할에 종래와 같이 적극적으로 대응"하기 위해서는 단순한 재정수지의 개선이나 인원의 삭감만으로는 불충분하며 "오랜 행재정운영에 의해 형성되어 온 구조적 폐해에 메스를 가하는"[3]것이 제2임조의 당면의 개혁과제라고 주장하고 있으나 이 경우에도 「구조」가 무엇을 가리키는 것인가 확실하지 않다. 그러나 「체제의 개혁」이나 "구조적 폐해에 메스를 가하는"개혁이라고 하는 표현에서 추측해 본다면, 80년대의 행정개혁이 자민당 장기정권을 지탱해 온 이익정치시스템[4]과 전후 눈에 보이는

---

2) 臨調・行革審OB會監修 『臨調・行革審—行政改革2000日の記錄』(行政管理硏究センター, 1987), p.6.

3) 臨時行政調査會OB會編「行政改革に關する第1次答申」『臨調と行革・2年間の記錄』(文眞舍, 1983), p.241.

4) 타카바타케 미치토시(高畠通敏)는 나카소네(中曾根)행정개혁의 표적이 이익정치를 낳은「保守本流」의 정치에 있었다는 것을 다음과 같이 지적하고 있다. "고도성장하의 이익유도정치 속에서 유착이 진행된 각 관청과 그와 관계를 갖고 있는 의원그룹(건설족, 농림족, 국방족 등)에 의해 지배되고 있는 당은, 각 관청의 예산 비대만을 요구하며 조금도 개혁을 향해 나서려고 하지 않는다.……'전후의 총결산'이라고 하는 말은 이러한 의미에서 사실상 고도성장 하에서 가능했던 재정잉여를 무기로 보조금을 분배하면서, 오로지 내정만을 중시하여 콘센서스 폴리틱스를 형성하고, 일미관계는 악화하는 대로 내버려 둔 보수본류파의 정치수법을 대상으로 하고 있었던 것이다." 高畠通敏『新保守の時代はつづくのか』(三一書房, 1987), p.166.

형태로 개혁된 적이 없는 관료제의 변혁을 함의하는 것[5]이었다고 할 수 있을 것이다.

2. 구조적 분석의 필요성

이와 같이 1980년대의 일본에서 행해진 행정개혁이 「구조」개혁을 상정한 것이었다고 한다면 개혁대상으로서의 구조라고 하는 것은 무엇인가, 나아가 행정개혁의 정치과정에 대해서 구조가 어떠한 영향을 주었으며 어떠한 제약을 부과했는가를 분석할 필요성이 있다. 왜냐하면 80년대 초기 제2임조에서부터 시작하는 행정개혁에 대하여 국민의 큰 기대와 지지가 있었음에도 불구하고 나카소네 내각의 관방장관과 총무청장관으로서 행정개혁에 관여해온 고토다 마사하루(後藤田正晴) 스스로가 "나카소네 내각 당시 개혁의 가장 중심에 두었던 것은 국철개혁이다. …… 그 외에는 그다지 기억에 남는 것이 없다"[6], "나카소네 내각은 전후의 내각으로서는 뛰어난 내각이었다고 생각한다. 단지 행정개혁이라는 점에 한정한다면 어중간한 결과로 끝났다. 이 정도의 행정개혁으로는 문제가 되지 않는다"[7]라고 하는 평가를 내리고 있는 것처럼, 그것이 「성공」했다고 말할 수 없다면 행정개혁에 대한 기대와 그 결과 사이에 나타난 커다란 갭의 원인규명이 필요하며, 그것은 그와 같은 결과를 가져온 구조에 의한 제약의 영

5) 이토 미츠토시(伊藤光利)도 "행정개혁이나 국제화는 각성청이 동원할 수 있는 리소스(인원, 재원, 권한 등)의 삭감이나 기본적인 정책이념의 변경 등 조직 존속에의 매우 중대한 도전을 내포하고 있었던 것이다"라고 하는 인식을 표명하고 있다. 伊藤光利「環境變動期における省廳の內部的對應と政府構造－行政の自律化と合理化との關聯で－」『政策科學』5巻2号(立命館大學政策科學會, 1998.2), p.1.

6) 大嶽秀夫『「行革」の發想』(TBSブリタニカ, 1997), p.380.

7) 大嶽秀夫, 상게서, p.385.

향을 분석하는 것에 의해서만 설명이 가능하다고 생각하기 때문이다.

더 구체적으로 이야기한다면, 1980년대 전반기의 행정개혁은 구조적 필연성으로부터 정치적 과제로서 등장한 것이며, 기존의 정책네트워크에 개혁압력을 가해야만 하는 것이었다. 그러나 실제는 그 추진자가 기존의 이익관계・융합관계・영향력관계로 연결된 정책결정참가자이었으며, 행정개혁의 과제선택 및 그 결과가 기존의 정책결정구조에 규정되었기 때문에 기대되었던 구조적 행정개혁까지는 도달하지 못했다고 볼 수 있다. 따라서 그러한 결과를 가져온 시스템이란 무엇인가를 명확히 하기 위해서는 구조적 분석이 필요한 것이다. 위와 같은 이유에서 1980년대 전반 일본에 있어서의 최대의 정치과제였던 행정개혁은 일본의 정치과정에 대한 구조적・포괄적 분석을 필요로 하는 테마라고 할 수 있다.

방법론적으로 말한다면, 행정개혁을 일본정치의 구조적 문맥에서 분석하기 위해서는 행정개혁에 관한 일련의 정책을 개개의 정책레벨에서가 아니라 하나의 패키지로서 전체적, 포괄적으로 분석할 필요가 있다. 물론, 1980년대의 행정개혁에 관한 다원주의론에 입각한 상당수의 사례연구처럼 재정재건, 공사개혁, 성청개편, 규제완화 등, 행정개혁의 개별적인 과제마다 각 행위자가 어떻게 행동 또는 대응했는가에 초점을 맞추어 미시적인 변화를 중시하는 분석도 중요할 것이다. 왜냐하면, 연구과제의 성격이 구조적・포괄적인 거시적 레벨에 있을 경우, 자민당이나 관료제, 「사회당・총평블럭」과 같이 커다란 단위간의 諸관계의 대략적인 기술이 채용되어, 얻어지는 결론은 미시적 연구에 비해 보다 개괄적이 될 수밖에 없기 때문이다. 그러나 행정개혁의 정치과정에 등장하는 행위자의 활동이 일본의 정치・경제구조에 의해 제한되거나 또는 행정개혁 과제의 선택지나 선택된 과제의 개혁결과가 「60년체제」라고 하는 구조에 의해 제한되었다고 한다면,[8] 이와 같은 일본정치의 넓은 구조적 문맥을 무시하는 것은 한 개의 중요한 설명요인을 제외하는 것이 되며 생산적이라고 할 수 없다.

이상과 같은 관점에서 이 장에서는 행정개혁의 개념은 어떻게 정의해야만 하는가를 검토하고, 「추진 · 저항」과 「능동 · 수동」이라고 하는 기준에 기초한 분석 틀을 제시함과 동시에, 구조에 의해 영향을 받은 1980년대 행정개혁의 정치과정에 나카소네수상, 자민당, 관료제, 「사회당 · 총평블럭」이라는 4개의 주요 행위자가 등장하게 되는 원인을 검토함으로써 일본의 정치구조가 갖는 특징을 명확히 하고자 한다.

제2절 「행정개혁」의 개념

「60년체제」의 변용기, 즉 1980년대 최대의 정치과제로서 부상한 행정개혁이지만, 세계적으로 행정개혁을 어떻게 정의할 것인가에 대해서는 학자의 관심소재, 요컨대 분석레벨의 상위에 의해, 또는 분석대상국의 정치체제의 상위에 의해, 그리고 분석대상의 시간적 범위의 상위에 의해 다의적으로 될 수밖에 없으며, 일반적 · 보편적인 정의는 존재하지 않는다.[9] 본고에 있어서는 두 가지의

8) 「구조」에 의해 규정된다고 하는 의미의 "제약이란 무엇인가"에 대해서 데이비드 이스턴(David Easton)은 다음과 같이 설명하고 있다. "가장 일반적인 의미에 있어서 제약이라고 하는 것은 개인 또는 집합체가 취하는 선택에 가해지는 어떠한 제한 내지는 한정을 말한다. 즉 선택지의 수를 유한의 수로 줄이는 것과 같은 조건을 의미한다. 선택지의 수가 적으면 적을수록 제약이 크다고 말할 수 있을 것이다. …… 선택에 아무런 제한도 없을 때에는 완전한 자유가 있으며, 선택의 여지가 전혀 없을 때에는 행동은 이미 완전히 결정되어 있다는 것이다. 이러한 극단적인 케이스는 물리적, 생물적, 사회적 자연에 있어서는 그렇게 많지는 않다. 제약은 통상 어느 정도 선택의 폭을 남기고 있는 것이다. 문제는 선택의 폭의 종류, 크기, 주어진 조건, 그리고 선택의 결과이다." David Easton, *The Analysis of Political Structure*, 山川雄巳監譯『政治構造の分析』(ミネルヴァ書房, 1998), p.76.

9) 행정개혁에 관한 개념 정의의 곤란성에 대해서는, 田口富久治「先進諸國の行政改革序論」

관점에서 행정개혁의 정의를 시도하고자 한다. 첫째는 분석레벨에서 정치과정으로서의 행정개혁이란 무엇인가, 둘째는 구조적 문맥에서 80년대 일본에서 행해진 행정개혁은 어떠한 의미를 가지고 있었는가 이다.

우선 「개혁」이라고 하는 단어이다. 모셔(F. C. Mosher)가 "보다 좋은 방향으로의 변화"라고 하는 규범적 의미를 갖고 있는 것이 개혁이라고 규정하고 있는 것처럼,[10] 개혁이라고 하는 동적 현상은 일종의 「변화」이긴 하지만, 무조건적 변화·변동이 아니며, "바람직한 방향으로의 변화"라고 하는 의미를 암묵적으로 가지고 있는 개념이기 때문에 가치중립적인 변화라고 하는 의미에, 현 상태가 개선되어야만 한다고 하는 규범적 의미도 포함하고 있는 이중적인 개념이다. 즉, 실제로는 그렇지 않은 경우도 많겠지만 적어도 이념적으로는 어떤 대상을 변화시키나 그 변화가 개악을 의미하지 않는다고 하는 가치판단이 내재하고 있는 것이다. 물론 이와 같은 개혁의 의미가 행정개혁에도 적용된다는 것은 말할 필요도 없다.

일본에 있어서의 행정개혁에 관한 정의는 자세하게 설명하지는 않겠지만, 주로 행정학의 관점에서 논의되어 왔다.[11] 행정학적 관점에 의한 행정개혁의 정

田口富久治編『主要諸國の行政改革』(勁草書房, 1982), pp.1~5 참조.

10) F. C. Mosher, "Some notes on Reorganization in Public Agencies", in R. C. Martin(ed.), *Public Administration and Democracy*(Syracuse : Syracuse Univ. Press, 1965), p.129.

11) 행정학의 관점에서 행정개혁을 정의한 것으로는 西尾勝『行政學』(放送大學教育振興會, 1986), pp.35~36, 阿部齊他『日本の政治』(放送大學教育振興會, 1986), p.103, 片岡寛光『行政の構造』(早稻田大學出版部, 1992), pp.209~210 참조. 카타오카(片岡)처럼, 행정개혁의 광범위한 영향, 파급효과를 강조하고 행정개혁을 사회개혁으로서 정의한 H·지덴토프(H. Siedentopf)는 "행정개혁은 행정환경의 수요와 요구에 대처하기 위한 정부 혹은 공공행정부문의 조직 및 절차, 사업 등의 변혁으로서, 행정환경으로서의 사회를 재구성하고, 경제적·사회적 발전을 지도, 규제, 통제하는 현대국가의 역할을 고려하는 개념이다"라고 규정하고 있다. H. Siedentopf, "Introduction : Government Performance and Administrative Reform", in G. E. Caiden & H. Siedentopf, (eds.), *Strategies for Administrative Reform*(Lexington : Lexington

의에서 알 수 있는 것은 다음의 두 가지이다. 첫째로, 행정개혁이 갖는 의미는 시대에 의해 다르다고 하는 점이다. 즉 정치, 행정, 경제, 사회가 직면한 다양한 문제에 대응하는 개혁 요청의 내용이 시대에 따라 다르며, 일반적으로 행정개혁이라고 해도 분석하는 시간적 범위에 의해 그 대상에 차이가 있다고 하는 것이다.[12] 예를 들면, 제1임조가 활동한 「60년체제」의 형성기에 있어서 행정개혁에 대한 시대적 요청은 60년대의 고도성장에 따르는 행정수요의 변동에 대응하지 못하는 구태의연한 행정기구나 행정운영에 대한 비판에서 출발하고 있다. 그 결과 행정개혁의 정책적 논점은 고도성장에 대응하기 위해 무역자유화와 개발을 포함한 산업합리화, 행재정(行財政)기능의 확충합리화 등의 추진을 목표로 하는 것이었다. 이와 비교하여 제2임조가 활동한 「60년체제」의 변용기에 있어서 행정개혁에 대한 시대적 요청은 재정위기를 초래한 일본의 정치・행정・경제구조에 대한 비판, 그리고 시장경제의 원리를 무시한 정부에 의한 개입시스템에 기인하는 국제적 경제마찰 및 자민당의 고정적인 지지기반을 지탱해 온 재량적 이익배분시스템에 대한 위기의식에서 나온 것이었다.[13] 따라서 행정개혁에 요청된 정치적 과제는 저성장기에의 대응이라고 하는 주로 구조적인 문제의 해결에 있었던 것이다.

둘째는, 행정학적인 정의에 있어서는 행정개혁이 가지는 「정치개혁」으로서의 의미가 별로 중시되고 있지 않다는 점이다. 그러나 무라마츠 미치오(村松岐夫)가 "행정개혁은 정치개혁이다. 세계의 정치학이 보여주고 있는 것처럼, 정당과

Books), 1982, pp.x-xi 참조.

12) J・D・몽고메리도 "개혁의 목표와 개혁하려고 하는 병폐는 정치적 상황에 의해 다르다"라고 간주하고 있다. J. D. Montgomery, *Sources of Administrative Reform:Problems of Power, Purpose and Politics*(Washington : Comparative Administration Group), 1967, p.2 참조.

13) 山口二郎『一党支配體制の崩壊』(岩波書店, 1989), p.222 참조.

관료제의 관계는 그 우위관계보다는 융합관계가 주목되고 있는 것이 현대고도 산업국가의 정치이다"[14]라고 명확하게 말하고 있는 것처럼, 행정개혁은 정치적인 측면이 극히 강하다고 할 수 있다. 일본에 한정해 보더라도, 시노하라 하지메(篠原一)가 일본에 있어서의 행정개혁은 "정치적 심벌이며, 그 속에는 잡다한 것이 고의로 포함되어 있다. 선진 자본주의국가에서 근년 중시하고 있는 정보공개나 지방분권 등 권력의 구조개혁 내지는 민주화에 속하는 것에서부터, 보다 좁은 의미의 행정개혁에 속하는 것으로 생각되는 불공평세제의 시정, 보조금의 정리통합, 나아가 행정기구개혁으로서 인식해야 할 중앙관청의 재조직화, 행정의 낭비배제, 특수법인・지방출장소의 삭감, 그리고 마지막으로 …… 사실상의 정치노선의 선택에 이르기까지 정치에 관한 모든 것을 포함하고 있다"[15]고 말하고 있는 것처럼, 80년대 일본에 있어서의 행정개혁은 「정치개혁」의 의미를 함의하고 있다고 말할 수 있다.

이와 같은 관점에서 본다면, 행정개혁은 "기존의 행정체계와 사회・행정환경 사이에 차이가 생겨, 이 차이를 해소하기 위해 사회의 특정 계층이 목적의식을 가지고 행정의 새로운 역할을 창출하고자 하는 것"[16]이지만, 동시에 그 과정은 이념과 욕망, 관료제의 합리성과 이익정치가 교차하고 있는 정치과정이라고 말할 수 있다. 다시 말하면, 행정개혁은 정치적・경제적・사회적 환경의 변화와 침체의 문제에 대처하기 위한 혁신적 제안의 단순한 적용이라고 볼 수는 없으며,[17] J・D・몽고메리(J. D. Montgomery)가 말하는 것처럼, 그것은 "관료제와

---

14) 村松岐夫『日本の行政』(中央公論社, 1994), p.216.

15) 篠原一「團體の新しい政治機能」『岩波講座基本法學2・團體』(岩波書店, 1983), p.337.

16) 水口憲人「アメリカ合衆國の市政改革運動とその『遺産』」田口富久治編『主要諸國の行政改革』(勁草書房, 1982), p.83.

17) F. F. Redley, "Administrative Theory and Administrative Reform", in G. E. Caiden & Siedentopf, (eds.), *Strategies for Administrative Reform*(Lexington : Lexington Books, 1982), p.3 참조.

사회의 다른 구성요소와의 관계, 또는 관료제내의 여러 가지 관계를 조정하기 위한 정치과정"[18]이고, 제1임조에 참가했던 로야마 마사미치(蠟山政道)가 말하는 것처럼, 행정개혁은 결코 그 개혁안에만 의존하고 있는 것은 아니며, 그것은 정치과정의 중요한 일환이기 때문에 내각이나 국회의 동향에 영향을 받는 것이다.[19]

따라서, 행정개혁의 분석에 있어서는 그 내용에 대한 고찰도 중요하지만, 실제 행해진 행정개혁의 정치과정을 대상으로 한 검토를 통해, 등장하는 주요 행위자간의 영향력관계, 융합관계, 이익관계를 명백히 할 수가 있으며, 또 각 행위자의 상호작용이 산출한 행정개혁의 결과를 검토하는 것에 의해서 그 정치적 구조가 갖는 특징을 파악할 수 있다는 것을 간과해서는 안 된다. 즉 "제2임조를 둘러싼 정치과정을 검토하여 무엇이 달성되었고 무엇이 달성되지 않았는가를 아는 것은 그러한 정치수법에 의한 개혁의 가능성을 찾는 의미를 가진다. 그리고 무엇이 달성되었는가를 아는 것은 일본정치에 있어서 어디를 어떻게 움직이면 제도가 변할 수 있는가를 아는 것과 결부되며, 무엇이 달성되지 않았는가를 아는 것은 자기개혁을 가로막는 정치구조의 벽을 명백히 하는 것에 연결된다"[20]는 것이다.

이상과 같은 관점에서, 「60년체제」변용기의 諸관계에 주목하여 제2임조를 출발점으로 하는 80년대의 행정개혁을 다음의 두 가지로 규정한다. 첫째, 분석레벨상의 정의로서, 행정개혁은 그 개혁안의 형성과정이나 책정과정에서 있어서 이해관계를 갖는 다양한 정치집단간의 대립, 타협을 야기하는 「정치과정」이다.

---

18) J. D. Montgomery, op.cit. p.2 참조.

19) 蠟山政道 「我が國における行政改革の課題」『行政學硏究論文集』(勁草書房, 1965), p.106 참조.

20) 飯尾潤『民營化の政治過程』(東京大學出版會, 1993), p.10.

둘째, 구조적 문맥상의 정의로서, 행정개혁은 자민당이나 「족의원」, 관료제, 관계이익집단간에 형성되어 있던 조직간 네트워크의 재편성·변혁을 함의하는 「정치개혁」이었다고 규정한다. 왜냐하면, 재정적자, 일본의 국제화에 대한 압력 등과 같은 구조적인 행정개혁의 과제는 「60년체제」의 안정화를 구조적으로 지탱해 온 諸관계, 구체적으로 말하면 이익정치시스템에 있어서의 정치가, 관료제, 이익집단간의 상호의존관계, 일당우위정당제에 있어서의 정·관 융합관계, 고도경제성장시스템에 있어서의 정부와 민간의 관계, 기관위임사무[21]·보조금 등에 의해 계통화되어 있는 중앙과 지방 관계의 재편성을 의도한 것이었기 때문이다.

제3절 행정개혁의 정치과정에 있어서의 영향력 구도

「60년체제」변용기에 행해진 행정개혁이 정치개혁의 의미를 가지고 있으며 정치과정론적 분석이 필요하다고 한다면, 그것은 구조적 문맥에 의한 분석이 유익하다고 생각한다. 왜냐하면, 정치의 세계에 있어서는 각 주체의 이해가 균형 있게 동시에 공평하게 표출된다고는 말할 수 없기 때문이다. 다시 말하면 과잉 대표되는 이익이 있으면, 정치적으로 유효성을 갖지 못하는 이익도 있다. 따라서 정치학의 고찰은 정부를 일정한 방향으로 작동시키는, 정책형성을 기본

---

21) 기관위임사무(機關委任事務)라고 하는 것은 중앙정부의 각 부처가 스스로 실시해야만 하는 사무를 개별 법률이나 정령(政令)에 근거하여 자치단체의 장 및 행정위원회를 해당사무의 집행기관으로 하여 실시하고 있는 사무를 말한다. 호적, 외국인등록, 도시계획결정 등을 포함하는 약 60건의 사무가 있지만, 1995년 7월에 지방분권추진법에 기초하여 설치된 지방분권추진위원회는 1996년 12월에서 97년 10월까지 4차례 걸쳐 그 폐지를 권고했다.

적으로 지탱하는 구조는 무엇인가를 대상으로 할 수밖에 없다. 왜냐하면, 사회경제에 분출하는 문제가 어떠한 구조 하에 정책과제로서 정치적으로 인식되어, 어떠한 절차를 걸쳐 정책으로서 공시되는가, 그리고 이 과정의 중심주체는 누구인가가 고찰의 초점이 되기 때문이다.[22]

1. 추진・저항・능동・수동의 결정기준

나카소네정권기에 행해진 행정개혁을 이와 같은 구조적 문맥에서 본다면, 그 정치과정은 「추진」・「저항」을 세로축으로, 「능동」・「수동」을 가로축으로 하여 분석할 수가 있다고 생각된다. 여기에서 문제가 되는 것은 「추진」・「저항」과 「능동」・「수동」을 결정하는 기준이 무엇인가, 그리고 정치과정에 등장하는 각 행위자에게 어떠한 위치를 부여할 것인가라고 하는 점일 것이다.

우선, 「추진」・「저항」과 「능동」・「수동」을 결정하는 기준인데 여기에서는 ① 정치권력의 분배, ② 정책과제(여기에서는 행정개혁의 과제)와의 관련, ③ 이데올로기로서의 「신보수주의」에의 대응, ④ 외압에의 대응이라고 하는 네 개의 기준을 제안하고자 한다.

첫째, 정치권력의 분배를 설명하면, 이것은 말할 필요도 없이 일당우위정당시스템과 정・관・재의 연합을 정점으로 하는 이익정치시스템과 관련된다. 즉, 「60년체제」하에서 장기정권을 구축해 온 자민당과 관료제는, 자민당의 총재이며 행정부의 수장인 내각총리대신과 함께 정책영역에 영향을 미치는 힘에 있어서 상대적으로 우세한 지위를 차지하고 있다. 야당, 재계, 노동조합은 정책과제에 따라서는 협의의 대상, 혹은 협력・지지를 얻기 위한 대상은 되지만, 기본적

---

22) 阿部齊・新藤宗幸・川人貞史『概説現代日本の政治』(東京大學出版會, 1990), p.100 참조

으로는 정책결정과정의 밖에 위치한다.

둘째, 정책과제와의 관련인데, 정책과제라고 하는 것은 물론 행정개혁에서 취급되는 정책과제를 의미한다. 행정개혁을 정치과제로 설정한 나카소네 수상과 정권여당으로서 내각에 책임을 지는 자민당은 많은 정책과제 중에서 「실행가능」한 과제를 선택하여 행정개혁의 추진주체가 된다. 재계와 민간노조, 중도야당은 그것을 지지하는 집단으로서의 역할을 다한다. 관료제는 행정개혁의 대상으로서 저항주체가 되며, 총평과 이를 지지기반으로 하는 사회당은 조직방어의 입장에서 저항주체가 된다.

셋째, 행정개혁의 이데올로기인 「신보수주의」에 대한 대응이다. 세계적으로 "케인즈주의에 대신하여 등장한 '신보수주의'는 몇 개의 다른 측면을 가지고 있다. 하나는 민간이 정부의 다양한 규제나 개입에서 벗어난다고 하는 '자유주의'의 측면이다. …… 이 '신보수주의'에는 또 하나의 측면이 있다. 그것은 미국 레이건 대통령의 '군비확장'노선으로 상징되는 '강한 국가'에의 지향이다. 이와 같이 신보수주의는 이데올로기로서 '강한 국가'를 추구하면서, 경제적으로는 '작은 정부'를 지향한다고 하는 두 가지의 측면을 가지고 있는 것이다."[23] 일본에 있어서도 강한 국가에 대한 이데올로기 문제로서, 국방비의 「GNP 1%틀의 철폐」문제가 클로즈업되어 사회당과 일본노동조합총평의회(日本勞働組合總評議會/이하 총평)가 저항주체가 되었다. 재정규모의 감축에 대해서는 증세회피의 관점에서 재계와 민간노조가 협력집단이 되고, 자민당은 정・관・재(이익집단을 포함)의 연합을 정점으로 하는 이익정치시스템 유지의 입장에서 당내 「족의원」으로부터 반발이 부상한다. 공기업의 민영화에 대해서는 「사회당・총평블록」이 저항주체가 된다.

23) 松原聰『民營化と規制緩和』(日本評論社, 1991), pp.16~18 참조

넷째, 일본의 국제화, 외압, 특히 미국으로부터의 압력에 대한 대응인데, 이것은 「신보수주의」와도 깊은 관련을 가진다. 일본에의 국제화 요청 혹은 외압은 경제력에 상응하는 형태로서의 국제적 공헌(국방비 · 경제협력비의 증액) 요구, 시장개방의 요청 등이다. 국제적 공헌에 대해서는 나카소네 수상과 자민당이 추진주체가 된다. 시장개방요구의 상당 부분이 결국 규제완화를 요구하는 것이지만, 규제를 권한의 근원으로 하는 관료제의 저항에 대해 나카소네 수상은 재계의 지지 하에 미국의 압력을 이용하여 규제를 완화하려고 했다.24)

결국, 행정개혁의 정치과정을 전술한 기준에서 거시적으로 정리한다면, 「능동적 추진」주체로서의 나카소네 수상, 「수동적 추진」주체로서의 자민당, 「능동적 저항」주체로서의 관료제, 「수동적 저항」주체로서의 「사회당 · 총평블록」이라고 하는 네 개의 주요 행위자가 존재하고 있었다는 것이 부각되는 것이다.

2. 정치행위자의 위치부여

그렇다면, 다음의 과제는 제2임조나 재계, 민간노조, 중도야당에게 어떠한 위치를 부여할 것인가라고 하는 것이다. 먼저, 제2임조에 관해 말하자면, 여기에서는 「추진주체」가 아닌 「합의형성」의 장이라는 위치를 부여한다. 즉 존 켐벨(John C. Campbell)이 지적하고 있는 것처럼 제2임조의 역할이 아무리 크다하더라도 "제2임조는 정부의 외부에 있으며, 잠정적인 심의회이다. 물론 일반대중과 재계인이 가지고 있는 관료제에 대한 반감을 동원함으로써 정치적인 영향력을 가졌던 실질적인 힘이긴 하지만, 그것은 정부시스템 자체내의 정치력과는 직접 바꿀 수 없는 것"25)이다. 또 그것은 재계, 정치가, 정권당, 재정당국 등 정치주

24) 村松岐夫「中曾根政権の政策と政治」『レヴァイアサン』第1号(木鐸社, 1987 秋), p.26 참조

체의 강한 의도를 하나의 줄기로 수렴시키는 합의형성기능과 그 합의를 창출할 때에 국민의 지지를 동원하는 합의조달기능이라는 두 기능을 가진 것으로,[26] 세출삭감=행정개혁이라는 자민당으로서는 불쾌한 선택의 책임을 제2임조에게 전가함으로써 정치적 코스트를 회피하기 위한 교묘한 장치였다고 간주할 수 있다.[27]

재계는 1981년도 예산에서 법인세가 2%로 증액된 것에 위기감을 느끼게 됨으로써, 정치에의 요구를 노골적으로 하게 된다. 그것이 도코 토시오(土光敏夫)의 제2임조 회장취임과 경제단체연합회(経済団体連合會)를 시작으로 하는 경제단체의 행정개혁에의 적극적 참가로 나타났다. 행정개혁을 지향하는 민간노조의 직접적인 동기도 행정개혁을 통한 세부담의 경감이었으며, 이 점에 한해서는 일반 납세자의 이익을 대변하고 있었다. 민간대기업노조를 대표하는 정책추진노조회의(政策推進勞組會議)나 전일본노동총동맹(全日本勞働總同盟)은 3K적자[28]의 해소, 행정의 효율화・통폐합, 보조금 정리 등 재계와 공통의 요구를 내걸고, 일본경영자단체연맹(日本經營者團體連盟)과 자주 환담하였으며, 행정개혁 추진에 대한 합의를 서로 확인하고, 동일한 내용을 정부・자민당 수뇌와도 교환하고 있다.[29] 그러나, 재계도 민간노조도 제2임조와 같은 의미에 있어서

---

25) John C. Campbell, *Contemporary Japanese Budget Politics*(Berkeley : Univ. of California Press, 1977), 小島昭・佐藤和義譯『豫算ぶんどり－日本型豫算政治の研究－』(サイマル出版會, 1984), p.11. 제2임조에 관한 이 지적은 일본어판의 출판에 즈음하여 새롭게 쓴 부분이다.

26) 神原勝『轉換期の政治過程－臨調の軌跡とその機能』(總合勞働研究所, 1986), p.iv 참조.

27) 小島昭 「政策決定方式の轉換」『ジュリスト增刊總合特集・行政の轉換期』No.29(有斐閣, 1983. 1), p.43 참조.

28) 이것은 재정팽창의 원인이 되었던 식량관리 특히 쌀(KOME)의 관리, 國鐵(KOKUTETSU), 健康保險(KENKOUHOKEN)의 적자를 일컫는 것으로, 일본어의 첫 자음 K를 따 3K적자라고 불리었다.

[그림 1-1] 행정개혁의 정치과정에 있어서의 주요 행위자

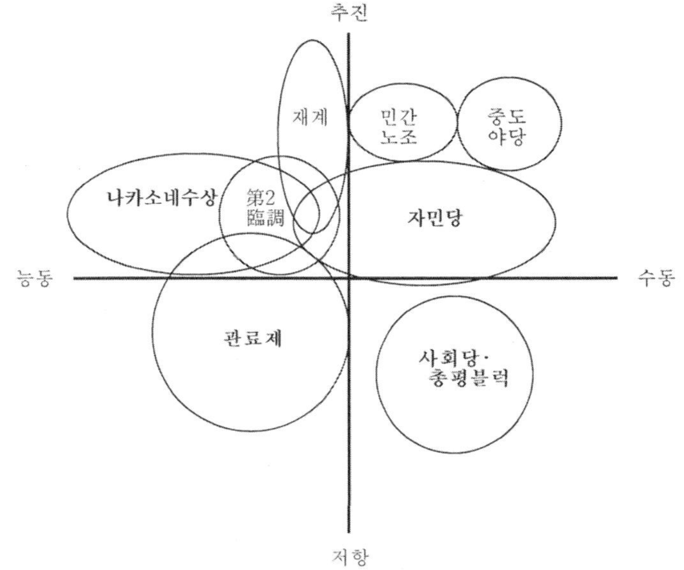

정책결정권을 가진 추진주체라고는 말하기 어렵기 때문에 여기에서는 행정개혁의 추진주체에 대해 적극적인 협력과 지지를 한「협력집단」이라는 위치를 부여한다. 중도야당의 경우에도 행정개혁의 정치과정에 있어서, 특히 국회에 있어서 자민당과 보조를 맞추는 경향을 보이긴 하지만, 자민당이 제시하는 정책에 대해서 일정한 지지를 표명한「지지세력」이라는 위치를 부여해도 무리가 없다고 생각된다.

「그림 1-1」은「60년체제」변용기에 행해진 행정개혁의 정치과정을 네 개의 기준에 비추어 도식화한 것이다. 이하에 있어서는 행정개혁의 정치과정에 등장하는 네 개의 주요 행위자를 구체적으로 검토한다.

---

29) 伊藤光利「大企業勞使連合の形成」『レヴァイアサン』第2号(木鐸社, 1988 春), p.56 참조.

제4절 행정개혁의 정치과정에 있어서의 주요 행위자

1.「능동적 추진」주체로서의 나카소네 수상

행정개혁의 추진주체, 특히 개혁을 촉발하는 행동주체가 누구인가 하는 것이 개혁의 성격과 그 성패에 지대한 영향을 미치는 요인이라고 하는 것에는 이론의 여지가 없다. 스즈키 젠코(鈴木善幸)정권기에 재정재건을 직접적인 계기로 해서 스타트한 80년대의 행정개혁이지만, 신보수주의라는 이데올로기 하에 추진된 미국 레이건 대통령에 의한 행정개혁, 영국 대처 수상에 의한 행정개혁과 비교되어「나카소네 행정개혁」으로 불리고 있는 것처럼, 여기에서는 나카소네 수상에게 추진주체라는 위치를 부여한다. 왜냐하면 1980년 9월 11일 나카소네 행정관리청장관에 의해 제출된「금후의 행정개혁에 관한 기본적인 사고(思考)」[30]가 자민당 행재정조사회(行財政調査會)에서 승인을 얻어, 다음 날 각의에 제출된 것에서부터 80년대의 행정개혁이 출발했으며, 제2임조의 심의과정에서 행정관리청장관으로서 일정한 역할을 다한 것이나, 제2임조가 기본답신을 제출한 후 수상이 된 나카소네가 답신의 구체화나 실시과정에서「정치적 리더십」[31]을 발휘했다고 평가되고 있기 때문이다. 이와 같이 행정개혁의 정치과정에서 정치적 리더십을 발휘했다고 하는 나카소네 수상의 행동을 여기에서는「능동적 추

---

30) 그 내용에 관해서는「朝日新聞」1980년 9월 12일자 참조

31) 일본 수상의 리더십에 관해서는, Robert Elgie, *Political Leadership in Liberal Democracy* (Basingstoke : Macmillan Press, 1995), Kenji Hayao, *The Japanese Prime Minister and Public Policy*(Pittsburgh : Univ. of Pittsburgh Press, 1993), 信田智人『總理大臣の權力と指導力』(東洋經濟新報社, 1994), 나카소네 수상의 리더십에 관해서는 Michio Muramatsu, "In Search of National Identity : The Politics and Policies of the Nakasone Administration", *The Journal of Japanese Studies*, Vol.13 No.2, Summer 1987, 村松岐夫「中曾根政權の政策と政治」『レヴァイアサン』第1号(木鐸社, 1987 秋), 五十嵐仁「中曾根元首相におけるリーダーシップの研究」『レヴァイアサン』第5号(木鐸社, 1989 秋) 참조

진」이라고 부르고자 한다.

나카소네 수상이 능동적 추진주체가 될 수 있었던 요인으로서, 첫째 국내적·국제적 환경의 변화가 행정개혁을 추진하는데 있어서 호조건이었다고 하는 점을 들 수 있다. 80년을 전후로 일본은 경제의 국제화, 사회의 정보화, 고령화 등의 국내환경 변화와 일본에의 국제적 공헌의 요구, 경제마찰 등의 국제환경 변화라고 하는 국내외적인 구조적 변화에 직면하고 있었던 것이다. 특히 일본에의 국제화의 요청, 구체적으로는 일본의 시장개방과 국제적 공헌을 요구하는 미국으로부터의 압력이 강화되었던 것이다. 나카소네 수상은 이와 같은 미국의 시장개방 압력을 이용해서 관료제의 규제완화에 대한 반발을 약화시킬 수 있었고, 이 압력 앞에 일본의 톱 엘리트는 국내적인 요구를 차단하더라도 국제적 요청에 응하지 않으면 안 된다고 하는 판단을 내리게 되었던 것이다.[32]

둘째, 나카소네 수상을 중심으로 한 재계·대장성(大藏省)과의「영향력 연합」의 성공이다. 즉 나카소네 수상은 재계의「증세 없는 재정재건」요구에 응함으로써 재계의 신뢰를 얻었고, 그것이 자민당 내의 통일을 유지하는데 있어서 유익했으며, 또한 대장성으로부터도 전면적인 지원을 받을 수가 있었다. 한편 대장성은 영향력 연합에 참가함으로써 제로 실링, 마이너스 실링[33] 등, 협력의 대가를 획득했을 뿐만 아니라 대장성을 행정개혁의 대상에서 제외시키는 것에도 성공했던 것이다.[34]

---

32) 大嶽秀夫「細川政權を生んだ二つの政治潮流」『エコノミスト』(毎日新聞社, 1993.10.19), p.35 참조.

33) 실링(ceiling)은 예산편성과정에서 대장성이 각 성청의 예산요구에 대하여 제시하는 예산편성상의 지침 또는 한도액을 명시한 기준으로 매년 각의에서 결정되며 1962년도에 처음으로 도입되었다. 제로 실링은 전년도에 비하여 예산의 증가율을 제로로 하는 것이며, 마이너스 실링은 전년도 대비 예산 증가율을 마이너스로 억제하는 것을 의미한다.

34) 村松岐夫「中曾根政權の政策と政治」『レヴァイアサン』第1号(木鐸社, 1987 秋), pp.22~

그러나 여기에서 나카소네 수상의 정치적 리더십을 「능동적 추진」이라고 부르는 최대의 이유는 위와 같은 요인보다도 "많은 경우에 있어서 개혁은 어떠한 권력 소유자의 지위를 강화하는 이외의 목적을 가지고 있지 않다"[35]라고 하는 인식때문이다. 다시 말하면, 당이 파벌의 균형에 의해 운영되며, 당총재가 파벌의 힘에 의해 결정되는 자민당에 있어서 약소파벌의 나카소네 행정관리청 장관이 총재가 되기 위해서는 국민의 지지를 얻을 수 있는 정책을 내거는 길밖에 없었다. 이러한 인식 하에 나카소네 행정관리청 장관은 행정개혁의 추진주체가 됨으로써 국민의 지지를 획득하고 그것이 자민당 내에 있어서의 영향력 증가를 가져왔으며, 수상의 자리에 오를 수가 있었던 것이다. 수상이 된 후에도 행정개혁 과정에 있어서 리더십을 발휘하여 그것에 대한 국민의 평가가 나카소네 내각의 일관된 높은 지지율로 나타났으며, 자민당 내에 있어서의 권력 강화로 이어졌던 것이다.

2. 「수동적 추진」주체로서의 자유민주당

자민당에게 추진주체라는 위치를 부여하는 것에 대해서는 「족의원」에 의한 반발을 중시하는 시각에서 반론이 있을 지도 모르겠다. 그러나 자민당이 81년 4월 7일 정부 · 자민당행정개혁추진본부의 설치를 결정하고, 행정개혁의 추진태세를 확립하고 있었다는 것을 생각한다면, 자민당은 내각의 정책에 책임을 지는 정권여당으로서 행정개혁을 추진한 행위자라고 보아야 할 것이다. 80년대의 행정개혁을 제2임조를 포함해 거시적으로 총괄한 코지마 아키라(小島昭)도 석유위기로 벽에 부딪친 고도성장기의 정치 · 경제노선을 타개하기 위한 「정책혁

---

25 참조.

35) A. F. Leemans, ed., *The Management of Change in Government*(The Hague : Nijhoff, 1976), p.8.

신」=행정개혁은 재계의 적극적인 지원 하에 정부·자민당 주도의 형태로 행해졌다는 것에 특징이 있다고 말하고 있다.[36]

다만, 필자가 행정개혁의 정치과정에 있어서의 자민당의 행동을 「능동적 추진」에 대한 방법론적 차이에서 「수동적 추진」이라고 부르는 것에는 두 가지 이유, 즉 구조적 이유와 이데올로기적 이유가 있다.

먼저 구조적 이유이다. 「60년체제」에 있어서의 정책결정은 주로 관료제, 자민당 정무조사회 각 부회, 이익집단이 형성하는 「하위정부」(subgovernment)에 의해 행해졌으며, 하위정부의 이익과 관련되는 부분이 많았다. 그 때문에 보조금의 삭감이나 규제완화, 민영화 등 기득권의 침해를 의미하는 행정개혁에 관한 일련의 정책은 자민당 정무조사회 각부회를 그 기반으로 하는 「족의원」, 관료제, 이익집단의 영향을 받지 않을 수 없었다. 즉 자민당은 정권여당으로서 당시 재정재건을 위해 남겨진 유일한 정책옵션이었던 행정개혁을 추진하면서도, 기존의 이익정치시스템을 고려하지 않을 수 없었던 것이다.[37]

둘째, 이데올로기적 요인인데 이것은 구조적 요인과도 관련이 있다. 구체적으로 말하면, 자민당은 행정개혁의 이데올로기, 즉 동당의 장기정권을 지탱해 온 고도성장형 정책을 부정하는 경제적 자유주의(신보수주의)에 대처하지 않을 수 없었다는 점이다. 이 경제적 자유주의는 정부의 규제, 개입, 보호를 배제한다고 하는 점에서 일본의 관료주의 전통에 도전하는 것이며, 통산성이나 운수성의

36) 小島昭 「政策決定方式の轉換」『ジュリスト增刊總合特集・行政の轉換期』No.29(有斐閣, 1983.1), p.43 참조

37) 마츠시타 케이이치(松下圭一)는 "선심 재정의 구조에 의해 대기업, 압력단체, 지역조직, 관료제는 실질적으로 자민당의 표밭을 형성하고 있기 때문에, 행정개혁은 이것에 메스를 가할 수가 없다. 이것이 오늘날 체제구조의 최대의 딜레마이다. …… 즉 현재의 재정적자는 일본의 체제구조 그 자체가 원인인 것이다"라고 지적하고 있다. 松下圭一「日本の政策課題と政策構成」日本政治學會編『年報政治學1983・政策科學と政治學』(岩波書店, 1984), p.187.

정책이 그 비판의 대상이 된다. 또한 경제적 자유주의는 자민당에의 비판이라고 하는 의미도 포함하고 있다. 즉 이 이데올로기는 60년 이후 탄생한 이권정치 및 「전후형 복지국가」에 반대하는 의미를 노정(露呈)하고 있으며, 특히 재정팽창에 대한 경계심이 그 중심을 차지함으로써 자민당정치에의 도전이라고 하는 입장을 취하고 있는 것이다.38)

3. 「능동적 저항」주체로서의 관료제

80년대에 행해진 행정개혁의 정치과정에 있어서, 관료제는 행정개혁의 대상이라는 점과, 현상유지를 인정하고 개혁을 부정하는 관료제의 조직원리라는 점에서 저항하지 않을 수 없는 입장에 있었다. 오히라(大平)내각 시대의 「쇼와(昭和)55·56행정개혁」이 행정관리청을 중심으로 하는 관료주도의 행정개혁이었다는 것과 비교하면 커다란 차이라고 할 수 있다. 여기에서 관료제를 단지 저항주체가 아닌 일본 정치과정의 구조적 문맥에서 「능동적 저항」 주체라는 위치를 부여하는 이유에는 다음의 네 가지가 있다.

첫째, 일본의 정치과정에 있어서 관료제가 가지고 있는 영향력의 크기이다. 「60년체제」 하의 정치과정에 있어서 관료제는 중요한 행위자로서의 역할을 다해 왔다. 「관료우위론」이나 「삼각동맹론」은 말할 필요도 없이 다원주의론에 있어서도 관료제의 정치과정에 있어서의 영향력은 상대적으로 강하다고 인식되고 있다. 일본의 정치과정에 있어서의 이러한 구조적 이유가 중앙성청의 조직개편, 그 권한이나 기득권, 영향력의 변혁을 추구하는 행정개혁과정에 있어서 관료제의 능동적 저항을 가능하게 했다고 할 수 있다.

---

38) 大嶽秀夫「中曾根政治のイデオロギーとその國內政治的環境」『レヴァイアサン』第1号(木鐸社, 1987 秋), p.76 참조.

둘째, 행정개혁의 과제를 선택, 심의한 제2임조의 조직구성의 형태, 즉 실질적으로 심의를 담당하는 전문위원이나 참여(參與), 조사원 중에 차지하는 관료출신자와 현역관료의 수가 다른 부문에 비해 많다고 하는 점이다. 관료제는 행정개혁의 대상이면서, 자신의 조직이나 기득권을 지키는 입장에서 제2임조의 전문위원이나 참여, 조사원에 다수의 관료출신자와 현역관료를 참가시킴으로써, 관료제의 근간을 이루는 조직, 권한, 예산 등의 발본적인 개혁을 저지할 수 있었던 것이다.

셋째, 첫째 요인과도 관련되지만, 답신의 법안 작성과정에 있어서의 절차 문제이다. 즉 제2임조가 답신에 행정개혁의 중요항목으로서 내건 재정삭감이나 민영화, 특수법인의 정리합리화, 규제완화 등은 법의 개정을 수반하는 것이지만, 그 실질적인 법 개정작업은 관료의 손에 위임되어져 있었다. 행정개혁은 그 대상이며, 행정개혁에 의해 중대한 영향을 받을 수 밖에 없는 관료의 손에 의해 작업이 진행되는 숙명을 띠고 있었던 것이다.

마지막으로 관료제의 조직적인 리소스에 관한 인식이다. 관료제는 일당우위 정당시스템 하에서 자민당과의 장기 안정적인 융합관계 및 관계단체와의 이익네트워크를 형성하고 있었다. 그 위에 예산편성의 노하우를 가지고 있었다. 그것과 비교해서, 제2임조는 정책에 대한 전문지식이나 정보가 적었다. 예를 들면, 예산편성에 즈음하여 대장성이 제시하는 지침이나 전제에 의거해서 제1차 답신을 작성하는 것 이외에는 방법이 없었다고 한다.[39] 관료제는 제2임조의 답신, 개혁법안작성에 필요한 전문지식 · 정보라고 하는 리소스를 가능한 한 동원 · 이용함으로써 자신의 조직과 기득권을 유지할 수 있었던 것이다. 이 점만으로도 관료제의 행정개혁에 대한 대응은 「능동적 저항」이라고 말할 수 있다.

39) 神原勝『轉換期の政治過程－臨調の軌跡とその機能』(總合勞働硏究所, 1986), p.72 참조

4.「수동적 저항」주체로서의「사회당 · 총평블록」

전후 일본의 정치과정과 정당정치의 전개에 있어서 노동조합과 혁신정당의 동향은 늘 한쪽의 극을 차지해 왔다. 또한 그 반대의 극에 있는 보수정치에 있어서도 이러한 좌파의 공세를 어떻게 극복하여 정치적 통합을 꾀하고 지배의 안정을 유지할 것인가가 언제나 중심적인 과제였다. 여기에서「사회당 · 총평블록」을 문제 삼는 이유도, 행정개혁의 추진주체와 저항주체로서의「사회당 · 총평블록」을 대상으로 함으로써, 행정개혁의 정치과정에 관한 전체적인 모습을 명확히 하기 위한 것이지 단순하게「대기업노사연합」의 협력시스템에 대항하는 주체로서의「사회당 · 총평블록」의 의미에 주목한 것은 아니다.

행정개혁의 정치과정에 있어서 관료제의 저항을「능동적 저항」,「사회당 · 총평블록」의 경우를「수동적 저항」이라고 구분한 것은「60년체제」로부터 각 행위자가 받은 영향의 차이에 의한 것이다.[40] 보수지배체제의 안정을 최대의 목표로 하는 60년체제는 그 속에서 행동하는 각 행위자에게 활동의 장을 제공함과 동시에 제약도 부과하고 있었다고 생각된다. 그러므로 행정개혁의 정치과정에 등장하는 주요 행위자는 자연히 60년체제의 영향을 받게 되는 것이다.

우선 사회당에 대한 검토이다. 사회당이 행정개혁에 저항하고, 그것을 관철하

---

40) 시노하라 하지메(篠原一)도 같은 인식을 표명하고 있다. "유럽 여러 나라에 있어서 관료는 정부의 대표로써 네오 · 코포라티즘적 조직에 참가하지만 일본의 경우는 사정이 조금 다르다. 확실히 일본의 경우에도 정부 대표로써의 색채가 전혀 없다고는 말할 수 없지만, 오히려 그것은 관료로써의 직능을 대표하는 면이 강하다. 따라서 구체적으로 제안된 행정기구 개혁에 대해서 이들의 대표는 출신모체를 대표하여 저항한다. 그러나 그것은 어찌되었든 일본의 경우, 관료는 사회 속에서 가장 강한 직능으로서 존재하고 있는 것이며 현재의 직능 중 가장 유력한 재계와 관계의 대표자가 제2임조의 주역이 되었다는 것은 결코 우연이 아니다. '노동 없는 코포라티즘'의 조국 일본에서는 여기에서도 있어도 그만 없어도 그만인 역할 밖에 노동대표에게 주어지지 않았다." 篠原一「團體の新しい政治機能」『岩波講座基本法學2 · 團體』(岩波書店, 1983), p.336.

기 위해서는 정부·제2임조에 대항할 수 있는 대안을 제시하던가, 혹은 제2임조의 심의과정에 참가하던가, 또는 국회에서 다른 야당과의 공동투쟁을 통해 자당에게 유리한 환경을 조성하는 것이 전제조건이라고 할 수 있다. 그러나 사회당은 그것을 가능하게 하는 정치적 리소스를 가지고 있지 않았다. 그것은 동당의 정책입안능력 결여에 기인하는 문제만은 아니다. 즉 60년체제의 정치적 역학의 반영인 제2임조에 접근할 수 있는 길이 제한되었으며, 다른 야당과 자민당 사이에 행정개혁 관련정책이나 국방정책에 대한 정책수렴이 이루어져 그 결과 국회에서 사회당이 고립화되었다고 점에 기인하는 문제이기도 했던 것이다.

다음으로 총평의 입장에서 본다면, 행정개혁이라고 하는 것은 산하 일본관공청노동조합협의회(日本官公廳勞働組合協議會)의 해체를 의미하는 개혁이었기 때문에, 마가라 에이키치(眞柄榮吉)총평사무국장이 「국철개혁」(국철의 분할·민영화) 움직임에 대하여 미이케(三池)투쟁에 필적하는 대대적 투쟁을 전개한다[41]고 표명한 것은 당연하다고 말할 수 있다. 그러나 이익과 조직을 유지하기 위해 중요한 매개역할을 해야 할 사회당이 국회에서 직면하고 있던 고립화 상황에 더하여, 민간노조 선행에 의한 노동전선통일의 움직임, 그리고 재계·민간노조가 일치하여 행정개혁에 협력하고 있던 「대기업노사연합」의 협력시스템 하에서 총평이 동원할 수 있는 정치적 리소스는 한정되어 있었기 때문에 유효한 저항이 불가능하였다. 이상과 같이 60년체제에 규정되어 행정개혁의 정치과정에서 어쩔 수없이 수세적 행동을 취할 수박에 없었던 「사회당·총평블럭」의 저항을 「수동적 저항」이라고 정의하고자 한다.

41) 「朝日新聞」1985년 2월 5일자.

제5절 행정개혁에 대한 평가

이 장에서는 "구조가 정치과정을 규정한다"고 하는 전제에 서서, 1980년대 일본에서 행해진 행정개혁은 「구조」적 필연성에서 정치적 과제로 등장한 것이며, 기존의 정책네트워크를 개혁하기 위한 것이었음에도 불구하고, 그 추진자가 기존의 이익관계 · 융합관계 · 영향력관계로 연결된 정책결정참가자이었으며 행정개혁의 과제선택 및 그 결과가 기존의 정책결정구조에 규정되었기 때문에 기대되었던 구조적 행정개혁까지는 도달하지 못했다는 인식 하에, 이러한 결과를 가져온 행정개혁의 정치과정을 구조적, 포괄적으로 분석할 때의 틀을 제시했다.

우선 1980년대(「60년체제」의 변용기)에 정치적 과제로서 부상한 행정개혁을 두 가지로 정의했다. 첫째는 개혁안의 형성과정이나 책정과정에 있어서 이해관계를 가지고 있는 다양한 정치집단간의 타협, 대립을 야기하는 정치과정이라고 하는 정의, 둘째는 자민당이나 「족의원」, 관료제, 관계이익단체 사이에 형성되어 있던 조직간 네트워크의 재편성 · 변혁을 함의하는 정치개혁이라고 하는 정의이다. 이러한 정의가 필요한 이유는 개혁의 내용보다는 행정개혁의 정치과정을 대상으로 분석함으로써 등장하는 행위자간의 영향력관계나 이익관계를 명확히 할 수가 있으며, 또 각 행위자의 상호작용이 산출한 행정개혁의 결과를 검토하는 것에 의해서 일본의 정치구조가 갖는 특징을 파악할 수가 있기 때문이다.

그리고 「60년체제」변용기에 행해진 행정개혁의 정치과정을 구조적 문맥에서 조감했을 경우, 그 정치과정은 「추진」 · 「저항」을 세로축으로, 「능동」 · 「수동」을 가로축으로 한 분석이 가능하다는 것을 검증하였으며. 이 양 축을 결정하는 네 가지의 기준으로서는 정치권력의 분배, 정책과제와의 관련, 이데올로기로서의 「신보수주의」에의 대응, 외압에의 대응 등을 제시하였다. 이 네 가지의 기준을 기초로 하여 80년대 행정개혁의 정치과정을 분석할 경우, 그 과정에는 「능동적 추진」주체로서의 나카소네 수상, 「수동적 추진」주체로서의 자민당, 「능동적 저항」주체로서의 관료제, 「수동적 저항」주체로서의 「사회당 · 총평블록」이 존재하고 있으며, 이 네 가지의 행위자가 등장할 수 있었던 원인을 구조적, 경험적인 관점에서 명확히 했다. 이 분석 틀은 현대일본에 있어서 행정개혁 이외의 정치과정을 분석할 때에도 적용가능하지 않을까 생각하고 있다.

행정개혁의 성과에 대한 평가는 상당히 판단이 어렵다. 전술한 바와 같이 이 책의 시각은 1980년대 일본에서 행해진 행정개혁이 구조적 필연성에서 정치적 과제로 등장한 것이었음에도 불구하고, 행정개혁의 과제선택 및 그 결과가 기존의 정책결정구조에 의해 규정되었기 때문에 기대되었던 구조적 행정개혁까지는 도달하지 못했다는 것이다. 그러나, 타케우치 케이(竹内啓)는 정치적 관점에서 제2임조의 행정개혁은 큰 성과를 거두었다고 하면서, 그 근거로서 "처음부터 행정개혁을 국민 전체의 관심사로 부각시킬 수 있었다는 점, 재계주도의 논리가 국민전체의 이해와 일치하는 것 같은 환상을 창출할 수 있었다는 점, 효율화와 합리화라고 하는 일견 중립적으로 들리는 말에 의해 이데올로기와 이해(利害)에 관한 기본적인 대립을 은폐할 수 있었다는 점"의 세 가지를 들어, 그것에 의해 체제의 정치적인 안정에 공헌했다고 결론을 내리고 있다.[42] 이 의미에 있어서는 나카소네 수상에 의한, 특수한 국민재통합의 정치 전략이라고 말할 수도 있는 일련의 행정개혁 관련정책은 성공하여, 「60년체제」변용기에 있어서의 보수체제의 「안정」에 공헌했다고 말할 수 있을지도 모르겠다. 키타오카 이사오(北岡勳)는 일본의 보수주의에 있어서는 안정의 이념이야말로 중요한 것이고, 변화 그 자체는 결코 목적이 아니며, 목적은 안정이라고 주장한다.[43] 보수주의자는 변화를 안정에서 안정으로 이행하기 위한 일시적, 과도적인 것으로

---

42) 竹內　啓「行政改革の國家觀」『世界』(岩波書店, 1982.9), p.52 참조

43) 北岡　勳『日本保守主義』(御茶の水書房, 1992), p.124 참조.

밖에 인정하고 있지 않다는 것이다. 이러한 시각을 채용한다면, 60년대 초반 이케다 하야토(池田勇人)수상에 의해 행해진 정책전환과 행정개혁은 「60년체제」의 성립과 그 안정을 확립하려고 한 것이며, 나카소네 수상에 의해 행해진 행정개혁은 고도성장기를 통해 급속히 확장된 이익정치시스템이 벽에 부딪침에 따라 발생한 「60년체제」변용기에 있어서의 보수정치의 불안정성을 극복하기 위한 변화였다고 말할 수 있을 것이다. 기대되었던 구조적 행정개혁의 실패와 정치적 의미에서의 행정개혁의 성공이라고 하는 모순되는 현상을 규명하기 위한 구조적 분석 틀의 유용성, 그리고 행정개혁을 정치과정으로서 분석하는 필요성이 여기에 존재한다고 할 수 있다.

제 2 장

일본의 정치과정을 규정하는 「60년체제」

제2장

일본의 정치과정을 규정하는 「60년체제」

이 장에서는 1980년대의 일본에 있어서 최대의 정치과제로 등장한 행정개혁의 정치과정을 구조적인 관점에서 분석하기 위한 전제작업으로서, 일본에서 행해져 온 「구조」에 대한 논의·이론을 비판적으로 검토하고 새로운 방법론을 제시하고자 하는 것이다. 그 목적은 "구조가 정치과정을 규정한다"라고 하는 가설 하에, 일본의 정치과정을 규정하는 구조는 무엇인가, 그 구조는 왜 80년대에 변용하게 되었는가, 변용기의 의미는 무엇인가를 명확히 하는 것에 있다.

종래 현대일본정치를 분석할 때, 정치현상을 규정하는 「구조」로서 사용되어 온 개념에 「55년체제」가 있다. 그러나 구체적으로 후술하지만, 55년체제론에는 현대일본의 정치·경제구조의 기점을 어느 시기로 정할 것인가라는 문제와 관련되는 역사적 한계, 55년체제라고 하는 말이 갖는 의미의 불명확성에서부터 오는 분석도구로서의 한계, 그리고 정치학계에서 되풀이된 55년체제붕괴설과 관련된 한계라고 하는 세 가지의 한계가 있는 것으로 생각된다. 따라서 여기에서는 1960년의 안보투쟁[1]·미츠이미이케(三井三池)투쟁[2]을 계기로 해서 이데올

---

1) 1951년 9월에 체결된 일미안전보장조약을 편무적 조약에서 상호방어적 조약으로 개정하려고 하는 일미양국정부의 계획에 대하여, 신조약은 일본을 미국의 극동전략의 일환에 편입시키는 군사조약이라고 하는 반대론이 높아지고, 그 위에 정부·여당이 가결을 강행했기 때문에 민주주의를 지키자는 슬로건 아래 1960년 4월부터 7월까지 대규모 대중운동이 일어났다. 이것은 일본 최초의 광범위한 대중운동이었다. 1960년 6월 15일 경찰대와의 충돌에 의해 여자학생이 사망하게 되고, 이후 운동은 진정되는 방향으로 흘러갔지만, 키시(岸)정권의 교대, 아이젠하워 미국대통령의 방일 중지 등의 결과를 가져왔다.

2) 1950년대 말, 일본에서는 석탄에서 석유로의 에너지혁명이 진전되고 있었다. 그러한 흐름

로기를 축으로 한 대립형 정치에서, 이케다 하야토(池田勇人)내각의 성립에 따라 보다 경제적인 개별이익을 중심으로 하는 이익정치로 변환한 것을 중시하여, 현대일본의 통치구조를 가리키는 개념으로서 「60년체제」를 제시하고자 한다.

55년체제라고 하는 개념에 이상과 같은 세 가지의 한계가 있으며, 현대일본의 정치과정을 규정하는 「구조」개념으로서 사용하는 것에 문제가 있다고 한다면, 그것에 대신할 수 있는 60년체제라고 하는 개념을 제시하는 이 장의 과제는 분석도구로서의 60년체제는 어떠한 구조를 가지고 있는가를 명확히 하는 것이라고 생각된다. 지금까지 60년체제론를 주장한 연구가 없었던 것은 아니다.[3] 그러나 「구조」라고 하는 개념이 명확히 정의되어 60년체제의 체계화가 행해졌다고는 말하기 어렵다. 따라서 여기에서는 데이비드 이스턴(David Easton)이 「구조」를 "개인이나 집합체의 행동을 제약하는 諸관계의 패턴"[4]이라고 정의하고

속에서 59년 1월 미츠이탄광의 경영자는 미츠이탄광노동조합연합회(三鑛連)에 합리화안을 제안했다. 그러나 그것은 제대로 진행되지 않았으며, 동년 8월에 회사측은 三鑛連에 4580명(그중 미이케탄광 2210명)의 인원정리를 포함한 제2차 합리화안을 제시했다. 이것은 석탄 대기업 18사로서는 합리화의 돌파구라는 의미를 가지고 있었다. 10월에 노사는 분열하였고, 탄노(炭勞), 총평(總評)도 三鑛連을 지지했다. 그러나 미츠이미이케에서는 12월에 1278명의 지명해고가 통고되어, 미이케노조는 무기한 파업에 돌입했다. 이후 회사측과 회사측이 지원하여 결성된 제2노조에 대항하는 미이케노조 사이에 유혈사태가 되풀이되었다. 마침 안보개정반대투쟁이 전국적으로 전개되고 있었으며, 안보투쟁과 미이케투쟁이 공동투쟁으로 발전했다. 그러나 안보개정이 성립되어도 미이케투쟁은 해결되지 못하였으며, 우여곡절을 거친 60년 8월에 회사가 지명해고를 취소하고, 해고해당자가 자발적으로 퇴직함으로써 11월 미이케투쟁은 해결되었다.

3) 清水慎三 「戰後勞働組合運動史序說」清水慎三編 『戰後勞働組合運動史論—企業社會超克の視座』(日本評論社, 1982), 後藤基夫・內田健三・石川眞澄 『戰後保守政治の軌跡』(岩波書店, 1982), 渡辺治・加藤哲郎他 「座談會・戰後日本社會の変容と展望」『勞働法律旬報』第1111・1112号(1985. 1. 上旬・下旬), 北岡伸一 『國際化時代の政治指導』(中央公論社, 1990), 加茂利男 『日本型政治システム』(有斐閣, 1993), 渡辺治 「保守合同と自由民主党の結成」坂野潤治他編 『日本近現代史四・戰後改革と現代社會の形成』(岩波書店, 1994) 등.

있는 것에 주목하여 60년체제의 체계화를 시도하고자 한다. 여기에서 말하는 60년체제라고 하는 것은 "정치적 안정과 경제발전을 최우선 과제로 하는 보수정권에 의한 통치구조"이다. 보다 구체적으로는 일당우위정당시스템, 정·관·재의 연합을 중심으로 하는 이익정치시스템, 「대기업노사연합」의 협력시스템, 그리고 각각의 시스템을 형성하고 있는 주요 행위자간의 영향력관계·융합관계·이익관계를 가리킨다. 그리고 1980년대는 세계적으로도 「행정개혁의 시대」로 인식되고 있지만, 일본에서의 이 시기는 행정개혁의 시대일 뿐만 아니라 현대일본의 정치과정에 있어서 諸관계의 패턴에 변화가 보이는 60년체제의 변용기와 겹치고 있어 더욱 중요한 의미를 띠고 있다.

이상과 같은 관점에서 이 장에서는 현대일본의 정치과정을 분석할 때에 채용되는 55년체제라고 하는 개념의 한계를 명확히 한 후에 60년체제론의 체계화를 시도한다. 그리고 60년체제 변용기의 의미는 무엇인가를 검토함으로써 일본의 정치과정을 규정하는 「구조」에 대한 이론적 틀을 새롭게 제시하고자 한다.

제1절 「55년체제」론의 한계

정치과정의 규정요인으로서의 「60년체제」를 체계화하기 전에 55년체제에 대한 비판적 검토를 해두고자 한다. 1955년 10월의 좌우양파 사회당의 통일과 동년 11월의 민주당과 자유당의 「보수합동(保守合同)」에 의해 자유민주당이 성립한 것을 그 기점으로 하는 55년체제는 정당시스템의 현실적 상황에 입각하여

---

4) David Easton, *The Analysis of Political Structure*(New York : Routledge, Chapman and Hall, 1990), 山川雄巳監譯『政治構造の分析』(ミネルヴァ書房, 1998), p.79.

생겨난 말이다. 즉 형식적으로는 통일 사회당과 자민당에 의한 유사2대정당제, 더 정확히 말하면 「1과 2분의 1 정당제」[5]를 가리키는 것이 최초의 의미이며, 내용적으로는 보수와 혁신에 의한 이데올로기의 대립을 의미하는 것이었다. 그러나 자사(自社)2대정당제나 「1과 2분의 1 정당제」라고 하는 의미로, 혹은 보수와 혁신에 의한 이데올로기의 대립이라는 의미로, 현대일본의 정치과정을 규정하는 「구조」로서 55년체제의 개념을 사용한다면, 그것에는 대개 다음과 같은 세 가지의 한계가 있는 것으로 생각된다.

1. 「55년체제」론의 역사적 한계

55년체제론의 역사적 한계라고 하는 것은 고토 모토오(後藤基夫)가 55년체제를 "장래의 일본정치를 전망한 체제라고 할만한 것은 아니었다. 오히려 55년체제는 와해되기 쉽다는 느낌이었다. …… 그러므로 보수합동 이후의 변화, '60년 안보'를 거친 다음이 진정한 체제가 되었다고 말할 수 있다"[6]고 진술하고 있는 것과 관련이 있다. 다시 말하면, 현대일본의 정치를 분석할 때에 1955년의 사회당 통일과 보수합동을 기점으로 하는 55년체제를 채용하는 것은 60년 이후에 일어난 변화를 과소평가하는 것으로 이어지며, 또 50년대 정치의 연속성을 간과할지도 모른다는 역사적 문제의식과 관련된다.

그것은 첫째, 60년 이후에 일어난 변화에 대한 과소평가이다. 자민당 설립

5) 1955년 가을 당시까지 분열하고 있던 좌파, 우파 양 사회당이 통일되고, 민주당과 자유당이 합동해서 자유민주당이 결성됨으로써 성립한 일본의 정당제를 가리키는 말. 이 결과 보수와 혁신을 각각 대표하는 자민당과 사회당에 의한 2대 정당제가 성립했으나, 결성된 2대 정당의 세력비가 중의원에서 299 대 154 의석으로 거의 2 대 1이었기 때문에 정권교대를 당분간 예상할 수 없다는 측면을 강조해서 1½정당제로 불리어졌다.

6) 後藤基夫他, 전게서, p.121.

이후, 60년 이전의 몇 년간에 있어서는 자민당 대 사회당, 즉 보수와 혁신간에 격렬한 이데올로기 대립이 존재하고 있었다. 혁신정당으로서의 사회당은 2극화된 정당세력의 한 극의 담당자로서「1과 2분의 1정당제」라고 불릴 정도로 자민당과의 사이에 세력 격차가 있었음에 불구하고 활력이 넘치고 있었다. 이것은 사회당이 당시 자민당에 대한 반대세력을 거의 독점적으로 동원하고 있었던 것과 관련된다.[7] 이데올로기 대립의 반영이라 할 수 있는 구체적인 정책내용에 있어서도 자민당과 사회당 사이에는 명백히 서로 대응하는 대립이 있었다. 외교·국방정책에 대해서, 자민당은 미국을 중심으로 하는 소위 민주자유국가군의 세계전략체제와 밀접한 관계를 갖는 노선을 지지하였으나 이에 대해 사회당은 일본은 그것과 거리를 두고 비무장중립의 방침을 취해야한다고 주장했다. 또한 자민당은 국가치안의 확립에 강한 관심을 가지고 있었던 것에 비해 사회당은 그것이 국민의 자유를 침해하는 것이라고 비판했다. 마지막으로 자민당은 미국점령하의 소위 민주화가 일본의 전통과 실정에 맞지 않는 측면이 있음을 지적하고 이것을 수정하려고 했으나, 사회당은 이러한「역(逆)코스」[8]가 전전의「군국주의」기반을 부활시키는 것이라고 하면서 더 철저한 민주화를 주장했던 것이다.[9] 그러나 보수 대 혁신이라고 하는 이데올로기 대립이 정치의 중심적 쟁점이었던 것은 하토야마 이치로(鳩山一郎)내각에서 키시 노부스케(岸信介)내

7) 內田滿「準政党政治の構図—ポスト五五年体制への條件」『法學セミナー增刊·これからの日本の政治』26(1984. 7), pp.76~77 참조

8) 샌프란시스코강화조약, 일미안보조약이 조인(1951년 9월)·발효(52년 4월)된 시기부터, 점령정책의 재검토라는 이름아래 행해진 일련의 법개정—파괴활동방지법, 파업규제법, 자치체경찰·공안위원회의 폐지, 군인연금의 부활, 경찰예비대의 안보대로의 개조(후에 자위대) 등—의 움직임이 추방해제에 의해 정계에 복귀한 전전파 보수정치가의 복고적 언동과 어울려「역(逆)코스」로 불리었다. 여러 가지 법개정은 강행되었지만, 헌법의 명문개정은 저지되었다.

9) 京極純一『現代民主政と政治學』(岩波書店, 1969), pp.225~226 참조

각까지 이며[10], 이케다내각 이후는 이익배분이 진정한 정치적 과제였다. 다시 말하면 신카와 토시미츠(新川敏光)가 말하는 것처럼 "사회당과 자민당의 평화·안전보장을 둘러싼 격렬한 대립이 간헐적으로 국회에 등장하고 매스컴을 진동시켰다 하더라도 1960년대 이후의 일본정치가 이데올로기를 축으로 움직여 왔다고는 생각할 수 없다"[11]는 것이다.

둘째, 50년대 정치의 연속성에 관한 과소평가이다. 전후 일본의 정치체제가 보수합동이 행해진 1955년에 「자사(自社)2대정당제」= 「1과 2분의 1 정당제」라고 하는 형태로 성립되었다고 한다면, 55년 이전(예를 들면, 47년 헌법제정 이후 혹은 51년 강화조약[12] 이후)의 정치와 55년 이후 60년 이전 정치 사이의 연속성이 간과될 가능성이 있다.[13] 즉 50년대에 있어서는 일본의 정치·경제 속에 아직 몇 가지의 흐름이 경합하고 있으며, 전체의 시스템이 명확하게 확립되어 있지 않았다. 정치의 흐름만을 본다 하더라도, 보수 중에는 요시다 시게루(吉田茂)에서 이케다 하야토·사토 에이사쿠(佐藤榮作) 등으로 연결되는 비개헌(非改憲)·경제성장중시의 노선(소위 보수본류) 과 하토야마 이치로·키시 노부스케

---

10) 이가라시(五十嵐)도 「55년체제」의 과도적 성격을 지적하고 있다. "50년대 후반의 정치를 담당했던 하토야마(鳩山)와 키시(岸)가 목표로 했던 것은 기본적으로는 전전형의 권위주의적 정치모델이었다. 그러나 자주방위와 군사력의 강화를 위한 명문개헌노선은 좌절하였고, 여야당간의 정치적 대결점을 정면에서 제기하여 힘으로 밀어붙이는 '정치주의'는 경직법(警職法)반대운동이나 안보투쟁을 통해 비참한 파탄을 가져왔다. 따라서 성립 당초의 55년체제는 그 정치노선이라는 점에서도 사회적 기반이라는 점에서도 '과도적 성격'을 피할 수 없는 것이었다"고 주장하고 있다. 五十嵐仁 『政党政治と労働組合運動』(御茶の水書房, 1998), p.26.

11) 新川敏光 「もう一つの五五年体制」 『北大法學論集』第47巻第1号(1996), p.3.

12) 1951년 9월 4일 샌프란시스코에서 52개국이 참가하여 개최된 회의에서 체결된 대일강화조약(Treaty of Peace with Japan)으로 샌프란시스코강화(평화)조약(San Francisco Peace Treaty)이라고도 불린다. 일미안전보장조약과 동시 조인되었다.

13) 北岡伸一, 전게서, p.150 참조.

등에 의에 대표되는 개헌·「국정에 맞는 제도의 수복」파와의 대립이 50년대를 통해 계속 존재하고 있었다. 나아가 야당이나 대중운동까지 시야를 넓혀 본다면, 50년대는 헌법옹호·안보조약반대 등의 운동을 배경으로 혁신세력이 성장하여 보수의 득표율이나 의석이 계속 감소하던 시대였다. 말하자면, 국정레벨에서는 「이념정치」가 지배하였으며 국론이분형(보수혁신대립형)의 정치상황이 형성되어 있었다는 것이다.[14] 이와 같이 55년체제의 성립기라고 하는 55년의 역사적 의미를 50년대에 행해진 정치의 실태로부터 관찰한다면, 55년을 경계선으로 하는 정치의 전환보다는 50년대 정치에 있어서의 연속성이 부각된다고 할 수 있다.

2. 「55년체제」론의 분석도구로서의 한계

「55년체제」론의 분속도구로서의 한계라고 하는 것은 55년체제가 갖는 개념으로서의 애매성을 말한다. 즉 저널리즘에 의해 사용되고 있는 의미는 논외로 한다하더라도 정치학계에 있어서도 그것이 다양한 의미로 채용되고 있다는 것이다. 야마구치 야스시(山口定)에 의해 정리되어 있는 55년체제를 둘러싼 7개의 규정이 그것을 여실히 말하고 있다.[15] 구체적으로 보면, ① 보수 대 혁신의 대치라고 하는 이데올로기 내용에의해 55년체제를 규정하는 대표적인 카미시마 지로(神島二郞)의 설[16], ② 오카 요시타케(岡義武)에 의한 「1과 2분의 1 정당제」

---

14) 加茂利男, 전게서, pp.12～13.

15) 山口定 「戰後日本の政治体制と政治過程—その特質と変容」三宅一郎·山口定·村松岐夫·進藤榮一『日本政治の座標』(有斐閣, 1985), pp.83～85 참조

16) 카미시마 지로(神島二郎)에 의하면, 55년체제란 전후일본이 47년 헌법체제와 52년 미일안보체제가 일체화된 곳에 성립한 체제로 헌법개정·안보옹호를 주장하는 보수당의 주도 하에 있었지만, 안보반대·헌법옹호를 주장하는 혁신정당에 의해 헌법개정만은 저지되었다고

라고 하는 정당제의 형태에 초점을 맞춘 55년체제의 용법[17], ③「보수독재체제」로서의 성격을 강조하는 이데 요시노리(井出嘉憲)의 용법[18], ④ 마스미 쥰노스케(升味準之輔)에 의한 "요시다의 '외교적 작품'에 대응하는 국내정치체제"라고 하는 규정[19], ⑤ 55년체제를 사실상 정당제 레벨에 한정하고, 그 위에 「1과 2분의 1 정당제」라고 하는 불균형 구조보다는 「자사2대정당제」혹은 「자사공모(自社共謀)」체제라는 위치를 부여하는 입장, ⑥ 정당정치의 시점에서 국내에 있어서의 보수와 혁신이라고 하는 정치대립이 의회 내로 수렴되었다는 것을 중시하는 타카바타게 미치토시(高畠通敏)의 입장[20], ⑦ 정치경제학적인 관점에서 55년

한다. 神島二郎「五五年体制」日本政治學會編『年報政治學一九七七・五五年体制の形成と崩壊』(岩波書店, 1979), p.2 참조.

17) 오카 요시타케(岡義武)는 1955년에 발족하는「2대정당제」의 실태는 오히려「1과 2분의 1 정당제」라고 이름붙이는 것이 적당하다고 하면서, 2대정당을 조직상징으로 이용하는 것은 각자의 자유라 하더라도 이것을 인식상징으로 사용하는 것은 반드시 사태를 명확히 하는 것이 아니라고 말하고 있다. 岡義武編『現代日本の政治過程』(岩波書店, 1958) p.103, 108 참조.

18) 이데 요시노리(井出嘉憲)는 보수합동 시에 55년체제를 2대정당론에 의해 이념적으로 뒷받침하려고 하는 입장에는 보수세력의 결집에 의한 정권의 독점적 유지라고 하는 의도가 숨겨져 있다고 하면서 실제로 20년의 세월이 지난 현시점에서 본다면, 1955년의 의미는 주요선진국에 있어서 거의 예를 볼 수 없는 보수황금시대의 막을 여는 것이었다고 한다. 井出嘉憲「保守長期政權下の統治」日本政治學會編『年報政治學一九七七・五五年体制の形成と崩壊』(岩波書店, 1979), p.13 참조.

19) 마스미 쥰노스케(升味準之輔)는 보수지배의 내용을 역사적으로 특정하여 1955년의 정치체제는 요시다(吉田)의 외교적 작품에 대응하는 국내정치체제라고 위치부여하면서 60년 안보투쟁 후 이 체제는 안정되었다고 보고 있다. 升味準之輔『戰後政治・一九四五~五五年』(東京大學出版會, 1983), p.463 참조.

20) 타카바타케 미츠토시(高畠通敏)는 55년체제를 정당정치의 시점에서 보아 국내에 있어서의 정치대립이 보수와 혁신이라는 도식에 2극으로 수렴된 것이라고 간주한다. 나아가 정치대립의 초점이 의회 내로 수렴한 것을 중시하여 "그것은 패전과 점령을 수반한 사회혼란이 뒤로 물러나고 점령군이라고 하는 초헌법적 권력과 실력투쟁에 의한 권력탈취라고 하는 혁명적 환상이 멀어져 간 정치적 무대에 있어서 의회와 정당이 진정한 주역으로 등장한

체제를 "전승국이 가져다 준 민주주의체제"라고 규정하는 이노구치 타카시(猪口孝)의 주장[21] 등이다.

이상과 같이 55년체제에 관한 규정은 다양하며, 대단히 무한정한 동시에 광범위한 내용을 가리키는 개념으로 사용되어 왔다. 그 결과, 55년체제라는 개념이 당초 가지고 있던 한정적인 의미내용, 즉 정당제 레벨에 있어서의 「1과 2분의 1 정당제」라고 하는 정의는 분석도구로서 그런 대로 유효한 것이었음에도 불구하고 그것을 부주의하게 확대함으로써 그 유효성을 잃어버리게 되었던 것이다. 또한 키타오카 신이치(北岡伸一)가 말하는 것처럼 오늘날 일본정치의 가장 기본적인 특질을 다양한 레벨에서 사적이익 위에 구축되어 있는 것이라고 간주하고, 이 사실을 우선 이익정치로 부른다고 한다면, 그것은 협의의 55년체제를 전제로 해서 성립한 것이며 60년경부터 현저하게 되어 오늘날 점점 그 정도가 강해지고 있는 것이다.[22] 이러한 의미에서 오늘날의 문제를 구명하기 위한 분석도구로서 55년체제를 채용하기보다는 60년체제를 사용하는 쪽이 타당하고 생각된다.

3. 「55년체제」의 「붕괴」설에서 보는 「55년체제」론의 한계

「55년체제」의 붕괴에 대해서 이미 많은 정치학자가 주장해 왔다는 것은 주

일본근대사상 최초의 시대였다"고 주장한다. 高畠通敏 「大衆運動の多様化と変質」日本政治學會編 『年報政治學一九七七・五五年体制の形成と崩壞』(岩波書店, 1979) p.323 참조.

21) 이노구치 타카시(猪口孝)는 정치경제학적 관점에서 "1955년체제는 기본적으로 1930년대에 개시된 중화학공업화가 패전과 점령에 의해 중단된 후 재개된 신흥공업국에 있어서 승리국이 가져다 준 민주주의체제이다"라고 규정한다. 猪口孝 『現代日本政治経濟の構図』(東洋経濟新報社, 1983), p.137 참조.

22) 北岡伸一, 전게서, pp.150~151 참조.

지의 사실이다. 특히 일본정치학회는 1977년의 여야당 백중상태와 고도성장의 종언을 배경으로 『연보정치학』에서 「55년체제의 형성과 붕괴」라는 특집을 편집하고 있다. 그 이후에도 몇 번인가 「붕괴」설이 되풀이되었으며, 1993년 자민당 단독정권이 와해된 후에는 일반적으로도 55년체제의 붕괴가 당연한 사실로서 받아들여지게 되었다. 시대순으로 열거하면 다음과 같다.

우선 70년대에 있어서의 55년체제의 붕괴를 논한 카미시마 지로의 「붕괴」설이 있다. 카미시마는 정부여당이 의회세력으로서는 일진일퇴를 거듭하면서도 득표율에 있어서는 일관해서 장기저락(長期低落)의 경향을 걷고 있으며, 동시에 야당이 예전부터 분열을 피하지 못하고 점차 다당화해 간 70년대의 정치상황을 55년체제의 붕괴라고 논하고 있다. 또한 시라토리 레이(白鳥令)도 79년 총선거를 분석하면서 자민, 사회의 2대정당제에서 보수・중도・혁신의 3극 구조로의 의석변화를 "55년체제 붕괴후의 정치"라는 틀로 논하고 있다.[23)]

정치학자는 아니지만, 나카소네 수상은 1986년 8월 30일에 개최된 자민당 카루이자와(輕井澤)세미나에서 강연을 통해 선거에서 자민당이 대승한 것은 자민당이 지금까지 추진해온 정책이나 행동이 국민에게 인정을 받은 것이라고 하면서 86년 중・참의원동시선거에 있어서의 자민당의 압도적인 승리(중의원 304의석)를 55년체제의 「붕괴」로 개념정의하고 이에 따라 55년체제에서 「86년체제」가 출발했다고 선언하고 있다.[24)] 우치다 미츠루(内田滿)는 나카소네 수상의 논리(단지 정권담당 30년 경과 후의 선거에서 대승했다고 하는 것이 바로 정당제의 구분이 된다고 하는 논리)를 비판하면서도, "적어도 이번 선거가 55년체제의 종언을

---

23) 白鳥令 「大平内閣と五五年体制崩壊後の政治」白鳥令編 『日本の政党地図八〇年~九〇年』(學陽書房, 1980), p.27 참조

24) 中曾根康弘 「新時代を築く自民党の使命ー一九八六年体制のスタート」世界平和研究所編 『中曾根内閣史・資料編』(丸ノ内出版, 1995), pp.411~427 참조

구획하는 선거였다는 것에 대해 아마도 대부분 이론은 없을 것이다. 어쨌든 자사2당체제로 구성된 55년체제의 틀은 사회당의 쇠약과 자민당 파벌의 세력 확장, 활력증강에 의해 거의 완전히 무너졌다. 그 단면을 나타낸 것이 이번 선거에 있어서의 자민당의 대승이다"[25]라고 80년대에 있어서의 55년체제의 붕괴를 주장하고 있다.

한편 1993년 자민당 장기정권의 종언에 직면한 일본정치학회는 『연보정치학 1996』에서 다시 한번 「55년체제의 붕괴」라는 특집을 편집하고 있다. 편집에 즈음하여 사사키 타케시(佐々木毅)는 '55년체제란 무엇인가'라고 하는 과제를 규명하는 것에 대해서 "하나의 회답을 부여하는 것이 얼마나 곤란한 것인가는 논의를 거듭하면서 오히려 깊어진 감이 있다. 왜냐하면, 55년체제는 정당시스템만이 아니고 국민의식이나 매스컴, 관료제나 경제체제 등도 포함한 거대한 하나의 시스템이며, 따라서 어떤 부분은 변화해도 다른 부분은 변화하지 않는다라고 하는 현실이 정상적이라고 볼 수 있기 때문이다. 그 중에서도 기본적인 하나의 쟁점은 정당정치의 변화를 어느 정도 사회적으로 깊이가 있는 변화로 생각할 것인가에 있다"[26]라고 말하면서 「붕괴」라고 하는 개념을 부여하는 것이 곤란함을 표명하고 있다. 그러나 특집 속에서 각 논자는 한정적이긴 하지만 93년 전후의 일본정치의 변동을 55년체제의 붕괴라고 개념 정의하고 있다.

이상과 같이, 70년대, 80년대, 90년대에 붕괴되었다고 할 때의 55년체제는 도대체 무엇을 상정해서 말하고 있는 것인가? 55년체제의 붕괴에서 보는 55년체제론의 한계는 이것을 묻는 것이다. 즉 55년체제가 끝났다고 하는 논의를 할

25) 内田満 「自民党の大勝と五五年体制の終焉」 杣正夫編 『日本の選擧一九八六年』(九州大學出版會, 1987), pp.114~115.

26) 佐々木毅 「はじめに」 日本政治學會編 『年報政治學一九九六・五五年体制の崩壞』(岩波書店, 1996), p.ⅳ.

경우에도, 55년체제라고 하는 개념이 무엇을 의미하고 있는가를 명확히 하지 않으면, 분석하고자 하는 의미내용이 불명확하게 되며, 정의를 어떻게 했는가에 따라서는 당연히 시대구분이 달라짐에도 불구하고 일반적으로는 이것을 그다지 자각하지 않고 논의하고 있다는 것이다.[27]

제2절 「60년체제」의 구조

「55년체제」라고 하는 개념에는 이상과 같은 세 가지의 문제점이 있기 때문에 현대일본의 정치과정을 규정하는 「구조」개념으로서 사용하는 데는 주의할 필요가 있다. 그렇다고 한다면, 그것을 대신할 수 있는 「60년체제」라고 하는 개념을 제시하는 이 장의 과제는 분석개념으로서의 60년체제가 어떠한 체계를 가지고 있는가를 명확히 하는 것이라고 생각한다. 결론부터 말하자면, 여기에서 말하는 60년체제란 "정치적 안정과 경제발전을 최우선과제로 한 보수정권에 의한 통치구조"이다. 보다 구체적으로는 일당우위정당시스템, 정(政)·관(官)·재(財)연합을 중심으로 한 이익정치시스템, 「대기업노사연합」의 협력시스템 그리고 각각의 시스템을 형성하고 있는 주요한 행위자간의 영향력관계·융합관계·이해관계를 가리킨다.

왜 현대 일본의 통치구조의 기점을 1960년으로 보는가? 그 이유는 60년을 경계로 해서 "정치적인 민주주의 기구를 제약하고 자유의 틀을 협애화(狹隘化)하려고 하는 방향에서, 정치적인 민주주의 기구를 일정 레벨에서 승인한 통치

27) 山口定 「政治學の視角から」立命館大學人文科學研究所編 『戰後五〇年をどうみるか(上)』(人文書院, 1998), p.211 参조

에 의해 정치적인 안정을 확보해 가는 방향으로 바뀌어 간 것은 아닌가"[28]라고 생각하기 때문이다. 또한 패전에 의한 점령 초기의 내각은 별개로 하더라도, 전후 역대내각은 모두 대외적 문제를 내각의 중요정책으로 설정하고 그 실현에 노력에 온 것에 비해, 이케다내각이 경제정책을 내각의 정치과제로서 정면에 내걸었다고 하는 변화를 주목하기 때문이다. 구체적으로 말하면, "요시다내각은 샌프란시스코평화조약을 체결하고, 자유진영과 강화를 맺어 독립을 회복했다. 하토야마내각은 일소공동선언에 의해 소비에트, 공산권과의 국교를 회복하고 그 결과로서 UN가맹을 실현했다. 이시바시(石橋)내각은 일중국교회복을 목표로 했지만 이루지 못하고 퇴진했다. 키시내각은 조약으로서는 편무적인 일미안보조약을 개정하여 신안보조약으로 바꾸었다."그러나"국제사회로의 복귀라고 하는 정치과제가 일단 달성된 후에 등장한 이케다내각에게 부과된 사명은 그것에 상응하는 국내체제의 정비라고 하는 것이었으며, 국가경제의 발전과 국민생활의 향상이었다"[29]라고 하는 차이가 인정되는 것이다.

60년 안보투쟁의 결과 퇴진한 키시수상에 대신하여 등장한 이케다수상은 「관용과 인내」를 슬로건으로 「국민소득배증계획」을 내세워 「정치의 시대」에서 「경제의 시대」로의 전환을 꾀했다. 이 전환의 중요성은 우선, 그때까지 실상은 어찌되었든 이념적으로는 사회와 분리된 의미에서의 국가를 상징하고 있던 고매한 정치 이념속에 경제가 당당하게 등장했다고 하는 획기적인 변화에 있다. 또 정치목표 속에 국민 혹은 시민의 생활 그 자체가 위치하게 되었다고 하는 점에서도 주목할 만한 변화였다.[30] 무라마츠 미치오(村松岐夫) 등도 "이케다수

28) 渡邊治 「戰後日本國家の支配構造—その形成と特質—」 『勞働法律旬報』第1111・2号 (1985. 1), p.24.

29) 吉村克己『池田政權・一五七五日』(行政問題硏究所, 1985), p.403 참조.

30) 渡辺治「戰後日本國家の支配構造—その形成と特質—」, p.24 참조.

상의 소득배증정책의 정치적 의미는 격렬한 대립 시대 이후에, 대립이슈를 우선 피하고, 경제를 정치적 심벌로서 사용한 점에 있다. 물론 일본 경제의 잠재력이 크다는 것을 공적으로 선언했다는 것은 경제발전에 자극을 주는 것이 되지만, 국민의 눈을 정치에서 경제로, 외교에서 내정으로 향하게 했다는 것의 정치적 의의에 …… 주의를 기울이고 싶다"[31]라고 하면서 60년을 경계로 한 전환의 중요성을 인정하고 있다.

이 이케다정치 하에서 전후형 보수정치는 그 정통성을 확립하여, 「보수본류」로서의 지위를 흔들림 없는 것으로 하였으며, 「일당우위정당시스템」이 형성되어 갔던 것이다. 그와 동시에 그것은 생각하지도 않았던 방향으로 발전을 이루게 된다. 전후형 보수정치의 이익정치로서의 성숙[32], 즉 「정·관·재의 연합을 중심으로 하는 이익정치시스템」이 정착되어 갔던 것이다. 그리하여 고도성장을 계속하는 경제가 보수정치의 안정을 지탱하게 되었는데, 이 시기 보수정치의 안정을 지탱한 또 하나의 요인은 민간대기업에 있어서의 협조적 노동조합의 성립이며, 안정된 노사관계의 출발이었다. 여기에서 말하는 「대기업노사연합」의 협력시스템이 형성되기 시작했던 것이다. 이와 같이 이케다내각의 등장과 그 정책의 전환에 의해 「60년체제」의 서브시스템(subsystem)인 「일당우위정당시스템」, 「政·官·財의 연합을 중심으로 하는 이익정치시스템」, 「대기업노사연합」의 협력시스템이 형성되었다고 생각한다.(「그림2-1」참조) 이를 좀더 구체적으로 검토하고자 한다.

---

31) 村松岐夫·伊藤光利·辻中豊『日本の政治』(有斐閣, 1992), p.84.

32) 이가라시 진(五十嵐仁)은 이익정치를 "정치 목표로서의 경제성장의 설정이며, 경제적 이익이나 이권에 의한 정치의 유도이고, 정치에 의한 사적이익이나 이권의 추구이며, 이상의 결과로서의 정치에 있어서의 이념이나 공공개념의 쇠퇴이다"라고 설명한다. 五十嵐仁(1998), p.26.

[그림 2-1] 「60년체제」의 체계

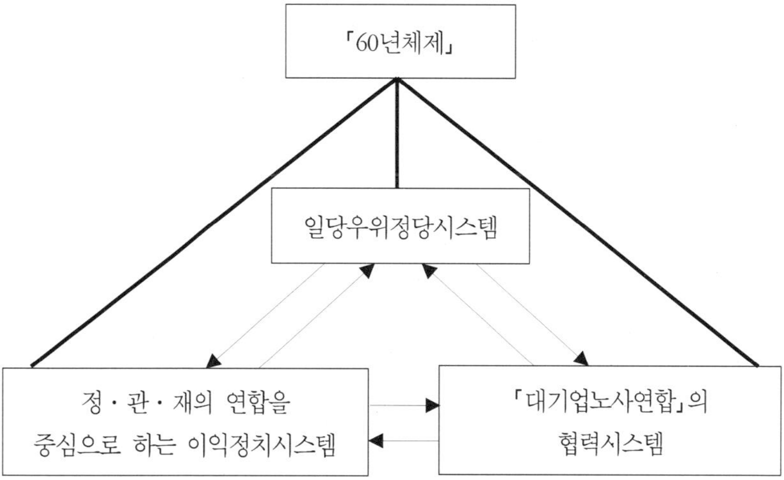

1. 일당우위정당시스템

일본의 일당우위정당시스템의 성립에 관해서는 몇 가지 논의할 필요성이 있다. 그것은 첫째, 일당우위정당시스템의 개념을 G · 사르토리(Giovanni Sartori)가 말하듯이 "일당우위제라고 하는 것은 그 주요정당이 일관해서 투표자의 다수파(절대다수의석)에 의해 지지되는 정당제이다"[33]라고 한다면, 어느 시점을 일당우위정당시스템의 출발점으로 간주할 것인가 하는 문제이다. 둘째는 일당우위정당시스템에 관한 정의요소의 하나인 정치 엘리트 및 일반 유권자의 의식과 행동에 관한 문제이다. 즉 일당우위정당시스템이 성립했다 하더라도 그것에 부응하는 일반 유권자의 의식과 행동의 성립은 상당히 늦게 나타나는 것이 아닌가

33) Giovanni Sartori, *Parties and Party System : A framework for analysis*(Cambridge Univ. Press, 1976), 岡澤憲芙 · 川野秀之譯『現代政党學 I · II』(早稲田大學出版部, 1980), p.328.

라고 하는 추측에서 생기는 의문이다.[34)]

첫째, 일당우위정당시스템의 성립시기에 관해서 이다. 일반적으로 「유사2대정당제」 혹은 「1과 2분의 1 정당제」라고 하는 의미에서의 55년체제는 "자민당과 사회당의 득표비율이 '2 대 1'인 채로 추이하면서도, 1960년 사회당으로부터 민주사회당(민사당)이 분열되고 1961년 공명정치연맹(公明政治連盟/64년부터 公明党)이 결성됨으로써 크게 흔들렸으며, 1969년 12월 선거에서 자사(自社) 양당 모두 득표율이 줄어드는 한편 공명당·공산당이 크게 약진하여 다당화현상이 명백해진 시점에서 이미 붕괴했다"[35)]라고 인식되어, 1969년 이후의 다당화현상[36)]을 일당우위정당시스템의 시작으로 보고 있다. 그러나 여기에서는 59년 10월 25일의 사회당의 분열, 60년 1월 24일의 민사당 결성에 의해, 자민당이냐 사회당이냐 하는 양자택일적인 의회의 상황에서부터 보다 복잡한 여야당관계가 전개되게 된 정치적 의미를 중시하여, 일당우위정당시스템의 확립기를 60년대 후반으로 보는 것에는 찬동하지만, 그 출발점은 민사당이 결성된 60년이라고 간주한다. 왜냐하면, 55년체제를 정당제 레벨에서 「2대정당제」로 보든 「1과 2분의 1 정당제」로 보든 55년체제라고 하는 개념에는 자민당과 사회당 양당밖에 상정하

---

34) 三宅一郎「一党位政党制の展開と外交基本路線にかんする意識パターン」日本政治學會編『年報政治學1994・ナショナリズムの現在・戰後日本の政治』(岩波書店, 1994), p.173 참조.

35) 新川敏光, 전게논문, p.3.

36) 다당화현상을 조금 더 자세히 살펴보면 "공명당은 최초로 중의원에 진출한 67년 총선거에서 25명을 당선시켰다. 이때 민사당의 당선자는 30명으로 어느 당이라도 예산을 수반하지 않는 의안이라면 제안할 수 있는 의석을 확보하고 있었다. 중의원의 다당화는 여기에서 시작했다고 말할 수 있다. 한편 공산당은 사회·민사·국협 3당연립내각 붕괴 후인 49년 총선거에서 35명을 당선시킨 후 52년 선거에서 67년 선거까지 7회의 선거에서는 5명 이상의 의원을 당선시킨 적이 없다. 그러나 69년에는 사회당의 조락과 대조적으로 14명이 당선하고 72년 선거에서 일약 의원 수 40명의 정당이 되어 다당화의 일익을 담당하게" 되는 것이다. 石川眞澄『データ戰後政治史』(岩波書店, 1984), p.159.

고 있지 않지만, 60년에는 민주사회당이 출현하고 있으며 이것은 55년체제와의 명백한 단절이라고 말하지 않을 수 없기 때문이다.37)

둘째, 일당우위정당시스템이 성립했다 하더라도 그것에 부응하는 일반 유권자의 의식과 행동은 상당히 늦게 정착되는 것은 아닌가라는 추측에서부터 나오는 의문에 대해서 이다. 60년체제의 서브 시스템의 하나인 일당우위정당시스템을 정의할 때 이러한 의문에 대한 해답이 되는 것은 카모 토시오(加茂利男)의 논의이다. 카모는 일본 국민의 의식상황에 대한 분석을 행한 논문 속에서, 전후 정치의 일반구조에 부응하는 의식 상황이 정착한 것은 이케다내각 등장 이후의 60년대라고 지적하고 있다. 즉, 정치문화 레벨에서도 과도기로서의 50년대 후반을 거쳐 60년대에 비교적 안정된 의식·태도 패턴이 완성되었다고 주장하고 있는 것이다.38)

자민당이 안보투쟁과 미츠이미이케(三井三池)쟁의의 위기를 극복하고, 안정적인 보수정치의 기반을 만들려고 한 주체적 움직임은 말할 필요도 없이 전전정치에의 "'부활'을 단념하고 자본축적기반투자를 중심으로 하는 성장정책을 정치의 중심에 둠으로써, 기업주의적 통합 위에 새로운 안정을 지향한"39) 1960년의 전환이었다. 그리고 이케다내각의 적극적 재정정책은 경제성장을 최우선 정책

---

37) 55년체제성립 직후의 상황을 보면, 중의원에 의석을 가지고 있는 정당은 자민당(298인)과 사회당(168인), 勞農黨(4인)과 공산당(2인)이었지만, 1957년 1월 노농당이 해당(解黨)함으로써 58년 총선거에서 자사(自社) 양당 이외에 후보자를 세운 정당은 공산당뿐이었다. 그리고 이 총선거에서 공산당은 전국에 걸쳐 114인의 후보자를 세웠지만, 득표율 2.6%로 1의석을 획득하는 데에 그쳤다. 이러한 상황 하에서 40의석을 가진 민사당이 등장했던 것이다. 內田滿(1984.7), pp.76~77 참조.

38) 加茂利男 「戰後50年・日本政治文化の軌跡」『年報日本現代史創刊号・戰後50年の史的檢証』(東出版, 1995), pp.44~78 참조.

39) 渡邊治 「現代日本國家の特殊な構造」東京大學社會科學研究所編 『現代日本社會第1卷・課題と視角』(東京大學出版會, 1991), pp.218~219 참조.

과제로 한 점에서 60년체제의 성립을 결정적인 것으로 했다는 것이다. 그렇지만, 이케다내각의 소득배증정책은 이케다내각이 창시자라고는 말할 수 없으며, 고도경제성장 그 자체도 이케다정권이 생기기 이전에 이륙하고 있다. 즉, 키시내각이 57년 12월에 각의 결정한 「신장기경제계획」은 "가능한 한 높은 경제성장률을 지속적으로 달성하는 것에 의해 국민생활수준의 착실한 향상과 완전고용에의 접근을 도모한다"라고 하고 있으며, 정부는 이것에 기초하여 58년도부터 재정, 금융, 무역, 지역개발 등의 여러 정책을 실행에 옮기고 있다. 따라서 이케다내각의 경제정책은 키시정권이 취한 경제정책의 연장선상에 있으며[40], 안보의 키시에서 경제의 이케다로의 전환은 후에 이야기되어 지는 것처럼 극적인 것은 아니었다라고 하는 견해도 성립될 수 있다. 그러나 헌법9조 개정을 축으로 하는 개헌지향, 교직원 근무평정(勤務評定)의 강행에 의한 일본교직원조합(日本教職員組合)과의 대결, 경관의 직무질문이나 건물・토지에의 출입 강화 등을 목적으로 한 경찰관직무집행법(警察官職務執行法) 개정, 일본의 군비확대를 초래하여 공산권 국가와의 긴장을 격화시킬 위험이 있다는 논쟁을 불러일으킨 일미안보의 개정 등을 추진한 키시의 정치에서, 위와 같은 과제를 모두 피하고, 오로지 경제성장에만 일관하는 자세를 보인 이케다정치에의 전환은 정치라고 하는 것에 대한 일반 국민의 인상에 있어서는 극히 커다란 변화였다고 할 수 있다.[41]

물론, 자민당의 정책전환이나 고도성장에 의한 도시화에도 불구하고 일당우위정당시스템이 유지되어, 자민당의 일당지배가 존속할 수 있었던 최대 요인의 하나는 자민당의 기업지배에 의한 경제성장과 사회민주주의세력의 쇠퇴라고 하

40) 이러한 관점에 기초한 분석으로서 空井護 「自民党一党支配体制形成過程としての石橋・岸政權」『國家學會雜誌』第106卷第1・2号(1993. 2)가 있다.

41) 石川眞澄・廣瀨道貞 『自民党—長期支配の構造』(岩波書店, 1989), pp.22～23 참조.

는 요인이 있었다는 것도 묵과할 수는 없다.42) 그 결과 60년대를 통해서 자민당의 지지율 및 득표율이 하향 경향에 있었음에도 불구하고 자민당 일당우위정당시스템은 고정화되었기 때문이다.

2. 정・관・재의 연합을 중심으로 하는 이익정치시스템

일본에 있어서의「전후형정치」라고 하는 것은 지배층이 복고주의적 틀에 의하지 않고 기업의 성장을 촉진하는 경제성장정책과 그 결과 증대한 세수(稅收)를 기반으로 한 이익정치를 핵으로 하는 새로운 정치를 말한다.43) 즉 1960년대, 민간대기업 노동자가 기업중심사회에 편입됨으로써 노동조합에서 기업주의의 조류가 생겨나고, 사회당도 분열하여 정치의 흐름은 보혁(保革)이 역전하는 방향으로 전개되지 않았으며, 보수일당지배가 계속 되었다. 그러한 흐름 속에서 "기업내・기업간에 일본형시스템을 구축한 재계와, 이익정치를 기초로 한 일당지배 하에 정권과 정책결정기구를 안정화시킨 자민당・관료기구가 정・관・재의 '철의 트라이앵글'을 정착시켰다"44)는 것이다. 그것을 구체적으로 본다면, 일당우위정당시스템 하에 자민당이 장기정권을 유지함으로써 관료제는 자민당의 정책을 언제나 자신의 것으로서 수행할 수가 있었다. 그 결과, 인허가나 보조금 등 사회에 대한 이익배분장치가 자민당의 당리당략의 관점에서 편성되어, 당세 확장의 도구가 되었다. 자민당의 정치가가 성청의 전문분야에 대응하는 형태로 전문가가 되면서 각 분야에서 이권 관리를 담당하게 되었다. 이들이 소

---

42) 渡邊治「現代日本國家の特殊な構造」東京大學社會科學研究所編, 전게서, pp.218~219 참조.

43) 渡邊治 「日本國憲法運用史序說」樋口陽一編 『講座憲法學一・憲法と憲法學』(日本評論社, 1995), p.143 참조.

44) 加茂利男, 전게서, pp.16~17.

위 「족의원」[45]이라 불리는 그룹이다. 인허가에 의해 경쟁을 모면하고 안주할 수 있었던 업계, 공공사업을 수주할 수 있었던 업계 등 이러한 행정서비스의 수익자는 자민당의 지지조직으로서 정치자금 제공이나 선거운동을 지원하고, 동시에 감독관청에서부터 낙하산인사를 받아들여 정・관・재의 연합을 중심으로 하는 이익정치시스템이 형성되었던 것이다.

이러한 정・관・재의 연합을 중심으로 하는 이익정치시스템이 형성되는 계기를 제공한 것은 60년의 격렬한 안보투쟁 후에 등장한 이케다 내각 및 그 경제정책 그리고 안보조약이었다. 첫째, 60년안보의 역사적 의의를 살펴보면 안보조약은 "일본을 미국에의 '군사적 종속국'으로 고정화시켰지만, 얄궂게도 그것은 일본에게 상대적으로 낮은 방위비부담을 보장하는 것이 되어 일본의 고도경제성장을 가능하게 하는 중요한 조건의 하나가 되었던" 것이다.[46]

여기에서 일본의 고도경제성장을 60년부터라고 한정하는 이유는 성장률에 착목하는 한 일본이 1950년대부터 고성장경제였다는 것은 틀림없지만, 정부가 목적의식적으로 고성장정책을 추구하기 시작했던 것이 60년부터이기 때문이다. 동시에 이 해부터 일본의 개방경제체제로의 이행이 시작되어 산업정책의 프레임이 변화하게 되었다고 인식하기 때문이다.[47] 즉 50년대의 하토야마・키시의

45) 특정의 정치분야에 있어서 공식적 비공식적임을 불문하고 강력한 영향력을 행사하는 의원. 정책결정에 있어서 관료나 당 간부가 사전 교섭의 대상으로 하는 의원이며, 정부각료, 정당의 정무조사회나 국회의 위원회 간부를 경험하는 등 정책결정에 관여하는 것을 통해 형성된다. 일반적으로는 운수족이나 건설족과 같이 관청을 단위로 존재하지만, 항공족(航空族)처럼 작은 정책분야별로도 존재한다. 현재는 어느 분야이든 족의원이 되는 것이 유력의원이 되는 필수조건이라고도 말해지고 있다.

46) 山川雄巳 「戰後体制変革期の政策過程についての覺書」『法學論集』第37卷第5・6合併号(1988. 3), pp.74~75 참조.

47) 鶴田俊正 「高度成長期」小宮隆太郎他編 『日本の産業政策』(東京大學出版會, 1984), p.45 참조.

경제정책은 상대적으로 국내지향이 강한 것이었지만, 이것은 그들이 일본의 해외시장 이용가능성에 대해 비관적이었다는 것과 관련이 있다. 그러나 이케다는 원래 해외시장에 대해 낙관적이었으며 그것이 그의 수출주도형발전정책 발상의 기초를 이루고 있었다. 일본경제의 발전은 IMF-GATT체제가 창출한 국제시장에 참가하는 것에 의해서만 가능하다고 그는 확신하고 있었던 것이다.[48] 물론 "무역자유화는 강한 외압 하에서 추진되었지만, 당시 소득배증계획을 내걸고 있던 이케다내각의 개방체제로의 이행을 추진하고 싶다는 강한 정책의사의 반영이기도 하였던"[49] 것이다.

둘째, 이상과 같은 의미를 갖는 이케다내각의 등장 및 그 경제정책이 정·관·재의 연합형성의 계기를 제공했던 것이다. 즉 「안보의 악몽」을 가능한 한 빨리 과거의 것으로 하기 위해 자민당은 정치자세와 정책노선의 전환을 서두를 필요성을 느끼고 있었는데, 재계도 그것을 강력하게 요망하여 이케다내각을 전면적으로 지지했다. 그때까지 이시바시내각의 요절을 아쉬워하며, 하토야마내각과 키시내각에 대해서 냉담한 반응을 보여 온 재계는 이케다내각의 등장에 의해 보수합동 이후 처음으로 전력을 다해 지지할 수 있는 정권을 갖게 되었던 것이다.[50] 재계주류는 안보로 비뚤어진 정치의 모습을 바르게 하고, 선거에서 보수당을 이기게 하여 국제신용의 회복, 주로 미국과의 협조관계 회복을 꾀한다고 하는 소원을 가지고 있었기 때문에 이케다내각을 전면적으로 환영했던 것이다. 그 구체적인 예가 국민협회(國民協會)를 통해 자민당 그 자체에 대해서 공급하게 되었던 정치자금이다. 국민협회의 기원은 55년 2월 총선거를 앞두고

---

48) 樋渡由美『戰後政治と日米關係』(東京大學出版會, 1990), pp.179～182 참조.

49) 中北徹 「貿易と資本の自由化政策」香西泰・寺西重郎編 『戰後日本の経濟改革－市場と政府－』(東京大學出版會, 1993), p.291.

50) 井出嘉憲, 전게논문, p.27.

발족한 경제재건간담회(經濟再建懇談會)라고 말하지만, 동회의 헌금에 의해 보수당은 재계의 주구라는 비판이 강해졌다. 이러한 비판을 피하면서 폭 넓게 국민으로부터 자금을 모으는 것을 목적으로 재계에서 정당으로 주체를 이동해서 만들어진 것이 59년 12월의 자유국민연합(自由國民連合)이었다. 그러나 자유국민연합의 자금수집은 순조롭게 발전하지 못했다. 그 이유는 자유국민연합에의 자금 일원화는 당연히 총재파벌인 키시파를 유리하게 하는 것이었지만, 당시의 재계인은 점령기에 요시다파와 깊은 관계를 맺고 있었기 때문에 자신들의 의향을 반영한 경제재건간담회가 자유국민연합으로 바뀌는 것을 바라지 않았다. 이 대립은 요시다파의 후신인 이케다파가 총재파벌이 됨으로써 해소되고, 자유국민연합도 61년 7월 국민협회로 개조되어 이후 순조로운 발전을 이루게 되었던 것이다.[51)]

관료제는 일당우위정당시스템 하에서 자민당의 정책을 입안・집행하는 조직으로서의 역할 뿐만 아니라, “정치가의 인재공급원으로서도 자민당과 밀접한 관계를 가지고 있다. 인적 구성면에 있어서도, 업무의 수행면에 있어서도 관료제와 자민당은 강하게 연결되어 분리나 통제의 규범이 반드시 지켜졌다고는 할 수 없다.”[52)] 그리고 1960년대의 고도경제성장기에 자민당은 관료제에 대해 이익집단과 동일한 행동양식을 취함으로써 집표(集票)의 유지에 노력해 왔다. 세금의 풍부한 자연증수는 관료제에 이익의 조정을 맡겨도 정권당의 기반을 손상

---

51) 北岡伸一『國際化時代の政治指導』, pp.252~253 참조.

52) 新藤宗幸・山口二郎『現代日本の政治と政策』(放送大學教育振興會, 1995), p.47. 前수산청장관이었던 사타케 고로쿠(佐竹五六)도 55년체제의 구체적인 의미내용에 대해서는 명확히 정의하고 있지 않지만, 자신의 경험에 기초하여 55년체제를 정책의사결정과정에 있어서의 관료의 자율성 상실이라는 관점에서 파악, 일당우위정당시스템 하의 관료의 역할을 논하고 있다. 佐竹五六 『体験的官僚論－55年体制を內側からみつめて』(有斐閣, 1998) 참조.

시키지 않았기 때문이다.[53)]

이상과 같이 안보투쟁의 경험을 배경으로 등장한 이케다내각 및 그 후의 경제정책이 정・관・재의 연합을 중심으로 하는 이익정치시스템 형성의 계기를 제공했다고 말할 수 있다. 그리고 일본의 고도경제성장을 가능하게 한 이유는 일본의 상공업 발전 속에서 강력한 동시에 안정된 민간 액터가 출현하여 정치가・관료제와의 사이에 영속적인 연합관계를 맺었다는 것에서 찾지 않으면 안 된다. 그러나 여기에서 말하는 정・관・재의 연합을 중심으로 하는 이익정치시스템에 있어서 자민당과 관료제 그리고 재계(혹은 이익단체)간의 3자 관계는「일본주식회사」론과 같이 지배적인 3자간의 경쟁요소를 완전히 무시하는 것은 아니며, 안정적이긴 하지만 정책을 둘러싼 알력, 타협, 경쟁이 존재하는 것으로 간주한다.[54)]

정・관・재의 연합을 중심으로 하는 이익정치시스템에는 말할 필요도 없이 이익집단이 하나의 액터로서 존재하며, 자민당의 선거기반・집표조직으로서의 역할을 수행하고 있다. 여기에서는 자민당과 그 대표적인 집표조직인 농협의 관계를 검토하는 것에 의해 이익집단을 포함한 이익정치시스템의 형성도 1960년이 그 출발점이었다는 근거를 제시하고 싶다. 농지해방 후 행정조직으로서 농협이, 그리고 농민조합의 내셔널센터로서 전일농(全日農)이 발족했다. 당초 농민의 정치적 요구는 중앙농업회의를 중심으로 집약되어 농협과 전일농이 협력

53) 新藤宗幸『行政改革と現代政治』(岩波書店, 1986), p.102 참조.

54) 예를 들면, "60년대 말의 공해입법 나아가 73년-76년에 걸친 독점금지법의 강화개정 때에 볼 수 있었던 것처럼 재계는 여당 자민당의 행동을 100% 좌우할 수 없었으며, 여야당의 협의와 홍정, 문제에 따라 각 소관관청의 법안추진 의욕, 여당간부의 정치판단 등은 재계의 의향에 반하는 법안도 성립시킬 수 있었던 것이다." 綿貫譲治「高度成長と経済大國の政治過程」日本政治學會編 『年報政治學1977・55年体制の形成と崩壊』(岩波書店, 1979), p.191.

하여 운동을 전개하고 있었지만, 1960년 이후 양자는 별개로 행동하게 되었다. 농협은 식량관리제도 하에서 농산물의 집하를 정부로부터 독점적으로 위탁받은 기관이라는 관계에 있었기 때문에 여당 자민당을 정치적 요구의 창구로 했으며, 전일농은 사회당을 창구로 했다. 농협은 생산자 미가(米價)인상의 정치적 압력을 가하는 운동을 전개하는 것에 의해 1961년 예산의 대폭증액을 인정시키는 등 커다란 성과를 얻을 수 있었다. 그러한 성과를 나타내는 생산자 미가의 평균 상승률은 1955-1960년 사이에는 2.4%였지만, 1960-1965년 사이에는 57.1%로 대폭적인 상승을 보이고 있다. 이와 같이 해서 농협과 자민당간에는 네트워크가 제도화되어 자민당에게 있어서 농협은 농민표의 집표조직이 되었으며,[55] 그 후 일관해서 농민의 정치적 요구는 거의 자민당이 독점하게 되었던 것이다.[56]

3. 「대기업노사연합」의 협력시스템

「대기업노사연합」의 협력시스템을 「60년체제」의 서브시스템의 하나로 보는 커다란 이유는, 노사관계가 단순히 각 기업에 있어서의 노동자와 사용자간의 관계에 그치지 않고, 경제전체를 좌우하는 하나의 요인으로써 극히 전략적인 위치를 차지하고 있기 때문이다. 즉 노사관계는 사회, 정치, 경제 속에서 그 행동이 규정될 뿐만 아니라 반대로 정치경제의 형태를 규정하고 있다는 인식을 가지고 있기 때문이다.[57] 또한, 「대기업노사연합」의 협력시스템 형성기의 출발점을 60년으로 보는 이유는 안보투쟁・미츠이미이케(三井三池)쟁의가 갖는 역사적 중요성에 있다.

---

55) 本間正明『農業問題の政治経濟學』(日本経濟新聞社, 1994) 참조.

56) 井堀利宏・土井丈朗『日本政治の経濟分析』(木鐸社, 1998), pp.198~199 참조.

57) 田辺國昭「戰後日本のストライキ(二)」『法學』第53巻第3号(1989. 8), p.324 참조.

일본의 노사관계가 소위 일본형 노동조합 하에서 협조적으로 전개되었다는 것을 생각한다면, 안보투쟁과 미이케쟁의 이전의 시대는 전후에 본격적으로 도입된 노동운동이 일본화되어 정착할 때까지의 과도기였다고 말할 수 있다. 50년대의 경제계·노동계를 보면, 점령이 해제된 후 재벌에 대신하는 기업그룹 소위 계열이 우후죽순처럼 만들어지기 시작했지만, 아직 일본적 경영이나 일본적 노사관계라고 불리어지는 것이 확립된 상황은 아니었다. 오히려 석탄·섬유·국철(國鐵)·교직원 등이 주력노조이었던 60년경까지는 미츠이미이케쟁의를 절정으로 하는 노동쟁의가 잇따랐던 시기였으며, 기업·재계와 노조의 관계도 아직 대립적, 유동적이었다고 말해도 좋다.[58] 다시 말하면「대기업노사연합」의 협력시스템의 대극에 위치하고 있는 일본노동조합총평의회(日本勞働組合總評議會/總評)는 50년대에 활발한 운동을 전개하게 되었는데 거기에는 정부에 대한 정치적 요구를 내건 전국적인 투쟁도 있고, 전산업적인 통일요구도 있으며, 개별기업에 대한 요구도 있었다. 정부·경영자측도 이것에 대해 강경한 자세로 대응하여 정부·경영자 대 노동조합의 격돌이 전개되었다. 이렇게 하여 1950년대는 역사적인 대쟁의의 시대가 되었으며, 52년의 파괴활동방지법 반대파업에서 59년, 60년에 걸친 미츠이미이케쟁의에 이르게 되었던 것이다.[59]

「안보와 미이케의 전투」는 총자본과 총노동의 승패를 가름한 결전이라고 불리어지고 있지만, 이 싸움에서 노동측은 일본의 노동운동사상 전례가 없는 에너지를 소모했으나 패배했다. 패배 이후 자본측의 탄광업을 출발점으로 하는 산업합리화의 공세에 직면하게 된 노동측은 결국 그것에 순응할 수밖에 없었다. 그리하여 총평(總評)·관공노(官公勞)[60]가 반합리화노선을 취하여 국가·자본이

58) 加茂利男, 전게서, p.14.

59) 中村隆英「過渡期としての一九五〇年代」中村隆英·宮崎正康編『過渡期としての一九五〇年代』(東京大學出版會, 1997), p.3 참조.

추진하는 생산제일주의와 대치하고, 사회당의 호헌(護憲) · 평화주의노선을 지지한 것에 대해, 민간노조는 생산제일주의를 지지하는 세력이 되었다. 생산성운동을 둘러싼 노동내의 이러한 대립은 당초 「총평의 계급주의적 산별화(産別化)」대 「전노(全労)[61]의 사회민주주의적 산별화」라는 형태를 취했다. 그러나 일경련(日經連)[62] · 경영자 측이 국가와의 연계를 통하여 총평의 중핵적 민간노조에 압력을 강화하는 한편, 종신고용 · 연공제임금 · 퇴직일시금이나 재산형성 원조 등의 기업복지를 제공하고, 민간노동조합내에 기업주의조합이 대두함에 따라 노동내의 대립은 「총평=관공노의 계급주의」대 「IMF-JC(金屬労協)[63]로 대표되는 기업주의」로 변화되어 갔다. 이러한 변화를 완료시키지는 못했다 하더라도 결정적인 것으로 했던 것이 1960년의 미츠이미이케쟁의에 있어서 총평좌파노동운동의 민간 거점인 일본탄광노동조합(日本炭鑛労働組合/炭労)의 패배였다.[64] 이 안보 ·

---

60) 일본관공청노동조합협의회(日本官公廳労働組合協議會/官公労)는 1949년 12월, 국가공무원 · 지방공무원 · 공공기업체직원이 조직하는 노동조합의 연락협의기관으로서 결성되어, 거의 모든 산하 조합이 총평의 유력한 구성단체로서 전후 일본의 노동운동을 리드해왔지만, 58년 8월에 해산된 후 이 말은 관공청노동조합 및 그 운동을 총칭하는 말로서 사용되고 있다.

61) 전국일본노동조합(全國労働組合同盟)의 약칭.

62) 일본경영자단체연맹(日本經營者團體連盟/Japan Federation of Employers' Associations)의 약칭. 1946년에 설립된 관동경영자협회(關東經營者協會)를 모체로 해서 1948년 4월에 발족한 경영자의 전국조직. "경영자단체의 연락 제휴를 꾀하며, 주로 노사관계의 건전한 발달을 촉진한다"는 것을 목적으로 하고 있다. 47개의 지방별 경영자단체와 57개의 전국적 업종별 경영자단체가 가맹(96년 현재). 경제단체연합회(經濟團體連合會/經團連), 경제동우회(經濟同友會/同友會), 일본상공회의소(日本商工會議所/日商)에 필적하는 경제4단체의 하나로, 대표적인 압력단체로 알려져 있다.

63) International Metalworkers' Federation-Japan Council(결성 1964. 5.16), 국제금속노련일본협의회(國際金屬労連日本協議會)의 약칭.

64) 신카와(新川)는 "그러한 의미에서는 계급정치레벨에 있어서도 '55년체제'라고 하는 것은 상징적인 호칭이며, '60년체제'라고 말하는 편이 보다 실태를 반영하고 있을지도 모르겠다"라는 견해를 피력하고 있다. 新川敏光, 전게논문, p.4.

미이케투쟁 속에서 총평의 주전력의 하나였던 탄노(炭勞)가 급속하게 몰락해 갔던 것과 동시에, 사회당에서 분열한 민사당이 전노(全勞)와 블록을 만들어 총평 내에도 민사계가 적지 않게 존재하게 됨에 따라「대기업노사연합」의 협력시스템 하에서「사회당 · 총평블록」의 60년 이후의 영향력은 약화되어 갔던 것이다. 이러한 관점에서 이 분야의 권위로 알려진 시미즈 신조(清水愼三)가 "어떠한 사관(史觀)에 서든 60년이라고 하는 해가 '전후혁신세력' 성쇠의 분기점이 되었다고 하는 사실, '안보와 미이케'가 총평노동운동의 활력의 정점을 나타냈다고 하는 노동운동사상의 사실은 지우지 못한다"[65]라고 지적하고 있는 것처럼, 전후 노동운동사의 분수령은 안보와 미이케에 있다고 보아야 할 것이다.[66]

이와 같은 경과를 거쳐 기업별로 조직된 일본의 노동조합은 기업 및 국민경제 레벨상의 부의 분배에 있어서, 또한 노동자의 기술혁신이나 노동조직의 변동에 대한 적응 등을 통하여, 기업의 성장 · 국민경제의 성장에 유리한 노사관계를 형성하는데 도움을 주었으나[67],「대기업노사연합」의 협력시스템의 안정화를 정치의 장에서 지탱한 것이 이케다내각의「국민소득배증계획」이었다. 이케다내각에 의한 경제정책의 전개는 기업 레벨에서의「대기업노사연합」의 협력시스템을 정치체제 레벨에서 정통화하는 것에 의해 거시경제 레벨에서의 고도성장을 가능하게 했던 것이다.[68]

65) 清水愼三「三池爭議小論―八〇年代からの再論」清水愼三編, 전게서, pp.454~455.

66) 犬童一男「勞働と政治体制」『法學セミナー增刊 · これからの日本の政治』26(1984. 7), p.209 참조.

67) 田端博邦「現代日本社會と勞使關係」東京大學社會科學硏究所編『現代日本社會第五卷 · 構造』(東京大學出版會, 1991), p.219 참조.

68) 쿠메 이쿠오(久米郁男)는 여기에서 말하는「대기업노사연합」의 협력시스템을「노사화해체제(勞使和解体制)」라고 정의한 후 "고도성장기의 노사화해체제에 있어서는 고성장부문의 노동자는 생산성의 상승에 비해 상대적으로 낮은 임금상승을 감수하고 있었으며, 한편 저성장부문의 노동자는 생산성 상승과의 비교에서는 높은 임금상승을 얻고 있었지만, 실제임

제3절 「60년체제」의 변용기

이 장이 분석의 시간적 범위로 상정하고 있는 80년대가 중요한 것은, 그것이 행정개혁의 시대였다는 것뿐만 아니라 「60년체제」의 변용기와도 겹치고 있기 때문이다. 60년체제의 변용기는 개개의 정책이 변환하는 시기라고 하는 의미 이상의 것을 포함하고 있다. 첫째, 국내적으로는 저성장기에 접어들면서 재량적(裁量的) 이익배분시스템이 한계에 직면하고, 재정위기와도 중복됨으로써 60년체제의 구조가 문제된 시기라는 의미가 있다. 또한 국제적으로는 시장개방의 요구가 상징하는 것처럼 일본의 정치・경제시스템의 국제화에의 지향이 과제로 부상한 시기를 의미한다. 둘째, 국내에 있어서 그와 같이 한계에 직면한 재량적 이익배분시스템을 바꾸려고 한 시기이며, 국제적으로는 경제력을 배경으로 해서 적극적으로 국제적 공헌을 완수하려고 한 시기를 의미한다. 즉, 「변용기」라고 하는 것은 정치・경제・사회의 환경변화에 의해 구조가 전환기를 맞이했다는 의미뿐만 아니라, 한계에 직면한 기존 시스템을 바꾸려고 했던 시기를 의미하는 것이다. 이와 같이 변용기를 정의하고 "개인이나 집합체의 행동을 제약하는 諸관계의 패턴"이라고 하는 구조 개념을 채용함으로써, 본서에서 말하는 구조분석은 구조결정론에 빠지지 않고, 구조로부터의 규정이라고 하는 방향과 동시에 일정한 자율성을 가진 각 행위자의 관계 재설정 행위를 통해 구조의 재구

금은 '이중구조론'자의 지적대로 낮은 편이었다. 이것이 노사화해체제 하에서의 평등주의적 임금의 의미였다. 이러한 임금패턴은 잠재적으로 모든 노동자가 불만을 품게 하는 가능성이 있었던 것이다. 이것을 호순환(好循環)이 되게 하고 노동자의 화해체제에의 지지를 확실히 하기 위해서는 노동자간에 고도성장에의 신뢰를 산출하지 않으면 안 되었다. 이케다의 '월급2배론' 그리고 그 발전형태인 '소득배증정책'은 이러한 신뢰감을 노동자 사이에 확산시키는 역할을 수행했으며, 마이크로 레벨에서의 노사화해의 안정화를 정치의 장에서 지탱하는 것이었다"고 분석하고 있다. 久米郁男 「戰後勞使和解体制の形成」日本政治學會編『年報政治學1991・戰後國家の形成と經濟發展』(岩波書店, 1992), pp.205~207 참조.

축화를 피한다고 하는 방향성도 시야에 넣고 있는 것이다.

구체적으로 말하면, 스즈키 젠코(鈴木善幸)수상의 사임 후 등장한 나카소네수상은 재계 등의 지지를 받아 가면서, 「전후정치의 총결산」을 내세워 행정개혁에 착수했다. 이것은 그때까지의 보수정치의 상태(특히 선거구・후원회와 의원간의 이익매개구조, 자민당정치가와 관료의 융합관계 등을 전제로 하는 이익정치의 틀)나 이케다・사토의 정치에 의해 정착한 「보수본류」노선, 즉 정・관・재의 연합을 중심으로 하는 이익정치시스템을 새롭게 형성하는 것을 의미했던 것이다. 바꾸어 말하면, 60년체제의 변용기에 행해진 행정개혁의 정치과정은 기존의 여러 관계 패턴의 재구축과정이었다고 하는 것이 된다.

이하에서는 60년체제의 변용, 즉 일당우위정당시스템, 정・관・재의 연합을 중심으로 하는 이익정치시스템, 「대기업노사연합」의 협력시스템의 변용 및 각각의 시스템을 형성하고 있는 각 행위자간 관계의 변용에 대해서 설명하고자 한다.

1. 일당우위정당시스템의 변용

자민당은 「60년체제」의 성립 후, 일당우위정당시스템 하에서 장기안정정권을 유지하면서도, 공해 등 고도경제성장의 부산물이나 혁신자치제의 등장에 의해 장기적인 저락경향을 보여, 70년대 후반에는 여야당 백중이라는 상태에 이르렀다. 이러한 정치 흐름 속에서 자민당은 1980년 선거에서 안정다수를 회복한다. 그 배경에는 1978년경부터 여론조사를 통해 분명해 진 유권자의 「보수복귀」 「혁신이탈」, 특히 부동표층의 「온건한 자민당 지지」 확대가 있었다.[69] 그 중핵

69) 무라카미 야스스케(村上泰亮)는 "1970년대 들어서 자민당은 정책의 대상을 도시소비자에게도 두게 되었으며, 그것에 의해 본격적인 이익지향포괄정당이 되었다. 예를 들면, 70년

을 차지하는 것이 도시의 젊은 화이트칼라 및 주부층이며, 이전 혁신정당, 평화운동, 주민운동의 지지자를 구성하고 있던 그룹이다. 이 그룹이 좌익을 이탈함으로써 노동조합의 정치적, 사회적 고립이라고 하는 현상이 생겨났던 것이다.[70] 그것이 80년 6월의 중의원 참의원 동일선거에서 자민당의 압승(공인후보만 284인)으로 결부되었다고 말할 수 있는데, 이러한 정당정치에 있어서의 변화를 일당우위정당시스템의 변용으로써 정의하고자 한다. 중・참의원동시선거에서의 압도적인 승리가 행정개혁 및 60년체제의 구조개혁이라고 하는 곤란한 정치과제를 추진하는 계기가 되었다는 점에도 주목하고 싶다.

이것에 더하여 80년대를 일당우위정당시스템의 변용기로서 파악하는 또 하나의 이유는 사회당 이외의 야당(공산당은 물론 제외)과 자민당과의 정책적 수렴현상이 나타났기 때문이다. 즉 보수와 혁신의 백중시대인 70년대의 「연합정권구상」이 상징하는 것처럼, 야당측은 자민당과 전야당의 대치라고 하는 구도 하에서 일정한 협력관계를 유지해 왔다고 할 수 있다. 그러나 오히라 마사요시(大平正芳)내각 불신임안의 가결에 의해 행해진 중・참의원동시선거에서 자민당이 압승한 결과, 야당연합정권구상에 혼란이 일어나게 되었다. 예를 들면, 재정위기를 계기로 해서 정치무대 전면에 행정개혁이 등장하자, 그 대응을 둘러싸고 사회당과 다른 야당사이에 견해의 상이가 명백해졌으며 결국 행정개혁의 정치과정 속에서 중도야당의 자민당에의 정책수렴경향이 현저해졌던 것이다.

대 전반의 사회보장제도 확충은 복지수준을 다른 선진국 수준으로 끌어 올렸으며, 같은 시기에 채용된 환경보호정책은 선진사회 중에서 가장 엄격한 것이었다. 나아가 공공투자가 도시의 주거환경정비에 충당되게 되었다. 이러한 정책의 결과로서 70년대 후반에 본격적으로 윤택한 생활수준을 향수할 수 있게 된 일본의 도시소비자는 자민당에의 지지를 강화했다"라고 「이익지향가설」을 세우면서, 70년대 후반 이후에 있어서의 일정한 성공을 자민당의 도시소비자를 주요 수익자로 하는 정책에서 구하고 있다. 村上泰亮『新中間大衆の時代』(中央公論社, 1984), pp.243~244 참조.

70) 大嶽秀夫『自由主義的改革の時代』(中央公論社, 1994), pp.14~15 참조.

2. 정·관·재의 연합을 중심으로 하는 이익정치시스템의 변용

이케다내각과 그 뒤를 이는 사토내각, 그리고 그 이후의 자민당정권 모두 헌법개정이나 치안입법의 제정을 정치쟁점으로 정면에서 부각시키는 것을 피해, 소득배증정책을 시작으로 사회개발정책, 일본열도개조정책 등에서 볼 수 있는 경제·사회정책중심노선을 계속적으로 취해 왔다.[71] 그것을 가능하게 했던 것은 고도경제성장에 의한 윤택한 세금의 자연증수였다. 그러나 70년대의 석유쇼크에 의해 고도경제성장이 종언을 고함과 동시에 저성장기에 돌입하게 됨으로써 세입과 세출의 구조적 갭이 현재화했다. 그럼에도 불구하고 재정과 권한을 정부가 장악하는 중앙집권적 정치제도 하에서 보조금이라는 통치장치를 통해 장기정권을 유지해 온 자민당은[72], 성장편승형의 안이한 재정정책을 계속 실시했기 때문에 재정적자는「위기」적 상황에 떨어지게 되었다.[73] 80년대의 행정개혁은 이러한 일본경제의 저성장기로의 이행, 재정적자, 그리고 일본사회의 고령화, 정보화에의 진행 등에 대응하기 위해「증세 없는 재정재건」을 슬로건으로 정치의 최대과제로서 부상하게 되었던 것이다. 그것은 정·관·재의 연합을 중심으로 하는 이익정치시스템의 변혁을 함의하는 것이었다. 이상이 80년대를 정·관·재의 연합을 중심으로 하는 이익정치시스템의 변용기로 파악하는 국내적 요인이다.

한편 80년대에 들어와 경제마찰[74], 외국으로부터의 시장개방 압력, 일본의

---

71) 村松岐夫·伊藤光利·辻中豊『日本の政治』(有斐閣, 1992), p.16 참조.

72) Kent E. *Calder, Crisis and Compensation-Public Policy and Political Stability in Japan, 1944-1986*, 淑子カルダー譯『自民党長期政權の硏究·危機と補助金』(文芸春秋, 1989), 廣瀨道貞『補助金と政權党』(朝日新聞社, 1981) 참조.

73) 자세한 내용에 관해서는 加藤芳太郎『日本の予算改革』(東京大學出版會, 1982), pp.133~146 참조.

74) 시바가키 카즈오(柴垣和夫)는 "1980년대에 들어와 격화한 미일무역마찰이 역사적으로 차원을 달리하는 세 개의 요인이 겹쳐 발생한 것이며 최근 일본과 미국 어느 쪽에 책임이

국제적 공헌 요구 등의 국제적인 요인에 의해 정·관·재의 연합을 중심으로 하는 이익정치시스템 그 자체가 문제화되기 시작했다. 이익정치시스템이라고 하는 것은 개별 업계나 단체의 이익을 정치적으로 보호하는 것이며 외국기업의 일본 국내경제 참가를 방해하는 장벽이기 때문이다. 사사키 타케시(佐々木毅)는 외국으로부터 일본에의 요구현상을 「옆으로부터의 입력」이라고 부르면서, "원래 민주정치 하에 있어서 정치에의 요구는 국민 스스로가 담당하며, 정치가에게 그 실현을 요구해야만 하는 것이지만, 지금은 그것과는 관계없이 소위 측면에서 외국이 정부에 요구를 내밀게 되었다. …… 그리고 '옆에서부터의 입력'은 점진적이긴 하지만 자민당 장기정권 하에서 강인함을 자랑해 온 자민당과 관청, 이익집단의 동맹에 쐐기를 박기 시작했다"[75]라고 말하고 있다. 이와 같이 80년대를 통해 현저하게 나타난 외국(특히 미국)으로부터의 요구 증가가 정·관·재의 연합을 중심으로 하는 이익정치시스템에 준 영향력의 크기에 주목하여 80년대를 정·관·재의 연합을 중심으로 하는 이익정치시스템의 변용기로 파악한다.

3. 「대기업노사연합」의 협력시스템의 변용

「대기업노사연합」의 협력시스템의 기반을 형성해 온 민간의 기업별노동조합

있는가라는 말을 자주 듣지만 그렇게 단순한 성격의 것이 아니다"라고 말하면서 세 개의 요인으로서 "① 자본주의 諸國간의 불균등발전 보다 구체적으로는 패권국의 교대과정에 나타나는 몰락과정에 있는 패권국과 그것에 대항해서 발전하고 있는 국가와의 대립에 의해 발생하는 마찰, ② 제2차 세계대전 후의 세계시장의 새로운 여러 조건 보다 구체적으로는 자유무역을 기조로 한 가트(GATT)체제 하에서 구미선진제국의 수평분업에 기초한 무역구조와 대비되는 일본 무역구조의 수직분업적 성격에 유래하는 마찰, 그리고 ③ 1980년대 특히 그 전반에 있어서 미일양국간에 나타난 거시경제정책의 차이에 의해 증폭된 마찰"을 들고 있다. 柴垣和夫 「日米経済摩擦－その緒要因と歴史的意味」『社會科學研究』第41巻第1号(1989. 7), p.77.

75) 佐々木毅『いま政治になにが可能か』(中央公論社, 1987), pp.40～41.

은, 60년 이후 노동자의 경제적 지위향상을 위해 기업에 요구하고, 단체교섭을 행하며, 때로는 파업권을 행사하지만, 석유 쇼크와 같이 기업의 업적이 악화하여 실업자를 낼지도 모르는 상황에서는 임금상승 요구를 자숙하여 고용확보에 힘쓰는 등, 노동조합이면서도 자기가 속하는 기업의 존속과 발전을 저해하는 행동에 나서는 경우는 없었다.[76] 대체로 기업내 분배에 만족하고 있으며 정부정책에 강한 관심을 보이는 경우는 드물었다. 그러나 70년대 특히 석유위기 이후 민간노조는「제도・정책」요구로서 정부정책에 적극적으로 발언하게 되었으며, 80년대에는 정부의 중요정책에 관해서 재계와 극히 동조적인 행동을 취하게 되었다. 그 전형적인 예가 민간노조의 정치전략으로서의 행정개혁에 대한 대응이었다. 민간노조는 지속적으로 행정개혁에 확실한 찬성 태도를 표명했던 것이다. 이 변화를 중시하여 이토 미츠토시(伊藤光利)는 민간노조의 70년대의 개별산업정책을 중심으로 하는「정책제도요구」와 80년대의 행재정(行財政)개혁을 시작으로 하는「포괄적 이익」을 둘러싼 정책과정에의 참가는 질적으로 다르다고 간주하고 있다.[77] 여기에서 말하는「대기업노사연합」의 협력시스템의 변용이란 80년대의 민간노조의 움직임에 착목하여,「대기업노사연합」이 정부가 추구해 온「공급중시」의 전후일본정치에 대해서,「작은 정부」 혹은「정부・행정으로부터 자립된 사회」를 지향하는 움직임을 사회과정뿐만 아니라 정치과정에 있어서도 추구하기 시작했다는 것을 가리키는 것이다.[78]

또한 민간노조의 움직임과 관련해서, 80년대를「대기업노사연합」의 협력시스템의 변용기로 보는 또 하나의 요인은 자민당이「80년당운동방침(昭和55年党

76) 野村正實『終身雇用』(岩波書店, 1994), pp.4~5 참조.

77) 伊藤光利「大企業労使連合の形成」『レヴァイアサン』2(1988 春), pp.53~70 참조.

78) 久米郁男 「1980年代日本における利益団体政治の変容－1980年・1989年勞働団体リーダー調査結果分析から(一)」『神戸法學雜誌』41・2(1991. 9), p.444 참조.

運動方針)」에서 노동조합과의 적극적 교류라고 하는 새로운 방침을 내세웠다는 것에 있다. 이 방침은 "노동조합이나 소비자단체 등 오늘까지 자칫하면 이질적인 존재로 보거나, 가까이 가기 어려운 존재로 보아 온 사람들과도 협의 등을 통해 더욱 적극적으로 교류하고, 우리 당의 정책에 대한 이해를 요청하며, 요망도 헤아려 가면서, 제휴의 고리를 한층 넓혀 가고 싶다"[79]고 하고 있으나, 그 후 자민당과 민간노조(특히 정책추진노조회의) 사이에 행정개혁을 포함한 정책협의가 행해져, 민간노조는 재계와 함께 증세회피를 공통의 목적으로 행정개혁에 지지를 보냈던 것이다. 물론 자민당이 노동조합과의 교류에 적극적인 자세를 보인 것은 행정개혁에 대한 지지 확보 이외에도, 총평(總評), 전일본노동총동맹(全日本勞働總同盟) 등 기존의 노동조합에 가입하지 않은 중소기업 등의 미조직노동자(추정 2,600만 명)속에서 지지를 확대하려는데 그 목표가 있었다. 노동단체와도 결코 상반되지 않는 입장에 있는 정당으로서의 이미지를 창출함과 동시에 80년대 정권유지에의 최대 과제로서 도시에서의 자민당의 지지도를 높이려고 했던 것이다.[80]

---

79) 1980년 1월 23일, 제37회 자유민주당대회에서 행해진 「党運動方針報告」自由民主党編『自由民主党党史・資料編』(1987), p.398.

80) 富田信男「有權者意識の変容」白鳥令編『日本の政党地図80年~90年』(學陽書房, 1980), p.173.

제3장

행정개혁의 정치과정에 있어서의 나카소네 수상과 자민당

제3장

행정개혁의 정치과정에 있어서의 나카소네 수상과 자민당

이장의 목적은, 일본정치의 구조적 문맥에 있어서의 행정개혁의 의미를 의식하면서, 「능동적 추진」주체로서의 나카소네 야스히로(中曾根康弘)수상과, 「수동적 추진」주체로서의 자민당을 축으로 하는 정치과정의 분석을 시도하는 것이다. 전술한 바와 같이, 스즈키 젠코(鈴木善幸) 정권기에 재정재건을 직접적인 계기로 출발한 행정개혁은, 신보수주의 하에서 이뤄진 미국의 레이건 대통령에 의한 행정개혁, 영국의 대처 수상에 의한 행정개혁과 비교되어 「나카소네 행정개혁」으로 자리매김 되어 있다. 그러나 영미에서는 제2차 석유쇼크 이후, 스태그플레이션이라는 상황 하에서, 「작은 정부」론이 제창되어, 노동당에서 보수당으로, 민주당에서 공화당으로 정권이 교체됨으로서 신보수주의 정책이 실시되게 되었다.[1] 이에 비해 양호한 경제적 성과를 유지하고 있던 일본에서는 정권교체를 동반하지 않은 채, 정책의 전환을 의미하는 신보수주의 노선이 채택되었다. 이와 같이 고도성장형의 이익정치시스템의 변혁을 함의하는 행정개혁이 정권교체 없이 기존의 정책결정참가자에 의해 추진되었다는 데에 일본에서 행해진 행정개혁의 특징이 있다고 생각된다. 이 특징을 명확히 하기 위해서도, 즉 비교정치의 관점에서 생각하기 위해서도 일본 고유의 구조요인을 분석할 필요가 있다.

이하에 있어서는 나카소네 수상과 자민당이라는 「능동적 추진」·「수동적 추진」을 축으로, 행정개혁이 일본정치의 구조적 문맥 속에서 어떤 의미를 갖고

---

1) 야부노(藪野)는 "다른 정책은 다른 정권에 의해 실시되는 것이 민주주의 본래의 모습이다"고 주장한다. 藪野祐三 『先進社會=日本の政治Ⅱ』(法律文化社, 1992), pp.42～43.

있었는가, 또 어떤 정치상황 속에서 정책과제로 인식된 것인가, 그리고 행정개혁에 관한 일련의 정책패키지를 일정한 방향으로 추진시킨 구조는 무엇인가, 그 결과는 무엇이었는가를 검토해가고자 한다.

제1절 정권교체 없는 행정개혁

1980년 6월에 행해진 사상초유의 중·참의원동일선거 결과, 자민당은 중의원에서 공인후보만 으로 284의석을 획득하고, 참의원에서도 의석을 늘여 압도적인 승리를 거뒀다. 이를 가능케한 배경에는 유권자의 「혁신이탈」·「보수회귀」의 현상이 있었다. 즉 혁신자치체의 쇠퇴, 노동조합의 감량경영에의 협력과 정치적 보수화, 소위 유권자의 「생활보수주의」[2]화에 의해, 자민당의 정치지배는 다시 강화된 것이다.[3] 나카소네 내각은 이런 "구조적인 보수회귀의 정점"[4]에서 등장했다. 83년의 록히드 재판에 의한 총선거에서도 자민당이 패하긴 했지만 여전히 보수회귀 현상은 계속됐다.

그런데, 80년 6월 중·참의원동일선거 후, 록히드 재판의 극복을 통해 복권

2) 아베(阿部)는 유권자의 보수화는 「生活保守主義」라고 하는 표현을 사용할 수 있다고 하면서 "일반적으로 말해 일본의 유권자는 무엇인가 보수해야만 하는 철학을 가지고 있기 때문에 보수적인 것이 아니라, 단순히 생활의 현상을 유지하는 것이 바람직하다고 생각하기 때문에 보수적이다"라고 보고 있다. 阿部齋 「政治の保守化と政治學の変質－現實批判はなぜ後退したのか－」『世界』(1986. 10), pp.56～57.

3) 田端博邦 「現代日本の企業·社會·國家」東京大學社會科學研究所編 『現代日本社會 第五巻·構造』(東京大學出版會, 1991), p.17 참조.

4) 福岡正行 「中曾根康弘內閣」白鳥令編 『日本の內閣Ⅲ』(新評論, 1986), p.279.

을 노리는 타나카 카쿠에(田中角榮) 전 수상의 지지를 얻어, 7월17일에 스즈키(鈴木) 내각이 성립하자, 행정개혁이 정치의 최대과제로 부상하게 되었다. 전에 제1임조에 참가했던 로야마 마사미치(蠟山政道)는 "행정개혁의 과제에는 객관적 측면과 주관적 측면이 있다. 일정한 권력적 또는 사회적 변동이라는 객관적 요청과 그것을 개혁의 목표로서 인정하는 정치주체의 주관적 측면이 있다. 그 객관적 측면과 그에 대응하는 주관적 측면이 접촉하여 일치할 때 행정개혁을 향한 행동이 시작된다"[5]고 분석하고 있다. 80년대의 행정개혁은 로아마(蠟山)의 분석에 비춰보면 정보화사회, 고령화사회, 국제화에 대한 대응이 필요하다고 하는 객관적 요청에 의한 행정개혁이었지만, 정당간의 정권교체라는 객관적 요청에 의한 행정개혁은 아니었다. 80년 6월 중·참의원동일선거에서 자민당이 절대안정다수를 획득한 후 행정개혁이 스타트한 것이다. 이것이 「60년체제」의 변용기에 진행된 행정개혁을 분석할 때 가장 중요한 점이라고 생각된다. 왜냐하면 행정개혁의 과제로서의 주관적 측면인 행정개혁의 추진주체, 특히 개혁을 견인하는 액터가 누구냐라는 것은 개혁의 성격과 전개과정에 크게 영향을 미치기 때문이다.

자민당장기집권의 부(負)의 측면을 변혁하기 위한 행정개혁을 추진하는 데 있어서, 정치적 리더십을 발휘한 것은 나카소네였다. 당내의 기반이 약한 그가 리더십을 발휘할 수 있었던 것은, 다름 아니라 재계·대장성을 멤버로 하는 영향력연합의 형성에 성공했기 때문이다.[6] 첫째, 도코(土光) 제2임조회장을 대표로 하는 재계가 일치하여 「증세 없는 재정재건」을 계속 주장한 것은 나카소네 수상이 자민당 내의 통일을 유지하는 데 유익했다.[7] 또, 도코(土光) 임조회장의

5) 蠟山政道 「我が國における行政改革の課題」 『行政學硏究論文集』(勁草書房, 1965), p.102.

6) 村松岐夫, 전게논문, pp.23~25 참조.

사회적 「권위」는 행정개혁의 심벌로서 국민에게 행정개혁에 대한 관심을 불러일으키는 효과를 발휘했다. 이와 같이 재계가 행정개혁을 지지·추진한 것은 기업의 국제경쟁력을 높이기 위해서는 「증세 없는 재정재건」을 달성하여 법인세 등 기업과세를 구미 수준으로 끌어내릴 수 있는 환경을 만들어야 한다고 생각했기 때문이다.[8] 물론 보수정권이 위기에 직면했을 때는 재계도, "정치 안정을 추구하는[9] 대국적인 입장에서, 자민당이 내세우는 선심형 정책을 추인하는 일이 많았다."[10] 그러나 중·참의원동일선거에서 자민당이 압승하여, 80년대 보수정권에 대한 위기의 조짐이 적어지자, 재계는 보조금 삭감 등 선심성 정치의 개혁을 추진하기 위해 영향력연합에 참가하게 되었다고 생각된다. 둘째, 대장성은 먼저 세출삭감을 철저화한 후 그 다음에 증세를 위한 세제개혁을 행하는 2단계식의 재정재건구상을 갖고 나카소네 수상의 영향력연합에 참가했다. 그리하여 재정위기를 강조하고 재정개혁을 주장한 대장성의 지원에 의해 「작은 정부」·「민간활력의 활용」을 중심으로 하는 경제적 자유주의는 정치권 중추의 이데올로기가 되어 갔다.[11] 행정개혁 후에 세제개혁을 실현한다는 대장성 구상은, 80년의 중·참의원동일선거에서 자민당 압승의 결과가 나온 직후에 밝혀져,

---

7) 村松岐夫, 전게논문, p.24 참조.

8) 石川眞澄·廣瀨道貞 『自民党』(岩波書店, 1989), p.245 참조.

9) 오히라(大平)내각불신임안이 자민당의 내부분열로 인해 가결된 직후, 자민당이 재계에 대해 총선거를 위해 50억엔의 정치자금추가조달을 요청했을 때, 재계측은 자민당의 분열회피를 조건으로 그것에 응하는 약속을 했다고 한다. 千田垣 「鈴木善幸内閣」白鳥令編, 전게서, p.257 참조.

10) Kent E. Calder, *Crisis and Compensation : Public Policy and Political Stability in Japan 1964-1986*(Princeton Univ. Press, 1988). 淑子·カルダー訳 『自民党長期政権の研究－危機と補助金－』(文芸春秋, 1989), p.13.

11) 加藤寛 「世界的潮流の一環·中曾根改革」世界平和研究所編 『中曾根内閣史·理念と政策』(丸ノ内出版, 1995), p.336 참조.

스즈키 정권과 나카소네 정권은 기본적으로는 이 대장성의 전략을 따르는 형태로 행정개혁을 추진하여, 그 성과 속에서 신세도입을 향한 정당성과 활로를 찾으려고 시도한 것이다.12) 자민당이 절대안정다수를 점하고 있는 시기야말로 저항이 심한 신세도입의 호기로 판단한 것이라고 생각된다.

주지하는 바와 같이 80년대 행정개혁의 전 과정을 통하여 자민당이 계속 일관되게 절대안정다수를 확보하고 있었던 것은 아니다. 83년의 총선거에서 패배하여, 신자유클럽과 「자민・신자유국민연합」13)을 성립하지 않을 수 없었던 시기도 있었다. 그러나 국회에서의 행정개혁관련법안의 심의회는 비교적 순조롭게 진행됐다. 그 이유는 자민당이 "초유의 연립정권을 결단함으로써 보수・중도연립시대의 도래를 의식한 공명・민사 양당이 대립보다는 합의도출에 힘을 쏟았기"14)때문이다.

1. 나카소네와 제2임조・행정개혁

스즈키(鈴木)정권 성립 시, 나카소네(中曾根)는 행정관리청장관에 취임했다. 그런데 스즈키는 나카소네에게 행정개혁을 담당시키기 위해 임명한 것은 아니라고 말해지고 있다.15) 나카소네도 당초 이것을 반드시 원해서 맡은 것은 아니라고 전해지고 있다.16) 그러나 스즈키 수상의 차기를 노리고 있던 나카소네는

---

12) 中野實『現代日本の政策過程』(東京大學出版會, 1992), p.188 참조.

13) 나카소네 수상 자신이 명명한 이 연합에 대해 그는 "장래의 일본정국에 커다란 충격을 주어 공명당, 민사당, 나아가 사회당과의 연계를 가능하게 하는 요인이 될 수 있을 것이다"고 하는 판단을 내리고 있다. 中曾根康弘「官邸日記」1983년 12월 30일자, 世界平和研究所編『中曾根內閣史・資料編』, pp.637~638 참조.

14) 自由民主党編『自由民主党党史・党史編』(自由民主党, 1987), p.982.

15) 渡辺治「『戰後政治の總決算』へ─戰後史のなかの八〇年代─」歷史學研究會編『日本同時代史五・轉換期の世界と日本』(青木書店, 1991), p.153 참조.

행정개혁에 대한 저항이라는 정치적 부담·정치적 마이너스요소를 제거하여, 자기에게 유리한 상황·실적을 창출하기 위해 제2임조를 발족시키고[17] 행정개혁의 추진주체가 되려 했다. 이런 의도에서 나카소네는 취임하자 즉시 호리우치 미츠오(堀內光雄)정무차관, 카지 나츠오(加地夏雄)사무차관을 위시한 동청간부들과 연구회를 열고,[18] 그곳에서 자신과 동청이 금후 나아가야할 방침을 결정, 그 내용을 9월 12일의 각의에서 「금후의 행정개혁에 관한 기본적인 생각」이라는 형태로 발언했다. 그는 이 발언 속에서 당면의 검토과제로 「행정서비스개혁」의 추진, 사무사업의 감축과 이양(법령 정리, 인허가 정리, 관업의 민업으로의 이행 및 국고납부금의 증액 등)을 들면서 "80년대 이후를 전망한 새로운 임시행정조사회의 설치"를 제안했다. 이와 같은 행동으로 볼 때 나카소네가 제2임조를 설치하고, 행정개혁에 착수한 동기는 이토 미츠토시(伊藤光利)가 "행정개혁에 착수하는 정치가의 동기는 정권획득과 확대에 있다. 정치가는 행정개혁을 정책목표에 포함시킴으로서 그것을 하나의 중요한 정치적 이슈로서 부상시킨다. 나아가 그것을 실현시킴으로서 정치가는 정부에 대한 통제를 강화하고, 정권을 잡기 위한 능력을 증가시킨다"[19]라고 지적하고 있듯이, 행정개혁을 통해 영향

16) 행정관리청장관에 취임한 직후의 나카소네는 나중에 "기분적으로 가장 우울한 시기였다"고 회상하고 있다. 그것은 다음과 같은 사정에 의한 것이다. 첫째, 오히라(大平)수상의 급사라고 하는 예측불허의 사태에 의해 스즈키정권이 탄생했기 때문에 오히라 이후의 정권담당을 목표로 하고 있던 계획이 수포로 돌아간 것, 둘째, 부총리격의 입각이라 하더라도 나카소네파에 속하는 우노 소스케(宇野宗佑)의 후임 포스트에 파벌의 영수가 취임한다고 하는 역할부족 의식, 그리고 셋째는 항상 저항이 존재하는 행정개혁을 담당하는 것에 대한 정치적 위험의식이 있었다고 하는 점이라고 한다. 神原勝『轉換期の政治過程』(總合勞働硏究所, 1986), p.7 참조.

17) 神原勝, 전게서, p.7 참조.

18) 佐々木晴夫 「第二次臨調發足から第二次行革審まで」世界平和硏究所編 『中曾根內閣史・理念と政策』, p.367.

19) Mitsutoshi Ito, "Administrative Reform" in Hyung-Ki Kim and Michio Muramatsu, et al., (eds.),

력을 길러 수상의 자리를 노리는 데 있었다고 할 수 있을 것이다.[20] 이와 같이 행정개혁 담당 장관으로서 행정개혁무드를 무르익게 한 다음 실적을 쌓아 정권 도전의 발판을 마련하고자 한 나카소네는 제2임조의 부회편성에 있어 각부회의 중요포스트에 나카소네 인맥을 배치하여 임조의 심의를 실질적으로 리드해가는 것이다.

이와 같이 나카소네에게 있어서의 행정개혁의 의미를 정권획득·유지의 수단으로 보는 이유의 하나는 제2임조가 내건 신보수주의=경제적 자유주의를 나카소네가 받아들인 점에 있다. 왜냐하면 "나카소네 자신, 스즈키 내각 하에서 행정관리청 장관에 취임하여 행정개혁에 손을 대기까지는 보수본류의 필요조건이라 해도 좋은 재정적 자유주의의 신념이 전혀 결여된 정치가였다고 말해도 과언이 아니다. 그 의미에서 경제적 자유주의는 나카소네에게 있어서 정권획득·유지를 위한 '시대의 요청'으로 받아들인 이데올로기이며 그 본래의 사상으로 볼 수 없기"[21]때문이다.

또한 스즈키의 행정개혁과 나카소네의 행정개혁 사이에는 행정개혁이「재정재건」이라는 틀을 넘어, 기존의 행재정구조의 변환을 목표로 한 점에서 상위를

The Japanese Civil Service and Economic Development(Oxford Univ. Press, 1995), p.236.

20) R·엘기(Robert Elgie)는 파벌항쟁의 결과로서 총재선출이 이루어지는 자민당에 있어서는 초지일관된 고유의 정책프로그램을 가진 자가 수상이 되는 것은 극히 드물다고 한다. 그 원인으로서는 일반적으로 개인적인 야심, 프로그램에의 관심 등은 모든 파벌에게 있어서 2차적인 것이라고 하는 점, 수상이 되기 위해서는 다른 파벌이나 그 리더들과의 사이에 연합을 조직할 수 있는 숙련된 교섭자·타협자가 될 필요가 있었다는 점을 들고 있다. 단 그는 예외로서 세출삭감에 의한 재정적자의 해결, 국철의 민영화를 선거공약으로 내건 나카소네를 들고 있지만, 왜 나카소네가 예외적으로 총재가 될 수 있었는가에 대한 이유는 말하고 있지 않다. Robert Elgie, *Political Leadership in Liberal Democracies*(Macmillan Press, 1995), pp.147~48.

21) 大嶽秀夫「中曾根政治のイデオロギーとその國內政治的背景」『レヴァイアサン』第1号(1987 秋), p.79.

발견할 수 있다. 이 상위는 나카소네가 "정부의 일에는 재정, 외교, 교육 등 여러 가지가 있지만, 임조를 축으로 하는 행정개혁은 개별 정책의 위에 있는 포괄개념이다"[22], "임조의 일은 국가의 통치권의 전부, 즉 국방도 국제관계도 내정문제도 당연히 포함되어 있는 것이다"[23]고 한 발언에 나타나 있다. 나카소네는 총리대신에 취임하자, 「전후정치의 총결산」을 표방하여, 대외적으로는 세계평화와 번영에 적극적으로 공헌하는 「국제국가일본」의 실현을, 또 국내적으로는 21세기를 향한 「왕성한 문화와 복지 국가」만들기를 목표로 하겠다고 선언한다. 그리고 그것을 실현할 돌파구로서 행정개혁을 자리매김 한 것이다. 즉 나카소네 수상은 82년 12월 3일 취임 후의 첫 소신표명 연설에서, "전후 일본의 국가 이상으로서 '왕성한 문화와 복지의 나라'를 만든다고 하는 새로운 목표를 높이 내걸 때가 왔다고 생각한다"고 말한 후, 행정개혁은 "단순히 과거의 비뚤어진 것이나 언밸런스의 시정만을 목적으로 하는 것이 아니라, 우리나라 장래에 밝은 전망을 열기 위한 국민적 과제이며", "'왕성한 문화와 복지의 나라'를 만들기 위한 돌파구이기도 하다"[24]라는 소신을 밝히는 것이다. 이와 같은 행정개혁의 목표에 관해서는 83년 1월 24일에 열린 제98회 국회에서 행한 시정방침 연설에서 "새로운 경제, 사회정세의 진전에 즉시 대응할 수 있도록 행정을 재고하고, 또 재정의 바람직한 모습을 재검토하여 그 적정한 대응력의 회복을 도모함으로서, 민간의 활력을 끌어내고 국가와 지방을 통하여 공적부문과 민간과의 새로운 관계를 만들어내어, 밝은 미래의 전망을 개척하고자 하는 것"[25]이라는 인식을 표명했다. 여기서 나카소네 행정개혁의 대명사인 「민간활력」이 전

22) 「朝日新聞」1981년 12월 8일자.

23) 「朝日新聞」1982년 5월 2일자.

24) 「第九七回國會における所信表明演說」『中曾根內閣總理大臣演說集』, pp.2~9 참조.

25) 「第九八回國會における所信表明演說」『中曾根內閣總理大臣演說集』, p.16.

면에 등장하게 되어, 「민활」을 수행할 수 있는 기반 정비로서 규제의 완화와 민영화 추진이 도모된다. 동시에 전후 정치의 기본적인 체계의 재고로서 국철개혁, 복지 재고, 방위비의 GNP 1%틀 재고, 일반소비세 도입 등이 지향되어[26], 「전후 정치의 총결산」노선이 정착되어 간다. 이 「전후정치의 총결산」의 중심에 놓여진 사업이 바로 행정개혁이었다.[27]

2. 자민당과 행정개혁

이와 같은 「능동적 추진」주체로서의 나카소네 수상에 의해 행해진 행정개혁은 자민당 장기정권을 지탱해온 이익정치시스템의 변혁이라는 의미도 가지고 있었다. 이에 대해 기득권익의 옹호와 일체가 되어 불가분의 관계에 있기 때문에 「수동적 추진」주체가 될 수밖에 없었던 자민당은 제2임조 및 행정개혁을 어떻게 자리매김했던 것일까. 70년대 후반부터 자민당 내에서도 재정재건의 필요성은 인식되기 시작했지만, 일반소비세 도입 실패의 교훈에 의해 「증세 없는 재정재건」이 80년대 자민당에게 남겨진 유일한 선택지가 되었다. 80년 9월 5일 재정재건의원연구회가 발표한, "안이한 증세를 배제하고 국민합의에 의한 재정재건을 지향한다"는 취지의 제언도 그것을 말해주고 있다. 대형간접세 도입을 경계하고 있는 상공단체, 경제단체의 의향을 배려한 이 제언은 「신세창설에 의지하지 않는 재정재건」의 방법으로서, ① 정부서비스의 전면 재고, ② 사업을

26) 田中善一郎 「中曾根政權と轉換期の國會」內田健三他編 『日本議會史錄六』(第一法規出版, 1990), p.151.

27) 이것을 가리켜 신도(新藤)는 "80년대의 행정개혁에서는 행정개혁이라는 이름 하에 거대한 정치개혁이 진행되어왔던 것이다. 경제・재정위기에 당면한 선진국에 공통적으로 보이는 신보수주의와 강한국가를 지향한 신국가주의가 연결되어 있는 것이야말로 나카소네 정치하에서 행해진 행정개혁의 특징이다"라고 분석한다. 新藤宗幸 『行政改革と現代政治』(岩波書店, 1986), p.13.

중심으로 하는 재정중심의 경기자극책에서 저금리정책으로의 전환, ③ 국철 등 관업의 민간이양을 중심으로 한 행정경비의 간소화 등을 들고[28], 행정개혁 추진을 표명했다. 82년 1월 제40회 당대회에서 채택된 82년도 운동방침 속의「자민당의 행정개혁에 대한 방침」에 있어서도 "재정의 재건은 현행의 행재정의 철저한 재고를 행하고, 행정개혁·세출삭감의 강력한 추진을 통해 실현하지 않으면 안 된다. 이것을 안이하게 증세에 구하는 것은 국민의 이해를 얻을 수 없을 것이며, 현명한 정책선택이 될 수 없다"[29]고 하며, 일반소비세 도입 실패의 교훈에서 행정개혁에 의한 재정재건을 내세우고 있는 것이다.

행정개혁의 계기가 된 재정의 파탄, 즉 재정이 그 40%를 공채에 의존한다고 하는 도탄 직전의 상태까지 악화된 것에 대해 자민당은 "제1차 석유쇼크에 의한 심각한 스태그플레이션을 극복하기 위해, 76년 이래 대폭적인 공채의존재정을 유지함으로써 재정 주도에 의한 경기 회복과 고용의 안정에 전력을 경주"[30]한 결과라고 주장하고 있다. 그러나 재정파탄의 근원은 자민당정권의 구조와 자민당정권에 의한 정책선택 그 자체에 있었다. 여기에 동당의 대응의 곤란함이 있었으며,「수동적 추진」주체가 될 수밖에 없는 이유가 있었다. 다만 자민당은 수동적이라고는 하지만, 동당의 장기정권을 지탱해온 이익정치시스템의 변혁으로 이어지는 행정개혁을 추진하려고 했다. 그 배경에는 자민당에게 있어서 행운이었던 절대안정다수라고 하는 정치상황과, 제2임조라고 하는 조정의 장이 있었던 것이다. 이런 의미에서 신보수주의를 표방하며, 재정위기 극복을 위해

28) 臨時行政調査會事務局『最近の行政改革に關する各党、各界の主な意見』第1号(1981. 4. 24), pp.10～13 참조.

29) 「自民党の行政改革にたいする方針－昭和五七年度運動方針から－」鎌倉孝夫監修 『行政改革資料集』(ありえす書房, 1982), pp.247～248 참조.

30) 1980년 1월 23일 개최된 제37회 자민당대회에서의 아베 신타로(安倍晋太郎)정무조사회장의「政策報告」『自由民主党党史·資料編』(1987), p.395.

출발한 제2임조는 자민당에게 있어서, 「증분주의」(incrementalism : 즉, 정책평가<=정책혁신>에 의하지 않는 증분배분)에서, 「감분주의」(decrementalism : 즉, 정책평가에 의하지 않는 감분배분)로의 정책전환을 의미하는 행정개혁이라는 불쾌한 선택의 책임을 정부 일반 혹은 국민에게 전가함으로서 정치코스트를 회피하기 위한 교묘한 장치였다고 말할 수 있다.[31] 그렇기 때문에 자민당이 제2임조의 제1차답신 후인 81년 7월 17일 당성명 속에서 답신을 존중하며 최대한 활용할 것을 표명하면서, "우리 당은 전후 일본의 발전을 일관되게 지탱해온 책임정당으로서 국민의 협력을 구하면서 모든 곤란을 극복하고 행재정개혁의 추진에 전력을 쏟을 결의이다"[32]라고 한 선언을 이해할 수 있는 것이다.

3. 제2임조의 「실행가능한 답신」

G・마요네(G. Majone)는 "정책이 실현가능한가 불가능한가는, 정의에 의해 특정 제약과의 관련에서만 말할 수 있는 것이다"[33]고 한다. 80년대에 행해진 행정개혁도 일본에 있어서의 특정 제약, 즉 자민당・관료제・재계 간의 관계라고 하는 제약을 받을 수밖에 없었다고 할 수 있다. 예를 들면, 제2임조 발족 직후 나카소네 행정관리청장관은 제2임조에 대해, "처음부터 실행할 수 없는 답신을 만들어 주셔도 어쩔 수 없으니까, 정치에서 처리하는 이상은 가능성 안에서 혹은 그 한계 안에서 해주시지 않으면 안 됩니다"[34]라는 주문을 하여 정부・자민

---

31) 小島昭 「政策決定方式の轉換－增分主義から減分主義へ－」 『ジュリスト增刊總合特集・行政の轉換期』29(1983. 1), p.43 참조.

32) 自由民主党 「党聲明」臨時行政調査會事務局 『最近の行政改革に關する各党、各界の主な意見』第3号(1981. 10. 1), p.132 참조.

33) Giandomenico Majone, *Evidence, Argument and Persuasion in the Policy Process*(Yale Univ. Press, 1989), 今村都南雄譯 『政策過程論の視座－政策分析と議論－』(三嶺書房, 1998), p.89.

당이 실행할 수 있는 답신을 제출하라고 요구한 것이다.

실행가능성을 중시하게 된 제2임조의 운영방침에 대해 마스지마 토시유키(増島俊之)는, "실행가능성을 중시하면, 필연적으로 답신이 될 내용을 검토하는 과정에서 그 답신을 장래 실시할 책임을 갖게 될 각 성청의 의견을 흡수, 혹은 각 성청을 포함한 관계기관에 대한 설득이 필요하게 된다. 실행성 있는 답신을 작성하기 위해서는 사항에 관한 이해, 실태 파악 및 빈번한 의견 교환이 불가결하다"[35]고 말하고 있는데, 문제는 그 의견교환, 설득이 기존의 정치적 영향력에 의해 규정된 조정이었다는 데 있다. 즉 현실적 문제로서 제1임조에 대한 반성 아래 실행가능한 답신을 지향하는 임조 멤버의 입장에서 보면, 정책을 담당할 관료제와 정권여당과의 조정은 필요 불가결했던 것이다. 제2임조와 권한이나 정책에 있어서 충돌 가능성을 갖는 각 성청과의 조정은 물론 답신의 정책화 국면에 있어서 유력한 위치를 차지하고 있는 자민당과의 절충은 늘 필요했다.

그와 같은 절충과 조정의 상당부분은 제2임조의 앞무대와는 별도의 장, 즉 세지마 류조(瀬島龍三)가 주역을 맡은 뒷무대인 「우라임조(裏臨調)」에서 행해졌다.[36] 그리고 「裏臨調」에의 직접간접의 참가야말로 액터의 정치적 역량을 나타내는 바로미터가 되었다. 제2임조는 하나의 새로운 시합장으로서 액터의 소멸과 성장에 영향을 미치게 된 것이다.[37] 또 자민당은 「裏臨調」뿐만 아니라

---

34) 中曾根康弘『行政改革・その思想と方向』(行政管理廳, 1981), p.20.

35) 増島俊之 「行政改革の手續き」『年報政治學一九八五・現代日本政治の手續』(岩波書店, 1986), p.156. 후에『行政改革の視点』(良書普及會, 1996)에 재수록.

36) 여기에서 제2임조에 있어서의 자민당과 야당의 차는 확연하게 들어났다. 자민당은「裏臨調」라고 하는 무대에 참여하는 것이 가능했으며 과감하게 참가했기 때문이다. 牧太郎「『臨調』は日本をどう変えたか」『世界』(1983. 5), p.209 참조.

37) 佐々木毅 「構造的再編成の政治過程」東京大學社會科學研究所編 『現代日本社會第五巻・構造』(東京大學出版會, 1991), p.381 참조.

제2임조와의 협의에도 참가할 수가 있었다. 예를 들면 국철개혁을 심의하는 제4부회의 간부협의에도 하시모토 류타로(橋本龍太郎) 자민당행재정조사회장이 참가할 때가 많았던 것이다.[38] 그 결과 하시모토 행재정조사회장은 제2임조의 제1차부터 제5차까지의 전 답신에 관해 "우리들과 사전에 조정하여, 실행가능성에 입각한 내용이 되었다. 힘은 들지만 불가능한 일은 아니다"[39]라고 최대한 존중의 태도를 나타내기에 이르는 것이다.

이상과 같이 제2임조・행혁심[40]에서의 각 답신의 작성이 이미 자민당・관료제・재계[41]와의 사이에 실질적인 절차를 거쳐 진행되었기 때문에, 정부・자민당은 답신을 받으면, 대개 1주일에서 10일 이내에 "답신을 최대한 존중하여, 차례차례 입안하여 실시하겠다"는 기본방침을 상당히 신속하게 결정했던 것이다.

---

38) 草野厚『國鐵改革』(中央公論社, 1989), p.128 참조.

39) 「朝日新聞」1983년 3월 15일자.

40) 행혁심(行革審)도 제2임조와 같이 사전조정의 장이었다. 나카소네정권의 내정에 있어서 최대과제였던 행정개혁노선을 지속적으로 추진하기 위해 82년도 예산안편성을 향한 자민당이나 각 성청간의 조정을 나카소네 수상은 행혁심의 무대를 이용해서 실질적으로 완료했다. 실제로 지방행정개혁과 행재정개혁에 관한 두 소위원회의 보고서나 행혁심의 의견서 작성과정을 통해서, 대장성을 비롯한 각 성청과 자민당 등의 의견조정이 빈번하게 이루어졌던 것이다. 「朝日新聞」1984년 7월 26일 참조.

41) 제2임조가 보조금의 정리를 들고 나왔을 때, 재계 일부 세력의 진정(陳情)이 재계출신 위원에게 크게 작용하여 보조금 전체의 정리에 대한 임조의 공격이 무디어졌다고 한다. 柳澤伯夫『赤字財政の一〇年と四人の總理たち－財政家待望論－』(日本生産性本部, 1985), p.193 참조.

제2절 일당우위정당시스템 하에 있어서의 행정개혁의 정치과정

1. 정부・자민당의 추진태세

정치과정으로서의 행정개혁을 고찰할 때, 제1임조의 역사적 교훈으로 보아도 답신 후의 행정개혁 관련정책에 대한 정부・자민당의 추진태세는 중요한 분석의 대상이 된다. 제2임조 발족직후인 81년 3월 25일 행정개혁을 추진하기 위한 체제로서, 정부・자민당 수뇌회의 합의에 의해 정부・자민당 행정개혁 추진본부가 설치되게 되었다.[42] 4월 20일 발족한 행정개혁 추진본부는 정부 측의 모든 각료, 당 측의 사쿠라우치 요시오(櫻內義雄)간사장 등 자민당 3역, 마치무라 킨고(町村金五)참의원 의원회장, 하시모토(橋本)행재정조사회장으로 구성되었으며, 기동적인 조직으로 상임간사회도 설치되었다. 이 추진본부・상임간사회의 중심은 정부와 자민당, 정부와 제2임조를 연결하여 실질적인 사전교섭 역할을 담당한 나카소네 행정관리청장관이었다.[43]

정부・자민당 행정개혁 추진본부와 관련하여, 상임간사회가 82년 2월 17일 제2임조에 대한 자민당 측의 절충창구를 정무조사회의 한 기관인 행재정조사회(行財政調査會)로 일원화한 것은 의미가 있었다. 왜냐하면 행재정조사회가 행정개혁 문제에 관한 자민당 유일의 기관이 됨으로서 유력정치가가 이 기관을 지배하여 행정개혁에 대해 정치적 영향력을 행사하는 주체가 확산되는 것을 막는

42) 그러나 자민당은 이미 3월 20일 행정개혁추진본부에 대해, 수상을 본부장으로 하는 전각료와 당 3역으로 구성한다, 정부주도형으로 한다고 하는 방침을 정하고 있었다. 「朝日新聞」 1981년 3월 20일자 참조

43) 大川公一 「第2臨調と行政改革政策の形成－臨調と政府・自民党」『東京都立大學法學雜誌』第28巻1号(1987. 7), pp.469～470 참조

효과가 있었기 때문이다.[44)]

여기에서 정치적 영향력을 행사하는 주체의 확산이라고 하는 것은 말할 것도 없이 정무조사회 부회를 기반으로 하여 정치적 영향력을 행사하는 「족의원」[45)]을 가르킨다. 자민당은 장기정권 하에서 방대한 수의 이익집단을 교묘하게 산하에 장악하여 야당에게 빈틈을 주지 않는 이익정치시스템을 만들어낼 수 있었다.[46)] 이 과정에서 부상한 족의원은 정책분야의 전문가임과 동시에, 특정 정책영역에 대한 이익의 대변자라는 두 가지 측면을 갖는다. 족의원이 이익정치시스템의 재편을 함의하는 행정개혁에 대해 기득권옹호로 돌아선다고 해도 결코 이상한 일이 아니다. 그러나 행정개혁을 추진하는 내각의 입장에서 본다면, 정권여당의 정책결정과정에 있어서 큰 영향력을 발휘해온 족의원의 협력은 빼놓을 수 없는 것이었다.[47)] 족의원의 협력을 얻어내기 위해 행재정조사회의 조정

44) 山口二郎『一党優位体制の崩壊』(岩波書店, 1989), pp.224-225 참조. 이 행재정조사회(行財政調査會)의 조정능력을 높였던 것은 행정개혁의 과제가 성청횡단적이었으며, 제2임조나 행혁심이라고 하는 특정 성청의 입장을 대변하지 않는 권위있는 심의회가 존재하고 있었다는 점, 게다가 그 방침을 최대한 존중할 것을 정부가 결정하고 있었던 것이라고 할 수 있다. 佐藤誠三郎・松崎哲久『自民党政權』(中央公論社, 1989), pp.161~162 참조.

45) 「족의원」에 관한 문헌으로는 日本経済新聞社編 『自民党政調會』(日本経済新聞社, 1983), 木代泰之『自民党税制調査會』(東洋経済新報社, 1985), 佐藤誠三郎・松崎哲久, 전게서, 猪口孝・岩井泰信『「族議員」の研究』(日本経済新聞社, 1987) 등이 있다.

46) 佐々木毅「『一國民主主義』の隘路—新しい國際狀況と政治変動への視角」『世界』(1986. 2), pp.21~22 참조.

47) 81년 5월 26일 자민당정무조사회장 아베 신타로(安倍晋太郎)는 일본경제조사협의회에서 행한 연설에서 "작년 선거를 통해 중・참 양원에서 다수를 획득하였고 당분간은 선거가 없기 때문에 행정개혁을 단행하기 위해서는 지금이 찬스다"라고 하면서 가장 어려운 것은 정무조사회 부회를 통제하는 것이라고 말하고 있다. 나아가 "행재정개혁을 할 수 있을 것인가의 여부는 자민당 측이 얼마나 협력할 것인가, 협력체제를 유지할 수 있을 것인가에 달려있다"고 결론을 짓고, 부회를 중심으로 개별이익을 위해 중요한 역할을 수행하는 족의원의 영향력을 억지하는 것이 행정개혁의 포인트라는 견해를 표명하고 있다. 安部晋太郎『日経調資料81-3・財政再建と行政改革』(日本経済調査協議會, 1981. 6. 30), pp.20~21 참조.

능력이 필요하게 된 것이다. 물론 개별이익·기득권을 유지하려고 하는 족의원이 행정개혁의 각론에 대해 심하게 반발한 것은 사실이다.

그럼에도 불구하고, 자민당이 전체로서 행정개혁의 「수동적 추진」주체가 된 이유는 무엇인가? 그것은 첫째, 반드시 자민당 내의 족의원 모두가 고도성장형 이익분배의 확대를 지향했던 것은 아니고, 저성장, 재정위기를 전제로 하는 정책 전문가도 있었다는 것[48], 특히 자민당 집행부는 족의원의 요구를 대표할 뿐만 아니라, 조정 역할을 통해 통치 책임도 맡고 있었다는 것을 지적할 수 있다.[49] 예를 들면 84년 건강보험법개정 시, 하시모토(橋本), 오자와 타츠오(小澤辰男)와 같은 리더레벨의 족의원은 단지 선거구의 사정이나 정치가로서 단기적인 인기를 얻기 위해서가 아니라, 책임정당으로서의 통치논리를 받아들여 평의원레벨의 족의원과 대립하는 형태로 법개정을 실현시킨 것이다.[50]

둘째, 타나카파의 조정력에 힘입은 바도 컸다고 한다. 나카소네가 수상이 되어 5년간이라는 전후 두 번째의 장기정권을 유지할 수 있었던 결정적인 요인의 하나는 타나카파라는 최대파벌의 지지를 얻을 수 있었기 때문이다.[51] 나카소네가 행정개혁에 있어서 「능동적 추진」주체가 될 수 있었던 것도 파벌 내에 거의 모든 족의원을 망라하여 「종합병원」으로서 「족」간의 조정을 담당할 수 있는

48) 曾根泰教 「日本政策形成論の変化」中野實編 『日本型政策決定の変容』(東洋経濟新報社, 1986), pp.315~316 참조.

49) 政治エリート研究會・村松岐夫編 「現代日本の政治エリート(二)」 『法學論叢』第123巻第6号(1988. 9), p.113 참조.

50) 보건법 개정에 있어서 자민당에 대한 의사회의 공작으로 「21세기의 국민의료를 생각하는 모임」이라고 하는 조직이 만들어져 약150명의 의원을 모으는데 성공했다. 이 모임은 평의원레벨의 족의원집단이었지만, 리더레벨의 족의원은 이 조직을 분열 약화시키기 위해 필사적으로 노력했다고 한다. 大嶽秀夫 『自由主義的改革の時代』(中央公論社, 1994), pp.158~159 참조.

51) 北岡伸一 『自民党・政權党の三八年』(讀賣新聞社, 1995), p.209 참조.

능력을 갖고 있었던 타나카파의 협력을 얻었기 때문이라고 할 수 있다.[52] 파벌은 일반적으로 "자민당에서 인사상의 결정을 행하기 위한 메커니즘으로 파악되어, 정책과정에 있어서의 역할은 경시될 때가 많으나 정책형성에 있어서 중요한 역할을 하는 여러 포스트(정무조사회장에서 총재까지)가 파벌의 역학으로 결정되는 이상 정책과정과 파벌이 무관계라고 말할 수는 없다."[53] 행정개혁의 정책과정에 있어서 타나카 카쿠에(田中角榮) 전수상이 행정개혁에 대해 전면적인 협력을 약속하고[54], 그에 따라 타나카파는 그 조정역할을 적극적으로 담당한 사실이 바로 그 좋은 예이다. 그리고 나카소네 수상은 조정역할을 맡게 하기 위해서, 타나카파의 주요멤버를 총무회장, 간사장, 간사장대리, 행재정조사회장, 부회장 등 당의 중추적인 지위에 배치했다.[55] 특히 제2임조와 자민당과의 조정은 하시모토 행재정조사회장, 관료의 저항을 억제하기 위해서는 고토다 마사하루(後藤田正晴)관방장관, 야당과의 조정자로서는 카네마루 신(金丸信) 중의원 행정개혁특별위원장이 그 역할을 담당한 것이다.

그러나 족의원의 반발을 통제하면서도 자민당이 행정개혁 과정에서 「수동적 추진」주체가 된 가장 결정적인 이유는 그 과정에 있어서도 자민당정권을 지탱해 온 이익정치시스템을 온존할 수 있었기 때문이라고 생각된다. 다음은 그것을 검토하기로 한다.

---

52) 大嶽秀夫『政治分析の手法－自由化の政治學－』(放送大學教育振興會, 1995), pp.103～104 참조

53) 的場敏博「自民党の政策決定過程」中野實編, 전게서, p.158 참조

54) 「裏臨調」의 주인공 세지마(瀨島)도 자민당의 최대파벌인 타나카파를 수중에 넣기 위해 도코 임조회장과 함께 두 번 타나카 카쿠에이(田中角榮)를 만났다고 전해진다. 타나카 자신이 흔들림없는 임조옹호론자였기 때문에 카네마루(金丸), 타케시타(竹下) 등 타나카파의 유력자가 세지마의 의견을 받아들였으며, 카토(加藤), 미츠즈카(三塚)도 임조에 접근해왔다고 한다. 「行革參謀長・瀨島龍三の暗鬪」『週刊東洋經濟』(1982. 6. 19), pp.95～96 참조

55) 大嶽秀夫『政治分析の手法－自由化の政治學－』, p.104 참조

2. 보조금 삭감으로부터 「민활(民活)정책」으로의 전환

오일쇼크 이후, 일본의 재정은 1975년도부터 적자국채 발행이 불가피해졌다. 일본이 저성장기에 접어들면서 종래의 보조금을 중심으로 하는 재량적 이익배분정책의 변경이 긴요해졌음에도 불구하고 족의원정치의 압력에 의해 그것을 바랄 수 없는 상황에 있어서, 이 적자국채의 발행은 일본 정치에 있어서 유일의 옵션이었다. 행정개혁이 80년대의 일본국내정치의 최대의 관심사가 된 것은 바로 이러한 곳에 원류가 있었다. 즉 행정개혁은 족의원정치 대두의 연장선상에 위치하는 문제이며, 족의원정치가 바로 행정개혁을 필요로 하게한 원인인 것이다.[56] 여기에 자민당이 행정개혁 과정에 있어서 「수동적 추진」주체가 되지 않을 수 없는 이유가 있었다.

그런데 자민당이 재량적 이익배분 시스템을 유지하기 위해 도입을 시도한 일반소비세가 국민에게 거부된 결과, 80년대 일본정치가 재정재건을 위해 선택할 수 있는 유일한 옵션은 「증세 없는 재정재건」을 슬로건으로 하는 행정개혁에 의한 일반 세출의 삭감밖에 없었다. 이와 같은 이유로 행정개혁의 전개과정에 있어서, 이익집단의 목표가 되는 예산에 제로 혹은 마니너스 실링이 도입되어, 보조금 비율의 인하나 삭감이 행해졌다. 또한 「하위정부」의 윤활유로서 작용하고 있던 소액의 보조금도 삭감되어, 일반세출의 삭감이라는 면에서 보면 어느 정도의 「성공」을 거두었다고 말할 수 있을 것이다.

그런데 보조금이 삭감된 결과를 근거로 보조금이 자민당 장기정권의 「비밀」이라는 논의에 대한 반론이 제기되었다. 즉 사토 세자부로(佐藤誠三郎)와 마츠

56) 나카무라(中邨)는 이 점을 보수정치의 가장 현저한 특색을 이루는 점으로서 「분산형다원론」이라고 명명하고, 80년대 일본정치가 안고 있는 최대의 난문이라고 말한다. 中邨章「自由民主党の四つの顔－自民党をめぐる政策決定過程の試論的考察－」中邨章・竹下譲編『日本の政策過程－自民党・野党・官僚－』, p.61 참조

자키 테츠히사(松崎哲久)는 “보조금이 자민당 장기정권의 ‘비밀’이라는 히로세(廣瀨)설에는 재정위기와 행정개혁에 의해 보조금이 전체적으로 한계에 달하여 삭감되기 시작한 시기에 자민당의 지지율이 회복되기 시작한 것, 또 그 ‘보수회귀’가 보조금에 의해 이익을 얻는 정도가 가장 낮은 대도시 지역에서 현저한 것을 고려하면 확실히 무리가 있다”[57]고 주장하고, 자민당 정권을 이익정치시스템으로 묘사하는 것에 반론을 제기했다. 이에 대해 히로세 미치사다(廣瀨道貞)는 “어떤 종류의 보조사업이라도 완전히 폐지가 된 예는 거의 없다. 보조사업은 축소는 있지만 폐지는 없다. 정치적 이용가치가 높은 장려적 보조금은 될 수 있는 대로 온존시키는 조치가 취해졌다”[58]고 하면서 위와 같은 비판은 보조금이나 공공사업삭감의 실태, 특히 그 수법을 보지 못하기 때문이라고 반박한다.[59] 말할 필요도 없지만, 80년대 나카소네의 행정개혁은 60년을 기점으로 하는 경제중심주의에 기초한 이익정치시스템에 대한 「안티테제」였다. 이것은 정책의 변환이라는 의미 이상의 것, 즉 그 구조의 변혁이라는 의미를 포함하고 있었던 것이 분명했다. 그러나 보조금에 관한 문제를 보는 한 히로세(廣瀨)가 지적하고 있듯이, 정책의 변환은 있었지만 그 시스템은 온존되었다. 이것에서 자민당이 수동적이긴 하나 추진 액터가 된 이유를 찾을 수 있다.

구체적으로 말하면, 우선 제2임조의 제1차 답신에 기초한 예산요구에 의해 취해진 제로 혹은 마이너스 실링의 설정과 각 성청 예산의 일률삭감 방식은, 행정 전반을 조망하여 지금 무엇이 중요하고 중요하지 않은가라는 가치판단의

---

57) 佐藤誠三郎・松崎哲久, 전게서, p.157.

58) 廣瀨道貞 『補助金と政權党』(朝日新聞社, 1993), p.272.

59) 또한 신도(新藤)도 “시장원리의 강화를 위해 다양한 규제완화가 행해지는 한편, 정권당의 집표장치로서 기능하는 부분의 규제완화는 아무것도 이루어지지 않았다. 석유산업법에서 보는 것처럼 거대석유자본은 ‘민간활력’론과는 반대로 정부에 의해 보호되고 있다”고 지적한다. 新藤宗幸, 전게서, p.16.

결과 나온 것이 아니다. 예산의 일률삭감 방식은 다년에 걸쳐 정착된 기존의 균형을 무너트리는 방법이 되지 못한다.[60] 이 방식이 일본 행정체질에 적합한 것이었기 때문에 시대의 요청에 맞춰 우선순위를 정하고 기존의 제도를 변혁하는 일이 불가능했던 것이다.

또 보조금의 억제는 예산획득의 장에서 제로섬게임화를 야기했을 뿐만 아니라 이익정치시스템의 강화를 가져오는 결과를 낳았다. 실제로 크게 삭감된 것은 지방자치체가 행하는 의무교육이나 생활보호를 위해 국가가 지방에 지출하는 보조금이었다. 이런 것들은 정치적 지지의 배양에 직접 도움이 되지 않기 때문에, 가장 먼저 삭감의 표적이 된 것이다. 이에 비해 개별 이익집단에 대한 보조금은 상대적으로 상처 없이 살아남았다. 행정개혁에 의한 보조금의 억제라고 하는 대의명분 하에 진행된 것은 이익정치시스템 온존이었던 것이다.[61] 예를 들면 공공사업관련보조금 삭감에서 그것을 볼 수 있다. 복지・교육관계 보조금의 삭감보다도 정치적 관련이 깊기 때문에 정부・자민당 간에 쟁점이 된 하나의 문제는, 재정적 힘이 약한 지역이나 신산업도시 등의 특정지역에서 이루어지는 공공사업에 대해 국고보조부담률의 인상을 행하는 「지역특례」였다. 제2임조의 제1차 답신에는 "공공사업 관계비에 대해서는 전년도 동액이하로 억제한다……신규사업을 극력 억제한다. 또한 보조부담율의 지역특례에 대해서는 기한도래 시 폐지를 포함하여 발본적인 수정을 행함과 동시에, 재정재건기간 중 현행의 인상률을 내린다"고 되어 있다. 답신에 대해 사쿠라우치(櫻內)자민당 간사장은, 이 공공사업보조금에 대한 지역특례의 수정에 대해서 "일제히 일률삭감이라면 힘들지만 인상률의 어느 정도의 삭감이라고 되어 있기 때문에 일반

---

60) 加藤一明 「官廳と予算」 『法學セミナー增刊・官廳と官僚』總合特集シリーズ23(1983. 8), p.171 참조.

61) 山口二郎, 전게서, p.14 참조.

보조금보다 삭감의 비중이 다소 가볍다. 이 정도는 모두가 삭감되는 때이므로 특정지역도 하지 않을 수 없다"[62]라고 말하면서, 답신을 존중하여 증세 없는 예산편성에 착수할 것임을 강조했다. 그리고 정부 · 자민당은 「행재정개혁에 관한 기본방침」에 포함시킨 행정개혁관련 법안의 상세한 항목에 관한 비공식절충에서 ① 초점인 공공사업비의 지역특례 억제에 있어서 아스카(明日香)촌의 보존, 나리타공항 정비, 수원(水源)지역대책에 관한 특별조치법 등은 적용대상에서 제외시켜 억제대상으로 하지 않는다. ② 또 억제율은 정부가 당초 계획한 3분의 1에서 6분의 1로 인하한다[63]고 결정했다. 이리하여 정치적 의미가 있는 공공사업보조금 보조율의 삭감은 대폭 억제되게 되었으며 거의 모든 시정촌(市町村)은 삭감의 적용대상에서 제외되게 되었던 것이다.[64]

한편 각 청성은 제2임조의 「증세 없는 재정재건」이란 기본방침 하에 예산확충이 제한되어, 방위와 해외원조 분야를 제외하면 신규예산을 획득하는 일이 극히 어려워 신규시책을 내놓는 데 어려움을 겪고 있었다. 나아가 자민당 내에서도 공공사업의 증액을 위시한 적극재정으로의 전환을 요구하는 소리가 분출되었다. 예를 들면 1984년에는 총재선거의 유력한 후보로 보여진 미야자와 키이치(宮澤喜一) 전외상의 「자산배증론」, 아베 신타로(安倍晋太郎) 외상의 「신경제활동론」, 코모토 토시오(河本敏夫) 전 경제기획청장관의 「신경제목표론」등이 연이어 제창된 것이다.[65] 그러한 가운데 1984년 9월 나카소네 수상은 민간활력(民間活力) 도입 등의 폭넓은 경제정책을 검토할 사적자문기관으로서 경제정책연구회를 발족시켰다. 이것은 각 성청과 자민당의 요구에 응하기 위해 재정재

---

62) 「朝日新聞」1981년 7월 11일자.

63) 「朝日新聞」1981년 8월 25일자 석간.

64) 神原勝, 전게서, p.157.

65) 月刊官界編集部『現代政治の争点』(行政問題研究所, 1986), pp.297～98 참조.

건을 실행하면서 공공사업량을 확보한다고는 하는 이익배분의 추구를 의도한 것이었다. 연구회의 답신에는 동경만(東京湾) 횡단도로와 관련시설정비, 시오도메(汐留)조차장 철거지의 재개발 등 대규모 프로젝트의 예가 구체적으로 언급되어 있어,[66] 이것에 의해 「민활」정책은 규제완화, 국공유지의 유효이용, 공공적 사업을 민간이 주체가 되어 행하는 관민공동 프로젝트로서 다방면에 걸쳐 확대되어 갔다.[67] 이와 같은 나카소네의 민활정책은 많은 성청이나 자민당, 재계에게 있어서 스스로의 예산을 늘리는 일 없이 신규사업을 실현할 수 있다는 점에서 매력적인 틀이었기 때문에 민활정책 안에서 자신들이 바라는 정책을 실현하려고 했던 것이다.

이상과 같은 「민활」의 모델 만들기의 목표가 된 것이 전전공사(電電公社), 전매공사(專賣公社), 국철(國鐵)의 민영화, 특히 국철개혁이었다. 그러나 「작은 정부」·「민간 활력의 활용」이란 슬로건에 표현되어 있는 경제적 자유주의의 최적의 대상이 된 국철개혁은, 「민활」모델 만들기 이상의 정치적인 의미를 가지고 있었다. 국철개혁은 적자에도 개의치 않고 노선의 신설을 요구하거나, 투자나 자재구입에 있어서 이권적으로 개입한 자민당의 기존의 이익유도형 정치에 대한 비판을 출발점으로 하면서도,[68] 일본에 있어서의 좌파의 거점이며, 사회당의 지지기반이기도 한 국노(國勞)에 대한 조직공격의 의도도 가지고 있었다. 즉 사회주의세력이 「큰 정부」를 산출한 원흉의 하나라고 인식되고 있던 것에 더하여, 보수당정부에 의한 정책의 일환으로서 야당 제1당인 사회당의 조직기반을

66) 「朝日新聞」 1984년 8월 28일자 참조.

67) 민활(民活)정책에 관한 문헌으로서는 晴山一穂 「『民間活力の活用』をめぐる諸問題」『公法研究』49号(1987), 行政管理研究センター編 『公的規制と民間活力』(行政管理研究センター, 1988), 飯尾潤 「中曾根民活政策」近代日本研究會編 『年報近代日本研究一五·戰後日本の社會·經濟政策』(山川出版社, 1993)을 참조바람.

68) 大嶽秀夫 『自由主義的改革の時代』, p.243 참조.

약체화시키려고 하는 당파적인 목적이 있었던 것이다. 특히 자민당 측에 이와 같은 당파적 함의에 강한 관심이 있었으며, 자민당 교통부회 국철재건소위원회(통칭 「미츠즈카(三塚)위원회」)에서의 논의도 이 점에 집중되었던 것이다.[69]

3. 미국의 압력과 방위비 GNP 1% 틀의 철폐

나카소네 수상에 의한 정책의 전환을 상징하는 것의 하나로서 방위비 GNP 1% 틀 문제가 있다. 그 배경에는 경제와 안보를 두 기둥으로 하는 미국의 압력, 사사키 타케시(佐々木毅)의 말을 빌리자면 「옆으로부터의 입력」[70]이 있었다는 것은 말할 필요도 없다. 방위비에 높은 정책우선권을 부여하는 방침은 「국제사회에 대한 공헌의 증대」라는 기본이념 아래 제2임조에 의해 확인되어 재정재건을 위한 제로 혹은 마이너스 실링의 적용대상에서 제외되었으며 일반세출 전체 중에서도 상대적으로 높은 신장률을 차지하게 된 것이다.

이러한 높은 신장률은 일본의 국제화에 따라 책임분담이 요구되어지게 되어, "미국에 의한 방위비부담 증가요구를 배경으로 방위청과 자민당 국방관계의원 외에 외무성까지 나서 방위예산의 증액을 강하게 요구한"[71]것에 기인한다. 이와 관련하여 가장 주목되는 것이 나카소네 수상에 의한 「방위비 GNP 1% 틀」의 철폐문제였다. 안보·방위문제에 대해 나카소네 수상은 제97회 임시국회의 중의원예산위원회에서 구미에 비해 과거 일본의 방위력은 "비판 받을 만한 수준이었다고 생각한다"고 발언하여, 일본에 대한 미국의 요구에 이해를 표시했다. 그리고 미키(三木)내각 이래 정부가 채용해온 방침 즉 방위예산을 GNP의

---

69) 大嶽秀夫『自由主義的改革の時代』, p.101 참조.

70) 佐々木毅『いま政治に何が可能か』(中央公論社, 1987), pp.38~76 참조.

71) 宮島洋『財政再建の研究』(有斐閣, 1989), p.70.

1% 이하로 제한하는 정부 방침에 대해서도 "한계가 오면 돌파도 어쩔 수 없다"고 말하여, 나카소네 내각은 이 틀에 얽매이지 않고 방위력의 정비를 위해 노력하겠다는 강한 의지를 표명한 것이다.72)

우여곡절을 거쳐 방위비를 GNP대비 1% 이내로 제한하는 문제는 마침내 87년도 예산편성에 있어서 자민당 3역들의 조정에 의해 전년도비 5.2%, 1739억엔 증가한 GNP대비 1.004%로 하기로 최종 결정되어, 미키내각 시대에 만들어진 방위비의 GNP대비 1% 틀은 무너지게 되었다.73) 이 과정에서 「국제국가 일본」·「국제사회에의 공헌」을 내걸어온 나카소네 수상이 종래의 일본정부의 안전보장정책을 전환시키는 「능동적 추진」 주체가 될 수 있었다. 그 이유는 첫째, 전술한 대로 미국의 압력이 있었다는 것이다. 나카소네 수상에게 있어서 행정개혁과정 중에 가해진 미국의 압력은 단순히 마이너스면 만의 트러블이었던 것이 아니라, 그를 「능동적 추진」주체가 될 수 있도록 지원하는 역할도 했던 것이다. 즉 레이건 대통령과 개인적으로 친근한 관계에 있다는 외견을 창출함으로서 일본의 여러 정치적 액터에 대한 권위를 높일 수 있었으며, 또한 시장개방·규제완화에 대한 관료제의 저항을 미국의 압력을 이용하여 완화시킴으로서 자기의 주장과 재계의 요구를 만족시키는 데 도움이 되게 한 것이다.74) 그것에 의해 나카소네 수상은 재정규모의 감축이 진행되는 가운데 안보정책의 전환이기도 한 방위비의 GNP대비 1% 틀의 철폐를 미국에 의한 방위비부담 증가요구라는 무기를 가지고 추진할 수 있었던 것이다.

둘째, 안전보장정책에 있어서 나카소네 수상의 「능동적 추진」이 가능했던 것은 자민당이 60년 이래의 경제성장우선, 「경무장」·「상인국가」노선으로부터 전

---

72) 田中善一郎, 전게논문, p.147 참조.

73) 「朝日新聞」 1986년 12월 30일자.

74) 松村岐夫 「中曾根政權の政策政治」, p.26.

환기를 맞이하고 있었기 때문이라고 할 수 있다. 즉 70년대 이래 미국의 압력이 격화된 것과 연동하는 형태로 자민당 정부는 종래의 노선에서, 「서방의 일원」이라는 인식에 기초하여 일본의 방위력증강, 경제협력 등을 강화하는 방향으로 외교정책을 재편성하고 있었던 것이다.[75] 방위비 GNP 1% 틀 문제에 관해 말하자면, 나카소네 수상이 돌출적이었던 것이 아니라, 스즈키 수상도 재임 중의 국회답변에서 "금후 5년간에 걸쳐 1%를 넘을지 안 넘을지는 알 수 없다"는 인식을 표명했었다. 1% 틀의 철폐는 미국의 대일방위력증강 요구에 대해 오히라(大平)내각 이래 취해진 자민당 정부의 방위정책의 연장선상에 있었다고 보아야 할 것이다.[76] 예를 들면, 82년 1월 21일 열린 제40회 자민당대회에서 행해진 「당 운동방침 보고」[77] 속에서 카토 무츠키(加藤六月) 기초위원장은 82년도의 최대중점과제의 하나로서 방위를 들고, "사랑하는 조국……일본의 자유와 평화는 스스로의 손으로 지킨다고 하는 확고한 국민적 의지를 우선 확립"해야 한다고 말한 뒤, "재정적으로 어려운 상황이긴 하지만, 가능한 한 노력하여 국제적인 신의에 부응하고 커다란 책임을 수행해가지 않으면 안 됩니다. 본년도의 방위예산의 증가율 7.75%는 극히 당연한 것"이라는 인식을 표명하고 있다. 또 82년 7월 14일 자민당 안전보장조사회도 "방위관계경비총액이 GNP의 1%를 넘는 일이 있어도 어쩔 수 없다"[78]고 하는 「방위력정비에 관한 제언」을 발표하고 있다.

75) 田中善一郎, 전게논문, p.152 참조

76) 田中善一郎, 상게논문, p.147 참조

77) 自由民主党編 『自由民主党党史・資料編』(自由民主党, 1987), p.420.

78) 「朝日新聞」1982년 7월 14일자.

제3절 선거 · 국회에 있어서의 행정개혁

1. 선거 전략으로서의 행정개혁

80년대의 일본에서, 내정의 기본과제는 재정재건과 행정개혁이었다. 그러나 79년 4월 10일 열린 총선거에서 일반소비세도입에 의한 재정재건의 방침이 무산된 이상, 자민당에게 남겨진 것은 「증세 없는 재정재건」이라는 길 이외에는 없었다. 자민당은 80년 6월 역사상 초유의 중 · 참의원동일선거의 공약으로, 제12회 참의원통상선거 때 내건 「우리 당의 7대 중점공약」을 그대로 내걸었는데 그 중 하나가 "국가 및 지방에서 행정개혁을 실시하고 재정재건을 도모한다"는 것이었다. 그 주요 내용은 "행정개혁은 정치의 중심과제라고 할 수 있다. 우리 당에게는 최근 특히 강해진 행정개혁에 대한 국민의 요청에 대해 종래보다 더욱 적극적으로 대응하는 노력이 필요하다. 이를 위해 ① 특수법인의 정리, ② 국가공무원 정원의 삭감, ③ 각 성청 지방출장소의 대폭적인 합리화, ④ 중앙 · 지방의 행정사무 정리간소화"[79] 등이었다.

타나카(田中) 전수상의 록히드 유죄판결 결과 행해진 중의원해산에 의해 실시된 제37회 중의원선거에서도 야당 각 당이 모두 정치윤리 문제를 전면에 내걸고 유권자에게 호소한 데 반해, 자민당은 이 선거를 「행정개혁선거」로 규정하고, 20개 공약의 하나로 "국가 · 지방을 통한 행재정개혁의 추진"을 포함시키고 보다 구체적인 행재정개혁을 내세우고 있다. 그 속에서 자민당은 "임조답신을 최대한으로 존중한다는 기본방침 하에 이미 성립을 본 행정개혁관계법의 실시를 행정개혁의 첫걸음이란 자세로 이어받아, 행정개혁 · 재정개혁을 종합적으로 추진한다"[80]고 선언하고 있다. 이와 같이 기득권을 지키고 이익정치시스템을

79) 「我が党の七大重点公約」『月刊自由民主』(1980. 7).

80) 「我が党の『二〇の公約』」「自由新報」1983년 12월 6일자.

온존시키려고 하는 당내의 입장과 정반대로, 선거에서 자민당이 행정개혁을 중심과제로 내세운 것은 행정개혁이 국민의 지지를 받고 있었기 때문에 이것을 쟁점화 함으로서 도코(土光) 제2임조에 반대하는 사회·공산 양당 등에게 공세를 가하기 위한 의도가 작용하고 있었기 때문이다. 그러나 정부·자민당 수뇌는 현실문제로서 당내에서 개별이익의 실현을 곤란하게 하는 노선변환을 족의원이 수용하게 하기 위해서는 종래의 집표시스템에 어느 정도 수정을 가할 필요가 있었다. 그 당시 자민당에 의한 조직적 선거운동의 강화와 함께 선택된 수단이 유권자에 대한 이데올로기선전의 조작·강화였다.[81] 실제로 행정개혁이 직면했던 근본문제는 지지기반에 대한 두터운 보호정책, 사회보장의 급격한 확대 등이었는데, 그것들은 모두 자민당정권의 구조나 자민당정권이 선택한 정책의 결과였다. 그러나 행정개혁의 이념이었던 신보수주의·경제적 자유주의는 재정적자, 정책시스템의 경직화라는 문제의 근원을 자민당정부가 실시해 온 정책의 결과가 아니라, 시장에 대한 반대개념으로서의 정부일반의 결함으로 바꿔치기하는 논리조작을 가능하게 하였다.[82] 이 이데올로기 조작에 의해 정부가 소득세에 의해 누진적으로 확보한 세수입을 농촌지역에 재분배하는 데 불만을 느끼며, 또 보조금·공공사업의 혜택을 받고 있지 않은 도시 샐러리맨 층, 주부층 등 도시중간층에게 어필할 수 있다고 판단한 자민당은 행정개혁을 선거공약으로 내세웠다고 생각된다.

86년 7월에 행해진 중·참의원동일선거에서도 자민당은 국철개혁을 총6개의 중요선거공약중 제1항목으로 내걸었다. 이 선거를 「21세기를 지향하는 일본의 제도를 선택하는 선거」로 자리매김한 자민당이 마련한 선거공약은 ① 국철개혁과 정비신칸센(新幹線)철도의 건설, ② 공공사업비의 대폭적인 확대에 의한 주

81) 的場敏博, 전게논문, p.176 참조.

82) 山口二郎, 전게서, p.227 참조.

택 · 사회자본정비의 촉진, ③ 급격한 경제정세 변화에 대응하는 중소기업대책과 엔고차액환원의 추진, ④ 21세기를 지향하는 교육개혁의 추진, ⑤ 창조성 풍부한 과학기술의 진흥, ⑥ 보람 있고 풍요로운 장수사회의 실현이었다.[83] 행정개혁의 우선대상으로서 국철개혁이 중요시된 것은 당연하나, 주목해야 할 것은 정비신칸센철도의 건설, 공공사업의 대폭적인 확대, 중소기업대책일 것이다. 그것은 말할 필요도 없지만, 재정재건 · 행정개혁의 전개과정에서 모습을 감추고 있던 이익분배 정치로의 복귀를 의미했기 때문이다.

이와 같은 전환은 기존의 자민당지지층에 대한 대응이었다고도 생각된다. 즉 행재정개혁이 제창되는 속에서 자민당지지층은 지역구 이익봉사형 정치가에게로 기우는 경향이 오히려 강해졌던 것이다. 미야케 이치로(三宅一郎)가 "76년에는 자민당 투표자 가운데서 지역구 이익지향과 큰 정치지향이 거의 균형을 이루고 있었는데, 86년에는 이 균형이 깨지고 지역구 이익형의 우위가 뚜렷해졌다"[84]고 분석하고 있듯이 70년대에서 80년대에 걸쳐 자민당지지층 사이에 지역구이익지향이 다른 정당지지층과 비교해서 눈에 띄게 상승하여 큰 정치지향의 야당지지층과 좋은 대조를 이루고 있는 것이다. 그 때문에 자민당은 나카소네 수상이 말하는 새로운 고객, 즉 회색 존의 도시중간층에게 어필하면서도 기존의 자민당 지지층에게도 신중히 대응할 필요성이 있었던 것이다.

2. 행정개혁관련 특별법안의 일괄처리

국회에 있어서의 행정개혁의 정치과정을 분석할 때는, 정책형성과정이나 정치과정이라는 넓은 문맥에서의 분석, 즉 행정개혁 정책전체를 조망하는 구조분

83) 自由民主党編『自由民主党党史・党史編』, p.1053 참조

84) 三宅一郎「地元利益志向と保守化」『レヴァイアサン』1(1987 秋), p.38.

석이 중요시되어야 한다. 우선 여론화의 주체인 매스미디어인데, 그 역할은 정치에 있어서의 직접적인 작용에 있는 것이 아니라 야당의 정책지향과 연동했을 때, 비로소 매스미디어는 큰 힘을 발휘하는 것이다.[85] 그런데 행정개혁에 관하여 본다면 여론은 행정개혁에 대해 열광적인 지지를 표명하고 있었기 때문에 야당이 국회에서 「비스코시티(viscosity)」[86]를 발휘할 여지는 여야당백중시대와 비교해 거의 없었다고 말할 수 있다. 둘째, 자민당이 절대안정다수 의석을 차지하고 있던 상황 하에서 전개된 행정개혁인데다 야당 간에 분열이 있었다는 점도 간과할 수 없다. 행정개혁이 정치의 전면에 부상하자 야당 중 사회당과 공산당

---

85) 田中善一郎『自民党体制の政治指導』(第一法規, 1981), p.21 참조.

86) 일본에서는 자민당일당우위제의 결과 국회 내에 있어서의 심의가 자민당 내의 결정에 크게 좌우된다고 하는 것이 일반적인 견해이다. 즉 국회의 각위원회에 의안이 제출되었을 때는 이미 자민당 내에서 충분한 논의가 이루어져 결론이 다 나와 있는 상태라는 것이다. 이러한 견해에 의하면 국회의 역할은 경시되게 된다. 그러나 최근 국회의 역할에 대한 평가에 변화가 일어나고 있다. 마이크 모치즈키(Mike M. Mochizuki)가 일본국회의 역할에 대한 체계적인 분석도구로서 사용한 야당의 영향력을 중시하는 비스코시티(viscosity)라고 하는 개념과 이 개념에 촉발되어 그것을 포섭하는 형태로 전개된 소네 야스노리(曾根泰教)·이와이 토모아키(岩井奉信)의 「장애물경쟁모델」에 의한 분석결과에 그와 같은 변화가 나타나있다. 즉 모치즈키는 일본에서는 정부제출법안의 장해, 지체, 수정 등의 의미를 가진 비스코시티를 높이는 요인으로서 절차에 있어서의 만장일치제, 회기제, 위원회제, 이원제가 존재하며, 이것이 국회제도에 있어서의 야당의 영향력 발휘의 가장 중요한 기초가 되어있다고 분석한다. 또한 국회이전단계에 있어서 관료제·자민당에 의한 「비결정」의 영역을 포함하는 의회모델인 「장애물경쟁모델」은 자민당내부에서 문제없이 결정되었다고 하더라도 국회에 제출되어 매스컴이나 여론의 엄한 비판을 받는 경우도 있으며, 여기에서 매스컴이나 여론의 지지를 배경으로 야당이 강한 비스코시티를 발휘할 수 있다고 분석한다. Mike M. Mochizuki, *Managing and Influencing the Japanese Legislative Process : The Role of Parties and the National Diet*, Ph.D. Dissertation at Harvard Univ., 1982 참조. 모치즈키의 출판되지 않은 박사논문을 이해하는 데는 伊藤光利「國會のメカニズムと機能」日本政治學會編『年報政治學一九八七·政治過程と議會の機能』(岩波書店, 1988), pp.129~147이 유익하다. 曾根泰教·岩井奉信 「政策過程における議會の役割」日本政治學會編 『年報政治學一九八七·政治過程と議會の機能』(岩波書店, 1988), pp.149~174 참조.

은 제2임조의 행정개혁을 재계주도의 복지삭감정책으로 자리매김하고, 제2임조에 대해서는 소극적 내지 비판적이었다. 그에 반해 공명당, 민사당, 신자유클럽, 사민련은 80년 9월 30일 「행정개혁에 관한 4당합의」[87]에서 이미 행정개혁 추진을 제창하고 오히려 적극적으로 제2임조를 지원하는 태세를 취해 야당간의 분열은 명백해졌다.[88] 셋째, 국회에서 「중도야당」의 자민당에의 정책수렴이 가져온 소위 「행정개혁여당」이라는 현상 아래, 행정개혁 관련법안의 효율적 심의를 이유로 일괄법안심의 방식이 채택된 일이다. 즉 81년 8월 25일 정부·자민당은 95회 임시국회에 제출할 「재정재건 임시특별조치법안」을 둘러싼 정치절충을 행하여 36건의 행정개혁관련법안[89]을 일원화하기로 정했다. 그리하여 행정개혁관련특별법안을 집중심의하기 위한 특별위원회를 설치하게 됐는데, 이것은 명백히 국회의 심의권을 침해하는 일이었다. 「행재정개혁에 관한 특별위원회」 설치에 대해, 공명당, 민사당은 찬성, 사회당, 공산당은 "일괄법안이라고 하지만, 그 내용이 각각이므로 각 상임위원회의 심의권을 제한하는 것이 된다"[90]고 하며 반대했다. 그러나 사회당이 공노위중재재정(公勞委仲裁裁定)과 국가공무원급여 인사원권고의 실시를 전제로 방침을 전환하게 되어[91], 81년 10월 6일 행정

87) 내용에 대해서는 臨時行政調査會事務局『最近の行政改革に關する各党、各界の主な意見』第1号(1981. 4. 24), pp.26~27 참조.

88) 이것과 관련해서 임조·행혁심(行革審)OB는 제2임조와 행혁심이 "부회, 소위원회 보고를 받아 답신을 작성하는 데 있어서 여당뿐만 아니라 야당으로부터도 행정개혁추진에 대해 강한 이해와 협력을 얻을 수 있었던 것"이 행정개혁 성공요인의 하나라고 증언하고 있다. 臨調·行革審OB會編『臨調·行革審−行政改革二〇〇〇日の記錄−』(行政管理研究センター, 1987), p.167. 여기에서 야당이라고 하는 것은 공명·민사·신자유클럽 등의 「중도야당」임이 확실할 것이다.

89) 관련 주요 법안은 ①특정지역에 관계되는 인상보조율의 삭감대상법률·정령, ②정부관계기관의 법정대부금리의 탄력화, ③후생연금의 국고부담 인하, ④40인학급계획의 억제, ⑤아동수당의 소득제한 강화, ⑥공적보험사무비 국고부담 정지 등이다.

90) 「每日新聞」1981년 9월 19일자 석간.

개혁특별위원회가 설치되게 되었다.[92] 제100회 임시국회에서도 「행정개혁에 관한 특별위원회」가 설치되었는데, 이것은 제2임조의 기본답신과 「신행정개혁 대강」에 기초한 행정개혁관련 6법안[93]을 일괄심의하기 위한 것이었다. 이 중에서 문제가 된 것이 각 성청 부국의 설치·폐지 및 브레인들의 활동의 장인 심의회 등의 개폐(改廢)가, 정령(政令)에 의해 가능하도록 하는 국가행정조직법 개정안이었다. 이 개정안이 국회에 의한 행정 감시 원칙에 큰 변경을 강요하는 것임은 말할 필요도 없다. 이 개정안과 같은 취지의 법안이 사토, 타나카 양 내각 당시인 71년부터 73년까지 3년 연속 국회에 제출되었으나 야당 측의 강한 반대로 폐안이 된 경위가 있는데[94], 제100회 임시국회에서는 공명·민사·신자유클럽이 찬성으로 돌아서 성립되게 되었다.

또 「민활」정책, 특히 규제완화와 관련된 법안도 행정개혁을 위해 개발된 일괄법안 방식에 의해 국회에 제출되었다. 나카소네 내각이 시장개방, 내수확대라는 대외공약을 실행하는 데 최고중요법안으로 여긴 규제완화일괄법안은 85년 7

91) 사회당이 방침전환을 정한 것은 노조와 동당의 재정을 고려해서 내린 판단에 의한 것이었다. 즉 9월 29일 국회에서 열린 사회당 3역회의 석상에서 타나베 마코토(田辺誠)국회대책위원장은 "특별위의 설치에 반대하여 저항을 계속한다면 중재재정(仲裁裁定)이나 인사원권고(人事院勸告)의 완전실시라는 전망이 서지 않는다. 그렇게 된다면 노조의 재정은 위기에 봉착하게 되고 당도 매우 힘든 사태에 직면하게 된다"고 주장하여 행정개혁특별위원회를 설치하는 방향으로 국회대책위원회의 결정을 이끌어냈던 것이다. 「朝日新聞」1981년 9월 29일자 참조.

92) 행정개혁법안을 집중심의하기 위한 특별위원회는 64년의 제19회 통상국회에 설치되었던 적이 있다. 이 때는 33억엔의 세출삭감을 목표로 하여 문부성, 후생성관련의 법률 23건을 하나의 법안으로 통합한 「보조금 등의 임시특별법」이 제출되어 약간의 내용수정이 행해진 후 성립했다. 「朝日新聞」1981년 7월 12일자 참조.

93) 내용은 다음과 같다. ① 국가행정조직법개정안, ② 성청설치법일괄정리법안, ③ 총무청정리법안, ④ 총리부설치법개정안, ⑤ 재무부등정리법안, ⑥ 행정사무간소화법안.

94) 「朝日新聞」1983년 3월 11일자 석간 참조.

월 제출된 행혁심의「행정개혁 추진방책에 관한 답신」에 기초하여, 시장접근개선의 수정, 민간활력 도입을 목표로 하는 공적규제의 완화 등 규제완화에 관련된 26개의 법률개정을 일괄한 것이었다. 이것은 제103회 임시국회에서 내각위원회에 회부되어, 자민당・민사당・공명당이 찬성하고, 사회당・공산당이 반대하는 행정개혁관련법안의 전형적인 패턴으로 성립됐다[95] (「표3-1」참조).

[표 3-1] 행정개혁관련주요법안에 관한 정당별 찬부

국 회	행정개혁관련법안	자민당	사회당	민사당	공명당	공산당
제93회	임시해정조사회설치법안	O	O	O	O	X
제100회	국가행정조직법관계 2법안	O	불참	O	O	X
	총무청관계 2법안	O	불참	O	O	X
	공제연금통합법안	O	X	O	O	X
제101회	일본전매공사개혁관계 5법안	O	X	O	O	X
	건강보험법관계법안	O	X	X	X	X
제102회	일본전신전화공사개혁관계 4법안	O	X	O	O	X
제103회	규제완화관계법안	O	X	O	O	X
제104회	보조금특별관계법안	O	X	X	X	X
	민간활력관련법안	O	X	O	O	X
제107회	국철개혁관련 8법안	O	불참	O	O	X

* 국회는 법안성립기준이다.
* 법률안에 대한 각 당의 태도는 주로 중의원위원회에 있어서의 찬반을 나타낸다.(O:찬성, X:반대)
* 田中善一郎「中曾根政權と轉換期の國會」內田健三他編『日本議會史錄6』(第一法規出版, 1990)을 참고로 작성.

95)「每日新聞」1985년 11월 25일자 석간 참조.

제4절 이익정치시스템의 온존

「60년체제」의 변용기에 행해진 행정개혁의 배경에는 자민당의 고도성장형 이익배분정책이 가져온 재정파탄 및 정보화사회·고령화사회라는 국내적 환경의 변화와, 미국을 중심으로 하는 일본에 대한 국제적 공헌·시장개방 압력이라는 국제적인 환경의 변화가 있다. 이와 같은 환경의 변화를 배경으로, 수상의 자리를 노리는 정치적인 의도를 갖고, 나카소네는 행정개혁 과정에 있어서 정치적 리더십을 발휘한다. 일반소비세 도입에 실패한 자민당에게, 재정재건을 위해 남겨진 유일한 옵션은 행정개혁이었다. 따라서 자민당은 재정재건을 위해 정권여당으로서 행정개혁 추진태세를 확립한다. 그러나 재정파탄의 근원이 자민당의 이익정치시스템에 있었다는 것은 동당의 대응을 곤란하게 하였다. 이 구조적 곤란을 극복할 수단으로 자민당은 신보수주의 이데올로기의 조작이란 방법을 선택하게 되는 것이다. 행정개혁의 과정 중에 일어난 자민당의 정책 전환, 즉 「증분주의」에서 「감분주의」로의 전환을 보수정권의 새로운 정치과정에 대한 유연한 대응으로 평가하고, T·J·펨펠(T. J. Pempel)이 말하는 「창조적 보수주의」(Creative Conservatism)[96]로 설명할 수 있을 지도 모르겠다. 그러나 본장에서 밝혔듯이 행정개혁 과정에 있어서 자민당의 정책전환은 이루어졌지만, 장기정권을 유지해온 이익정치시스템의 개혁은 불완전하게 끝났다고 말하지 않을 수 없다. 이익정치 시스템이 온존된 가장 중요한 요인은 80년대의 행정개혁이 자민당 절대안정다수 아래 정권교체를 동반하지 않고 행해졌기 때문이라고 생각된다. 즉 이익정치시스템에 있어서의 정책결정과정 참가자가 행정개혁을 견인하는 행위자로도 활동했다는 것이 행정개혁의 성격과 그 전개과정의 방향을

---

96) T. J. Pempel, "Japan's Creative Conservatism : Continuity Under Challenge", in Francis G. Castles, (ed.), *The Comparative History of Public Policy*(Polity Press, 1989), pp.149~191.

결정하게 된 것이다.

혁신지방자치단체의 쇠퇴·노동조합의 감량경영에의 협력 및 정치적 보수화·유권자의 「생활보수주의」화가 가져온 자민당 절대안정다수 아래, 재계·대장성의 협력을 얻으면서, 나카소네 수상·자민당에 의해 추진된 행정개혁의 결과는 ① 행재정민주화의 불철저, 대장성의 개혁대상으로부터의 제외, ② 이익정치시스템의 온존, 미국의 압력에 대한 배려였다. 우선 첫째, 행재정민주화의 불철저인데, 제1임조 답신의 총론에서 가장 중요한 개혁항목의 하나로 제언된 것은 행재정의 민주화였다.[97] 그러나 제2임조에 있어서는 자민당에 불리한 행재정의 민주화는 당초부터 진지한 논의의 대상이 되지 않았다. 또 마부치 마사루(眞渕勝)가 분석하고 있듯이 재정위기가 한층 심화된 이유는, 대장성이 재정과 금융이라는 두개의 권한을 다 가지고 있었다는 점에 있다.[98] 그러나 대장성은 행정개혁 추진의 영향력연합의 멤버였기 때문에 개혁의 대상이 되지 않았던 것이다.

둘째, 자민당과 각 성청에 의한 조정을 거쳐 제출된 제2임조의 「실현가능한 답신」은 자민당 이익정치 시스템에 메스를 가할 수 없었다. 즉 실행된 보조금율의 저하나 일률삭감은 기존제도의 변혁을 요구하는 것이 아니었다. 또 행정개혁관련법안의 책정과정에서도 정치적 의미가 깊은 공공사업의 양은 확보되었던 것이었다. 이에 비해 이익정치의 무대에서 강력한 기반을 갖지 않는 복지·교육예산은 삭감되었다. 이와 같은 상황에서 이익정치시스템의 변혁을 강요하는 유일한 변수로 남은 것이 미국으로부터의 압력이었다. 그러나 미국의 압력에도 불구하고 구조적 요인에서 오는 경제마찰을 해결하기 위한 규제완화는 이

97) 行政管理研究センター編 『行政改革のビジョンⅠ·臨時行政調査會意見』(行政管理研究センター, 1977), pp.30~31 참조

98) 眞渕勝 『大藏省統制の政治経濟學』(中央公論社, 1994) 참조

익정치시스템과 관련되기 때문에 불철저하게 끝나고 말았던 것이다. 다만 나카소네 수상과 자민당은 이익정치시스템의 변혁과 관계가 적은 국제적 공헌에 대한 요구에 대해서는 배려하려고 했다. 그리하여 긴축재정 속에서도 방위비·경제협력비는 일반세출 전체 중에서 상대적으로 높은 신장율을 보이게 되었던 것이다.

제4장

행정개혁의 정치과정에 있어서의 관료제

제4장

행정개혁의 정치과정에 있어서의 관료제

본장의 분석대상은 제2임조(第2臨調)[1]와 행혁심(行革審)의 심의과정 및 답신 법안 작성과정이라고 하는 행정개혁의 정치과정에 있어서 유력한 행위자의 자리를 유지했던 관료제의 행정개혁에 대한 대응과 행동 그리고 그 귀결이다. 일반적으로 행정개혁에 대한 관료제의 대응은 「저항(抵抗)」으로 개념 정의되어 행정개혁의 성패를 좌우하는 가장 중요한 요인의 하나로서 논의되고 있다. 예를 들면 G. E. 케이든(Gerald E. Caiden)은 행정개혁을, 단순한 행정의 변동과 구별하여 정치과정이 되게 하는 것은 행정의 저항이 존재하고 있기 때문이라고 주장하고 있으며[2], 타구치 후쿠지(田口富久治)는 “행정상의 혁신에 관한 어떠한 계획도 그 결과로서 행정관 자체의 지위, 권력, 부, 상징적 중요성이 위협받아 파괴된다고 한다면 성공하지 못한다”고 하는 J. 라파롬바라(J. La Palombara)의 평언을 인용하면서, 이 명제는 거의 일반적 타당성을 가지고 있다고 하는 견해를 피력하고 있다.[3]

---

1) 제1장에서 언급했지만, 일본에서 행정개혁에 대한 심의안을 작성하기 위한 임시행정조사회는 전후 2회 설치되었다. 그 때문에 1960년대 초 이케다 하야토(池田勇人)내각 시에 등장한 임시행정조사회를 제1임조라 부르고, 80년대 초기 스즈키 젠코(鈴木善幸)내각 시에 출발하여 나카소네 야스히로(中曾根康弘)정권 기간동안의 행정개혁에 커다란 영향을 미쳤던 임시행정조사회를 제2임조라 불러 구별하고 있다.

2) Gerald. E. Caiden, *Administrative Reform*(Aldine Publishing Co., 1969), pp.65~68 참조.

3) 田口富久治 「先進諸國の行政改革序論」田口富久治編 『主要諸國の行政改革』(勁草書房, 1982), p.31.

단지 관료의 저항을 명확히 하는 것은 곤란한 작업이다. 의원에게 사전교섭을 하거나 이익단체나 진정단(陣情団)을 동원해서 의원에게 공작을 하거나 할 것이라고 하는 것은 어느 정도 추측할 수 있더라도[4], "정치가의 행동은 언제나 눈에 띄기 쉬운데 비해 관료의 행동은 눈에 보이지 않고 익명적이기"[5] 때문에 그 실태를 명확히 하는 것은 대단히 어렵다. 예를 들면, 제2임조의 제4부회장이었던 카토 히로시(加藤寛)도 "행정개혁, 규제철폐를 해야 한다 하지만 관료주도경제의 개혁이 좀처럼 진전되지 않는 이유는 관료의 저항에 있다고 하는 지적이 요즘 특히 많아졌다. 그렇다면 관료의 저항이란 무엇인가? 어떻게 해서 발생하고 있는가? 그 행동원리는 무엇인가가 문제가 되는데 이는 좀처럼 실태를 파악하기 어렵다"[6]고 말한다. 이러한 지적에 입각하여 여기에서는 개혁에 대해 적대적인 태도나 행동을 취하는 관료제의 저항은 행정개혁에 의한 피해를 받지 않겠다고 하는 보수주의적인 조직적 행동경향에 기인하는 것으로 간주하여 「관료 개개인으로서의 저항」이 아닌 관료제의 「조직으로서의 저항」을 중심으로 분석을 전개하고자 한다.

이하에 있어서는 첫째, 행정개혁의 정치과정에 있어서 관료제의 대응책은 어떠한 것이었으며, 왜 관료제는 「능동적 저항」주체로서 존재할 수 있었는가? 둘째, 「60년체제」의 정책결정구조에 규정된 행정개혁의 정치과정에 있어서 관료

---

4) 예를 들면 고토다 마사하루(後藤田正晴)는 다소 구체성이 결여되어 있지만, 관료의 저항방법을 다음과 같이 표현하고 있다. "관료가 저항하는 경우에는 다양한 방법이 있다. 임조에의 자료제출을 꺼리든가 임조위원에 공작하여 답신의 골자를 빼버리도록 하는 것 등이다. 말하자면 당사자에 대한 직접적인 각개격파이다. 그러나 더 강력한 무기가 있다. 그것은 여당인 자민당의 정책조사회 각 부회에 공작하여 자민당의원에게 저항을 의뢰하는 방법이다. 정조부회는 각 성청에 대응하여 만들어져 있기 때문에 당과 성청은 일상적인 파이프를 가지고 있다"고 한다. 後藤田正晴『政と官』(講談社, 1994), p.86.

5) 脇山俊『官僚が書いた官僚改革』(産能大學出版部, 1994), p.66.

6) 加藤寛『官僚主導國家の失敗』(東洋経済新報社, 1997), p.90.

제에 의한「능동적 저항」이 가져온 행정개혁의 결과는 어떠한 것이었는가를 명백히 해 갈 것이다.

제1절 행정개혁에 대한 관료제의 대응

1. 관료제의 저항에 대한 나카소네의 예방조치

「60년체제」변용기에 행해진 행정개혁은 저성장기 돌입, 재정적자의 누적, 일본 정치경제시스템의 국제화를 요구하는 외압 등에 대한 정치적 반응의 결과로, 제2임조의 설치는 그 반응을 대표하는 것의 하나였다고 말할 수 있다. 제2임조의 행정개혁에 대해 구체적으로 말하면, 정보공개나 지방분권 등 민주화 내지 권력 구조개혁에 속하는 것에서 보조금의 정리통합, 나아가 행정기구개혁이라 할 수 있는 중앙관청의 재 조직화, 행정 낭비의 배재, 특수법인·지방출장소의 삭감, 그리고 마지막으로 실제적인 정치노선의 선택에 이르기까지, 정치에 관한 모든 것을 포함하고 있었는데, 제2임조가 지향한 행정개혁에 대해 관료제는 어떤 대응책을 취했을까?

일본에 있어서 일당우위정당시스템 하에서의 자민당의 장기집권은 "관료제에 대해 쾌적한 활동환경을 보장했는데, 동시에 관료제를 변화에 대해 극히 유약한 것으로 만들었다 …… 정치적인 의미에서의 내부로부터의 변동을 거의 경험하지 않았기 때문에 상황의 변화에 맞추어 제도를 다시 만든다는 경험도 부족하다."[7] 이런 관료제에게 있어서 제2임조를 출발점으로 하는 행정개혁은 관

7) 山口二郎「政治・行政のインターフェイスの諸相と統治機構」日本行政學會編『年報行政研究二七・統治機構の諸相』(ぎょうせい, 1992), p.20.

료제가 갖는 기득권・영향력의 양도(讓渡), 관료조직의 재편을 함의하는 것이므로 관료제가 행정개혁에 저항한다는 것은 역사적 경험으로도 예상할 수 있는 일이었다.[8] 그리고 제2임조의 답신을 실행할 때 예상되어지는 관료의 저항에 대해서 나카소네 행정관리청장관은 1981년 3월 26일 "악질적인 것은 배치전환, 좌천시키는 방침이 각료회의에서 승인되어 있다"[9]는 것을 밝혔다. 이와 같은 나카소네 장관의 발언은 같은 날 있었던, 제2임조 전문위원과의 간담회 인사 속에서 나온 것으로 "지금까지 행정개혁이 좌절된 것은 각 성청의 섹셔널리즘(sectionalism)에도 원인이 있지만, 간부가 업계단체나 정치가에게 손을 써 반대했기 때문이다. 이번 행정개혁에서는 불합리한 반대운동을 할 수 없도록 해야 한다"[10]는 인식을 표명했다. 나카소네 행정관리청장관 후일의 수상은 예상되는 각료의 저항을 누르기 위한 한 방법으로 고토다 마사하루(後藤田正晴)를 기용했다고 말해지고 있다. 즉 그는 행정관리청장관 당시 고토다에게, "아무튼 국민 여론을 불러일으켜야 한다. 강한 여론의 지지 하에서 관료의 저항을 배제하면서 적정한 인사배치를 실시함으로서 반드시 행정개혁을 완수하고 싶다"[11]고 말했다고 한다. 그가 말하는 인사배치라는 것은 고토다의 말을 빌리면,[12] "자민당

---

8) 제1임조가 실패로 끝났던 것은 관료의 저항에 의한 것이라고 이야기되고 있다. 재계도 왜 제1임조의 답신이 실현하지 못했는가에 대한 이유로 네 가지를 들고 있는데 그중 한 가지가 행정개혁반대세력으로서의 관료제의 힘이었다. 자세한 내용에 관해서는 「驚くべき行政の現狀と改革への方途」産業計畵懇談會編 『財政再建への道－産計懇の三つの意見書－』(善本社, 1981), p.45 참조. 또한 사토(佐藤)내각이래 휴면상태에 있던 행정개혁을 내각의 과제로서 내걸었던 것은 후쿠다(福田)수상이었지만, 이 시기의 중앙성청통폐합의 시도도 각 성청이나 여당의 반대로 성공하지 못했다고 한다. 東京新聞行革取材班 『國家破産－行革は日本を救えるか－』(行政問題硏究所, 1982), pp.51～57 참조.

9) 「朝日新聞」1981년 3월 27일자.

10) 「朝日新聞」1981년 3월 27일자.

11) 後藤田正晴 『政と官』, p.84.

대책으로는 기예의 하시모토 류타로(橋本龍太郎) 군을 자민당 행재정조사회장에 앉히는"것과, "관료대책으로는 …… 관료와 정치가를 경험한 나를 부회장에 기용하는"것이었다. 고토다는 이 인사배치에 대해, "당 및 관공서 대책으로는 최고의 포진이었다. 결과를 보아도 이 포진은 성공적 이었다"고 평가한다. 또, 자민당 총재선거가 한창일 때 나카소네는 고토다에게, "만약에 내가 내각을 조직하게 된다면 행정개혁이 최우선과제가 될 것입니다. 그 때는 관료를 제재하는 역을 맡아 나를 보좌해 주십시오"[13]라고 협력을 요청, 실제 그를 나카소네 내각의 관방장관에 앉혔다.

그러나 당시 내정심의실장으로 전 국토사무차관인 마토바 준조(的場順三)가 고토다의 관료 조정술을 회고하여, "스모로 말하자면 초반부터 확 밀어붙이는 거지. 그러나 밀어붙이긴 하지만 절대로 밖으로 밀어내지는 않아. '이대로 밀려나가면 곤란하질 않나, 그러니 다시 생각해보게'라는 식의 방법을 사용하는 데 그것이 대단히 효과적이었지"[14]라는 추상적인 증언을 하고 있는 것을 제외하면 실제의 행정개혁 과정에서 관료제가 어떤 대응책을 사용했으며, 고토다가 관료의 제재역으로 어떤 역할을 수행했는지 명확하지 않다.

2. 행정개혁에 대한 관료제의 저항방법

단 관료제의 저항 혹은 행동을 알수 있는 단서가 미약하지만 존재한다. 예를 들면 무라마츠 미치오(村松岐夫)의 앙케트 조사결과가 있다. 무라마츠는 제2임조가 제시한 포괄적 정책으로서의 「행재정개혁」에 직면한 관료제의 대응을 분

12) 상게서, p.88 참조.

13) 後藤田正晴『內閣官房長官』(講談社, 1989), p.21.

14) 日本経済新聞社編『官僚』(日本経済新聞社, 1994), p.208.

석하기 위해, 앙케트조사를 실시, 그 결과를 공표하고 있는 것이다.[15] 관료들은 "제2임조의 심의나 답신에 대한 대책으로 특히 심혈을 기울인 것을 중요한 순으로 두 가지 대답하시오"라는 질문에 대해 다음과 같은 비율로 답하고 있다. 「조사원을 임조에 참여시킨다」17%, 「프로젝트 팀의 설치」14%, 「자민당정조회에의 공작」16%, 「관계단체와의 협력」14%, 「임조위원에의 공작」11%, 「매스컴 대책」1%, 「NA, 그 외」26%라는 응답이다. 관료들의 응답을 무라마츠는 다시, ① 「뭔가 외부적 힘」의 이용, ② 「임조위원에 대한 공작」이나 프로젝트 팀 설치 등 자체 활동, ③ 「NA」, 라는 세 그룹으로 분류한다.

행정개혁을 둘러싸고 진행된 실제의 정치과정 속에서 관료제가 취한 분명한 대응책의 하나로 거론되는 것이, 앙케트 조사에서 17%를 차지한 제2임조에의 참가이다. 제2임조의 구성은 법률상 위원과 전문위원으로 구성되는데 관료 측에서 볼 때 남아 있는 자리는 20인의 전문위원 포스트밖에 없었다. 그 자리에 자천, 타천을 포함 약 백 명이 나섰는데, 그 대부분은 각 성청이 「이익대표」로 보낸 관료 OB였다. 관료들은 자신들의 선배를 임조에 들여보내기 위해 유력정치가에게 진정을 거듭했다. 나카소네는 세지마 류조(瀨島龍三)들과 의논하여 이를 해결하기 위해 새로운 포스트 「참여(參与)」를 신설하는 것으로 대처했다. 법률에 없는 이 포스트의 신설로 각 성청은 두 사람 정도의 전직관료를 들여보낼 수 있게 되어[16], 심의에 참가한 참여 중 관료OB가 차지하는 비율은 40퍼센트를 넘었다.[17] 그런데 당초 전문위원후보를 흡수할 의도에서 설치된 「참여」의

---

15) 村松岐夫「一九八〇年代における行政スタイルの変化」總務廳長官官房企畫課編『社會經濟の変化と行政スタイルの変容に關する調査研究報告書』(1990. 10), pp.4~6, 同「『小さな政府』壓力下の日本官僚集団」『法學論叢』第128卷第4・5・6号(1991. 3), p.11 참조.

16) 牧太郎『小說土光臨調』(ビジネス社, 1983), pp.75~76 참조.

17) 神原勝, 전게서, p.44 참조.

수가 이렇게 늘어난 것은 제2임조가 1982년도 예산편성과정에 휘말린 것과도 깊은 관계가 있다. 정부는 제2임조 발족 직후 차년도 예산편성작업을 추진함에 있어 이른바 「제로 실링」의 설정을 예정하고 있었는데, 이것을 실현하기 위해 제2임조에 대해 세출삭감을 중심으로 하는 제1차 답신의 제출을 요청했다. 그런데 조사회는 단기일 내에 정부의 이 요청에 응할 수 있는 만큼의 인적 능력을 갖고 있지 못했다. 그 결과 실질 작업 면에서는 각 성청의 권익을 대표하는 관료OB에게 의존하게 되어, 권익옹호를 위해 「참여」투입에 적극적이었던 각 성청 측의 희망대로 실현된 것이다.[18]

제2임조가 부회활동의 수족이 될 전문위원이나 참여에, 관료OB 특히 차관경험자를 다수 기용한 것은 이와 같은 특별한 사정이 있었다고는 하나, 기본적으로는 다년의 경험을 쌓은 그들로부터 행정의 재구축에 대한 적절한 조언을 얻을 수 있을 것이라는 기대가 있었기 때문일 것이다. 사토 세자부로(佐藤誠三郎)도 "차관경험자는 출신성청의 입장을 떠나 국가 입장에서 행동하는 '윤리관'을 지니고 있다"[19]고 말하고 있다. 그러나 제2임조 제3부회장대리였던 이이지마 키요시(飯島淸)가 "OB는 현역 이상으로 자신의 출신 성청을 배려하더군"이라고 부회의 심의상황을 회고하고 있는 것을 보아도 알 수 있듯이[20], 실제로 답신안의 작성에 참여한 많은 전사무차관이나 전정무차관들의 존재는, "관료의 저항을 완화시켜 격렬한 이익대립을 회피하는데 도움이 됐지만, 한편으로는 개혁안이 관료의 이익에 타협적인 것이 되어 버렸다는 비판을 입증하는 것이었다"[21]

18) 상게서, p.43 참조

19) 大嶽秀夫『自由主義的改革の時代』(中央公論社, 1994)의 제2부 제2장의 주(28) 참조

20) 竹下讓 「第2臨調と行政改革」中邨章・竹下讓編 『日本の政策過程－自民党・野党・官僚－』(梓出版社, 1984), p.277.

21) 加藤淳子『稅制改革と官僚制』(東京大學出版會, 1997), pp.146～147.

고 할 수 있다. 역설적인 예이나, 당초 사무차관 경험자를 포함한 실무경험자를 제2임조에 들여보내지 않은 문부성의 경우, 제1답신에서「제5차 학급편성계획(40인 학급)의 재정재건 기간 중의 동결」,「사립대학 조성비의 억제」등 문교관계예산에 대한 삭감이 단행되었던 것이다.

애당초 행정개혁이 일본정치시스템의 구조적인 필연성에서 등장했다는 사실에서 본다면 제2임조는 "각 성청의 개별항목에 대한 개혁논의보다도 관료시스템 자체의 개선을 도모하는 행정개혁에 관해 심의할 필요"22)가 있었다고 할 수 있다. 그러나 제2임조는 시간적 제약, 정보의 제약, 조직구성권의 제약 등으로 인해 구조적 개혁에까지는 미치지를 못했다. 예를 들면, 행정개혁에 대한 대장성의 대응을 보면, "대장성은 재정을 핍박하는 상황을 구제하는 한도 내에서 행정개혁을 환영했다. 적자재정은 대장성을 다른 성청이나 정치가와의 관계에 있어서 불리한 입장으로 모는 것이었다. …… 스스로의 자유재량의 여지를 줄이는 재정핍박상황에서 탈출하여, 예산에 스스로 상한선을 설정하는 힘을 회복하는 것은 대장성의 이익에 부응하는 일이며, 때문에 대장성의 이익과 임조의 생각은 세출삭감이라는 목적에 관하여는 일치했던 것이다. 그러나 대장성은 나라의 재정구조를 개혁하는 일, 특히 임조가 중요시했던 세출항목의 우선순위의 결정이나 재배분에는 소극적이었다. 대장성은 본래 그 관할인 예산편성에 임조가 개입하는 것을 원하지 않았다. 결과로서 재정구조의 개혁은 진전을 보지 못했으며, 세출삭감은 대장성의 예산에 대한 자유재량을 위협하는 데까지는 이르지 못했던"23) 것이다.

제2임조에 대한 이와 같은 관료제의 대응을 염두에 두고, 행정개혁을 족의

22) 八代尙宏 「日本の官廳システムと行政改革」『JCER PAPER』18号(日本経濟硏究センター, 1992. 12), p.18.

23) 加藤淳子, 전게서, pp.156~157.

원・관료제・이익단체를 중심으로 하는 이익정치시스템의 변혁, 즉 이익네트워크를 형성하고 있는 융합관계의 변혁으로 정의하는 본서의 시좌에서 다시 한번 무라마츠의 조사결과를 조명해보자. 흥미로운 사실은 관료들이「뭔가 외부의 힘」의 이용을 인정하고 있다는 점이다. 무라마츠는「외부의 힘」의 예로 자민당 정조회나 관계가 깊은 의원에의 공작, 관계단체와의 협력, 실력자에의 공작, 관계관청과의 협력 등의 항목을 들고 있는데, 이것은 정치과정에 있어서의 관료제라는 조직이 갖는 네트워크의 넓이를 이야기하는 것으로, 관료제가 행정개혁에 저항하는 수단으로 기존의 네트워크를 이용했다는 것을 알 수 있는 것이다. 이와 같은 이유에서도 행정개혁에 대한 관료제의 대응을 검토할 때는 관료제가 일본정치시스템에서 갖는 위치나 융합관계, 이익네트워크를 고찰해야하는 것이다.

따라서 다음은 행정개혁의 정치과정에 있어서 관료제가「능동적 저항」을 할 수 있었던 이유를 일본 정치경제시스템이라는 구조적 요인, 나아가 관료제가 갖는 리소스 측면에서 검토하기로 한다.

제2절 관료제의「능동적 저항」이 가능했던 요인

1. 일본 정치시스템의 구조

행정개혁의 추진주체나 지지자는 일본이 국내적으로 직면한, 또 장래 직면할 것이 예상되는 변화에 적절히 대처하기 위해서는 행정뿐만 아니라 정치도 크게 변화해야할 필요가 있다고 생각했다. 이런 배경을 갖는 80년대의 행정개혁의 목표는, 정부예산의 삭감 등과 같은 단기목표, 사회보험제도의 철저한 개혁・공사의 민영화·규제완화의 촉진 등과 같은 중기목표, 일본이 국제사회에 적극적인 공헌을 담당하기 위한 시스템의 확립 등과 같은 장기목표가 혼합된 형태였다.[24] 그러나 결과를 보면, 제1임조 때와 비교하여 상대적으로 「성공」했다고 말할 수 있는 부분도 있지만, 반면에 관료제와 정치의 융합관계, 관료제·정치·이익단체 간의 이익네트워크, 국가와 지방과의 상호의존관계 등에 의해 틀이 짜여진 일본의 정치경제구조를 개혁한다는 장기목표가 달성됐다고는 말하기 어렵다. 왜 그러한 결과를 가져왔는가? 그것은 행정개혁의 정치과정에 있어서 발본적인 구조개혁을 회피할 수 있었던 관료제의 구조적인 힘, 관료제가 갖는 리소스 특히 그 정보력과 전문지식·정책지식에서 원인을 찾을 수 있을 것이다.

일본의 정치시스템을 다원주의모델에 의해 설명하려고 하는 시도는 어느 정도 정착했다고 생각된다. 주요한 다원주의모델로서는 무라카미 야스스케(村上泰亮)의 「간막이된 경쟁」모델[25], 무라마츠 미치오(村松岐夫)와 엘리스 크라우스(Ellis S. Krauss)에 의한 「패턴화된 다원주의」[26], 이노구치 타카시(猪口孝)의 「관료

---

24) Mitsutoshi Ito, "Administrative Reform", in Hyung-Ki Kim and Michio Muramatsu et al., (eds.), *The Japanese Civil Service and Economic Development*(Oxford Univ. Press, 1995), p.243 참조.

25) 무라카미는 행정주도의 정책결정을 보증하는 것에 의해 성립한 자민당 장기지배 하에서 「특정적, 고정 룰적, 지시적」행정개입에 의한 「간막이된 경쟁」이 따라잡기형 산업화를 추진한 주도력이라고 말하고 있다. 村上泰亮 『新中間大衆の時代』(中央公論社, 1984) 참조.

26) 무라마츠는 일본의 정치과정을 「패턴화된 다원주의」라고 부르고 있다. 이 개념에 대한 최초의 논문은 Michio Muramatsu & Ellis S. Krauss, "The Structure of Interest Group Influence on Policymaking in Japan"1983 으로 되어있지만, 公刊되지 않았다. 이러한 이유로 「패턴화된 다원주의」의 내용에 대해서는 村松岐夫, エリス·クラウス 「保守本流と戰後日本におけるパターン化された多元主義の發展」國際文化會館(編) 『現代日本の政治経濟第1巻-國內情勢の展開-』(總合研究開發機構, 1987), pp.585~625를 참조했다. 이 논문에서 두 학자는 일본의 정치과정을 「패턴화된 다원주의」라고 정의한 다음, "이 시스템은 폭넓은 접근방법(access), 영향력을 가진 다수의 행위자, 국가가 사회의 여러 이익에 대응하려고 하는 강약의 정도 등에서 볼 때 '다원주의'임에는 틀림없지만, 당·관료제와 지지단체에 의한 이데올로기의 결합이라고 하는 고정화 내지는 제도화된 요소를 갖고 있기 때문에 '패턴화

적 포괄형 다원주의」[27], 나카무라 아키라(中邨章)에 의한 「분산형 다원주의」,[28] 사토 세자부로(佐藤誠三郎)·마츠자키 테츠히사(松崎哲久)에 의한 「자민=관청혼합체에 틀 지워지고 간막이된 다원주의」[29]등을 들 수가 있다. 물론 일본의 정치시스템을 다원주의모델로서 파악하더라도 이노구치의 「관료적 포괄형 다원주의」론이 시사하는 것처럼 일본의 정치과정에 있어서 관료제의 영향력이 무시되는 것은 아니다. 예를 들면 앨런 릭스(Alan Rix)의 주장과 같이 "일반적인 관점에서 국가관료가 일본의 국가구조에 있어서 중추적 역할을 다하고 있다는 것은 사실이다. 그리고 관료는 일본사회를 위한 목표를 설정하고, 정책을 설계·

된'것이다. 이 결합 때문에 순수한 다원주의와는 달리 접근방법은 완전히 열려있는 평등한 것이 되지 못하고 행위자간의 관계는 유동적이지 않으며, 단체간의 경쟁은 촉진되지 못하고 자유롭지도 않다"고 설명하고 있다.

27) 이노구치는 현대 일본의 정치경제체제를 「관료적 포괄형 다원주의」라고 정의하고 그것을 다음과 같이 설명하고 있다. "① '관료적'이라고 하는 것은 장기간 관료주도이었기 때문에 국가와 사회의 관계를 조직하는 방법이 관료제를 하나의 커다란 기둥으로 하고 있다는 것, ② '포괄적'이라고 하는 것은 '대중포괄적'의 의미로 시민을 관료의 관할 하에 두려고 하는 경향, 사적이익을 관료제를 거쳐 대표시키려고 하는 경향, 그리고 보다 넓게 시민을 가능한 한 '대연합'속에 포섭하려고 하는 경향을 지적하고 있다. 그리고 ③ '다원주의'란 고정적인 활동의 장의 구분이기보다는 이슈별로 형성되는 부분의 집합, 고정적 계층적인 질서이기 보다는 수평적인 유동성이 상당히 강한 사회관계의 집합으로서 정의할 수 있는 경우를 말한다." 猪口孝『現代日本政治経済の構図』(東洋経済新報社, 1983) 참조.

28) 나카무라는 일본정치의 분석에 있어서 자민당을 중심으로 하는 보수정치의 새로운 구조적 특색이야말로 문제시되어야만 할 과제라고 하면서 최근의 자민당 정치를 바라보고 있으면 「족」정치가 중요한 요건이 되어 있다고 하는 인식을 표명하고 분산형 다원론을 제창하고 있다. 中邨章 「自由民主党の四つの顔」中邨章·竹下譲(編) 『日本の政策過程－自民党·野党·官僚－』(梓出版社, 1984), pp.3～63 참조.

29) 사토와 마츠자키는 "일본에서는 각 성청부국과 자민당의 정조부회·족의원 그리고 관계이익단체가 밀접하게 장기안정적인 공생관계를 구축하고 있어 표준적인 미국형 다원주의모델이 상정하는 것보다 훨씬 비경쟁적·협조적이고 또한 관청의 역할이 크다"라고 하는 인식에서 「자민=관청 혼합체에 틀 지워지고 간막이된 다원주의」를 제안하고 있다. 佐藤誠三郎·松崎哲久『自民党政權』(中央公論社, 1986) 참조.

실행하며, 그 결과를 평가하는데 있어서 독점적이진 않지만, 중심적인 역할을 수행하고 있다. 관료적 기능의 장기적 중요성은 확실히 진실이다. 즉 장기에 걸쳐 목표와 방법을 유지하고 연속성을 보전시키는 것은 정책결정의 실행자・관리자의 일이며 자민당의 장기지배에도 불구하고 정치리더의 직무는 아니다"[30] 라고 말할 수 있는 것이다.

또 이상과 같은 다원주의론에서 파생한 논쟁으로, 일본정치 분석의 패러다임 혹은 정책과정분석의 시좌를 둘러싼 논쟁, 즉 「정(관)고당저(政(官)高党低)」나 「당고정(관)저」에 관한 논의가 있다. 단 어느 정치 액터가 상대적으로 강한 힘을 가지고 있느냐하는 이런 논의는 한 측면이나 대략의 전체상에 관해서는 설명이 가능해도 어느 쪽이 우위냐 주도적이냐를 단순히 특정화할 수는 없다. 나카노 미노루(中野實)는 그 이유로서 "첫째, 애당초 무엇을 가지고 우위 혹은 주도적이라고 할 것이냐 하는 것이 문제가 되지 않을 수 없기 때문이다. 둘째, 설령 국가의 기본정책이나 중요한 예산결정과정의 입안단계에 자민당의 개입정도가 큰 것을 가지고 '당고정(관)저' 혹은 당주도라 본다고 해도, 그 내실은 관료의 통제 방법의 변화나 새로운 역할분담일 가능성이 남아 있다. 또 셋째, 어느 쪽이 주도적이냐 우위냐의 판단에 양자 각각의 주관적 평가의 차이를 더한다면, 그 객관적 판단은 한층 곤란해질 것이다"[31]라고 하는 세 가지를 들고 있다. 결국 행정개혁의 정치과정을 분석할 때 중요한 것은 '당고관저' 라든가 '당고정저' 라는 시각도 실제로는 "이익유도를 둘러싼 이른바 '당관유착(党官癒着)'이 기본에 있다는 것을 고려하지 않으면 안 된다"[32] 라는 시점이 아닌가 생각된다.

---

30) Alan Rix, "Bureaucracy and Political Change in Japan", in J. A. A. Stockwin(ed.), Dynamic and Immobilist Politics in Japan(Macmillan Press, 1988), p.72.

31) 中野實 『現代日本の政策過程』(東京大學出版會, 1992), p.76.

32) 五十嵐曉郎 「田中角榮の遺産・自民党型政治機構」 『中央公論』(1986. 10), p.185.

나아가 다원주의론에 따르면 행정개혁의 정치과정을 무수한 액터가 엮어내는 상호조정의 과정으로 볼 수도 있겠지만, 그러한 관점만으로는 "유사한 정책과제가 일본과 영미 간에는 상당히 다른 정책대응과 정치적 귀결을 가져온 것, 그리고 그 배경에 각국의 정치경제제도상의 상이가 존재한다는 것, 즉 일본의 경제사회개혁의 내용적 특질과 정치적 귀결의 독자성을 파악할 수 없다는 결함이 있다. 또 정치경제에 착목하는 경우도 같은 난점에서 왜 노사협조와 복지'삭감'이 대항동인을 야기 시키지 않았는가를 충분히 설명할 수 없다"33) 라는 지적대로, 행정개혁의 정치과정을 규정하는 일본의 정치과정의 구조를 간과할 우려가 있다.

이러한 지적에 입각하여 생각한다면, 행정개혁의 정치과정에 있어서 관료제의 「능동적 저항」이 가능했던 한 가지 이유는 관료제가 자민당과 장기적인 융합관계를 갖고 있었다는 것, 행정개혁과 관련된 일련의 개혁법안이 관료제와 밀접한 이익네트워크를 형성하고 있는 기존의 정책결정자에 의해 행해졌다는 것에 있다고 할 수 있다. 그 결과 "제2임조의 개혁은 당사자의 의욕과는 달리 기존의 정치의 틀을 바꾸는 것이 아니라, 그것을 전제로 해서 몇 가지 개혁을 성공시키는 데 머물러 일본의정부, 정치를 개혁하여 시대의 변화에 맞춘다는 점에서는 실패한"34) 것이었다. 또 이와 같은 정치구조였기 때문에 "자기의 이익을 입법화하거나 예산안에 계상(計上)함으로서 촉진한다는 종래의 방법보다도, 자기의 이익을 손상시키는 입법을 어떻게 저지하느냐 …… 말하자면 방위전략이 일반화된 것에 특징이 있다"35)고 말해지는 80년대 행정개혁의 정치과정에

33) 樋渡展洋 「『五五年』政党制変容の政官關係」日本政治學會編 『年報政治學一九九五・現代日本政官關係の形成過程』(岩波書店, 1995), p.104.

34) 飯尾潤『民營化の政治過程』, p.294.

35) 曾根泰教 「日本の政策形成論の変化」中野實編 『日本型政策決定の変容』(東洋経済新

있어서 관료제는 자기의 조직·권한 등을 방어하기 위한「능동적 저항」이 가능했던 것이다.

2. 관료제가 갖고 있는 조직적 리소스

행정개혁의 정치과정에 있어서 관료제의 영향력 발휘를 가능하게 한 하나의 요인으로서 정보 또는 정책지식을 들 수가 있다. 이러한 정보와 정책지식의 중요성에 대해서 오타케 히데오(大嶽秀夫)는 결함차 문제[36], 미일섬유교섭[37]을 분석한 후 "현대 일본의 정치과정에 있어서의 영향력관계를 리소스 면에서 분석한 경우, 가장 현저한 특징으로서 전문지식 및 정보가 갖는 중요성을 지적할 수 있다. …… 이러한 리소스에의 접근 없이는 유효한 영향력을 행사할 수 없으며, 역으로 이 리소스를 독점함으로서 외부로부터의 영향에 대해서 저항력을 행사할 수 있다고 하는 사정이 명료하게 관찰된다"[38]라는 결론을 도출해내고 있는데, 이러한 측면은 행정개혁의 정치과정에 있어서도 관찰된다고 말할 수

報社, 1988), p.303.

36) 결함차문제라고 하는 것은 일본의 주요한 자동차회사가 생산공정상의 불비에 의해 사고를 일으킬 수 있는 결함을 가진 차를 생산하고, 게다가 이것이 발견된 경우 은밀하게 회수·수리하는 형태의 처리를 한 결과 결함을 가진 채 달리고 있는 차가 다수 존재한다고 하는 사실이 신문의 캠페인에 의해 적발되어 커다란 사회문제로 발전한 사건이다.

37) 미일섬유교섭이란 미일 간에 무역마찰을 일으킨 일본의 대미섬유수출에 대한 교섭과정을 말한다. 1960년대 일본의 주요산업은 섬유였으며 국제경쟁력을 가지고 있었기 때문에 대미수출의 주요품목이었다. 미일섬유교섭은 미국의 섬유산업에 일본산 섬유가 타격을 입히고 있다는 여론이 조성되고 닉슨 미대통령이 선거공약으로 이 문제를 내걸면서 표면화되었다. 70년대에 들어와 미국은 수입제한을 수단으로 하여 정부간 협정의 구체화를 요구하였으며, 그 대가로서 오키나와 반환을 제시, 복잡한 정치문제로 발전했다. 일본의 섬유업계는 협정에 반대하였지만, 결국 협정이 조인되어 당시 일본의 기간산업이었던 섬유의 대미수출이 격감하는 결과를 가져왔다.

38) 大嶽秀夫『增補新版·現代日本の政治權力経濟權力』(三一書房, 1996), p.199.

있다.

일반적으로 심의회의 운영에 관료 측이 강한 주도력을 발휘할 수 있는 것은 "실제의 심의회 운영 시, 자문되어진 분야를 조사심의하기 위한 수단, 정보, 자료의 작성, 사전교섭, 답신의 기초 등 대개 심의회가 주체가 되어 정책을 입안하기 위해 필요한 자원의 대부분을 관료 측에 의존하지 않으면 작업을 진행할 수 없는 현실"[39]에 기인한다고 말해지고 있다. 그러나 통상의 심의회보다 높은 「권위」를 갖고 있던 제2임조에 있어서도 관료제의 조직적 리소스로서의 정보·전문지식이 그들의 「능동적 저항」을 가능하게 했다고 말할 수 있다. 예를 들면 제2임조의 위원이었던 엔조지 지로(圓城寺次郎)는 심의과정을 회고하여 "뭐니뭐니해도 관료는 정보를 가지고 있으며 관료출신자도 정보를 가지고 있기 때문에 그것이 그들의 힘이라는 것은 사실이라고 생각한다. 따라서 만약 관료 없이 위원만으로 개혁안을 만들라고 해도 그것은 무리다. 정보제공자로서의 관료의 역할이 대단히 컸었다"[40]고 관료의 영향력을 증언하고 있는 것이다.

그러나 관료 측이 정보나 전문지식·정책지식을 소유하고 있는 것만으로 관료제의 영향력이 보장되는 것은 아니다. 그 정보나 전문지식을 자민당이나 이익단체와 공유함으로서 관료제의 영향력이 유효성을 갖게 되는 것이다. 행정개혁의 정치과정에 있어서 관료제의 저항을 가능하게 했던 또 하나의 이유로 관료제가 자민당과 장기적인 융합관계를 가지고 있었다는 것과 행정개혁과 관련된 일련의 개혁법안이 관료제와 밀접한 이익 네트워크를 형성하고 있는 기존의 정책결정자에 의해 이루어졌다는 점을 드는 이유이다. 이와 관련하여 카토 쥰코

39) 前田和敬「官僚機構の政策形成と審議會をめぐる諸問題」『NIRA政策研究』9・8(1996. 8), p.34.

40) 「全体座談會・國民のための, 國民による行政改革を目指して」 臨時行政調査會OB會(編)『臨調と行革・2年間の記錄』(文眞舍, 1983), pp.97～98.

(加藤淳子)는 첫째, 정책에 관한 현상인식이나 정책선택을 결정하는 전문지식의 체계로 정의되는 정책지식은 독점하는 것에 의해서가 아니고 타자와 공유함으로서 정치적 영향력과 결부된다. 둘째, 이러한 정책지식과 정치적 영향력과의 관계에 기초하여 정당정치가와 관료의 상대적 영향력도 어느 쪽이 정책지식을 이용하여 정책에의 영향력을 키워 가는가에 달려있다. 마지막으로 관료이외의 정책전문가집단에 있어서도 정당정치가와 어떻게 하여 정책지식을 공유할 것인가가 관료에 대항하여 정책에의 영향력을 행사할 수 있는가의 여부를 결정할 것이라고 하면서, 관료의 영향력은 여당 내 유력의원과의 연계에 의존하고 있으며 관료에 의한 이러한 행동이 정책결정에 있어서 결실을 맺을 것인가는 여당내의 정치적 다이나미즘에 달려있다고 주장하고 있다.[41] 관료제와 정치권의 융합관계가 관료제의 영향력 행사의 전제조건이라는 것을 지적하고 있는 것이다. 또한 무라마츠 미치오(村松岐夫)도 자민당정권이 붕괴한 후의 연립정권 하에 있어서의 정치・행정・압력단체를 분석하고, 정치권력의 불안정성 때문에 관료제의 자율성은 확대되지만, 정책출력량 혹은 활동량은 감소할 것이라고 가정하여 관료제의 영향력이 유효성을 갖기 위해서는 정당이나 이익단체와의 안정적인 관계가 필요하다는 것을 시사하고 있다.[42]

이러한 논의에 입각하여 행정개혁의 정치과정을 관찰해 보면, 관료제가 갖고 있는 정보 또는 전문지식・정책지식이 저항의 리소스가 될 수 있었던 것은 일당우위정당시스템 하에 있어서 관료제가 자민당과의 안정적인 융합관계를 유지하고 있었다는 것, 나아가 관련 이익단체와 밀접한 이익네트워크를 형성하고 있었기 때문이라고 생각할 수 있다.

---

41) 加藤淳子「政策知識と政官關係」日本政治學會(編)『年報政治學1995・現代日本政官關係の形成過程』(岩波書店, 1995), p.134 참조

42) 村松岐夫「壓力団体の政治活動」『レヴァイアサン』臨時增刊(1998. 1), p.17 참조

제3절 관료제의 「능동적저항」

1. 관료제에 의한 자주적 재정재건

「60년체제」변용기의 행정개혁의 직접적인 계기가 된 「재정위기」를 극복하기 위해 설치된 제2임조에서는 1981년 4월 30일, 위원을 도와 구체적인 대책 만들기를 진행하는 전문위원의 첫 회합이 열려, 7월의 제1차 답신을 위한 실무레벨의 본격적인 심의가 시작됐다. 이 회합에서는 보조금을 중심으로 한 세출삭감에 대해, 재정규모가 큰 것을 골라 정책을 발본적으로 재고하는 것을 중심으로 심의를 진행해가기로 정하고, 정부내부 등 일부에 있는 「일률삭감」방법은 채택하지 않기로 확인했다.[43] 그러나 노구치 유키오(野口悠紀雄)가 "세출의 삭감은 특정 이익단체가 현재 향유하고 있는 기득권익을 침해할 것이다. 따라서 그것이 정치적으로 상당히 곤란한 것도 사실일 것이다. 그러나 문제는 바로 거기에 있는 것이다"[44]라고 지적하였듯이 정치가·이익집단·관료제간에 뿌리깊은 이익네트워크가 재정배분과 얽혀 형성되어 있기 때문에 그 삭감이 단순한 문제는 아니었다.

공공사업을 예로 들어보자. 공공사업은 중앙정부의 직할사업이라기보다 오히려 보조사업으로 실시되고 있기 때문에 어디서 어떤 사업을 행하느냐는 사업관청의 재량사항이다. 이 재량사항을 둘러싸고 정치가는 관료에게 압력을 가하면서 다른 한편에서는 토건업계로부터 정치자금을, 선거구로부터는 표를 얻어내는 행동에 나서게 된다. 사업관청 입장에서 보면 공공사업 예산의 유지는 조직을 유지하는 가장 중요한 리소스이며, 한편 정치가는 위와 같은 이익을 확실히 챙길 수가 있고, 또 토건업계로서도 사업의 확보가 가능하기 때문에 삼자간의

---

43) 「朝日新聞」 1981년 5월 1일자 참조

44) 野口悠紀雄 『財政危機の構造』(有斐閣, 1980), p.57.

이익네트워크가 공공사업 예산을 통해 형성되어 있는 것이다.[45]

원래 재정재건이라는 것은 단순히 예산편성상의 재정 기술적인 문제가 아니라 현재의 지출구조를 개혁해 가는 것이라고 할 수 있다. 그러나 그것이 전술한 바와 같이 정치나 행정의 근간에 관계되는 광범위하면서도 뿌리 깊은 문제인 만큼, 제2임조는 성청간의 「공평한」삭감의 원리인 「일률삭감」을 재정재건의 정책수단으로 채택하지 않을 수 없었다. 이 일률삭감은 각 성청의 자주적인 판단에 맡겨지게 되었다. 일률삭감이 선택된 이유는 이것이 "다종다양한 행정사업의 가치를 통일적으로 평가할 기준이 없어 모든 성청을 납득시킬 수 있는 기준의 제시가 곤란하므로 어떤 의미에서는 모두가 삭감되면 어쩔 수 없다는 형태로 각 성청을 납득시킬 수 있는 조건"[46]이 되었기 때문이다. 재정재건의 수단으로 채택된 성청간의 공평한 삭감의 원리인 일률삭감 방식은 제로실링 또는 마이너스실링이라는 형태로 행해졌다. 그 결과 공공사업의 공개부활재원에 관해 말하면, 그 배분은 도로, 치산・치수, 기반, 항만, 하수의 족의원간에 「5족공화」란 이름 하에 전년도의 배분점유율이 거의 변화하지 않도록 배려되었다.[47] 그리고 「그림4-1」과 「그림4-2」가 나타내듯이 제2임조 이전인 1980년도부

---

45) 新藤宗幸『眞の行政改革とは何か』(岩波書店, 1997), p.8 참조.

46) 加藤一明「行政改革－臨調に參畫して－」日本行政學會編『年報行政硏究一九・「臨調」と行政改革』(ぎょうせい, 1985), p.88. 대장성의 예산담당자(長岡實)도 "일본인의 국민성이라고 말해 좋을지도 모르겠습니다만, '같이 건너면 무섭지 않다'의 반대로 '모두가 참는다고 한다면 어쩔수 없다'는 것이 된다. 그러나 개별적으로 어떤 예산을 문제시삼아 억제하려고 하면 '왜 나만 당하느냐'고 맹렬한 저항이 발생합니다"고 말하고 있다. 安藤博編『責任と限界—赤字財政の軌跡』下(金融財政事情硏究會, 1987), 168. 무라마츠 미치오(村松岐夫)도 "제2임조를 통해서 일반적 재정억제책이 강구되었는데 그중 하나가 공무원급여의 동결과 각성의 일괄삭감이라는 방법이다. 특정의 행정제도를 '악인'으로 만들지 않고 전성청에게 불이익을 강요한 것은 위기를 공유시키키는 것에 효과가 있었다"고 한다. 村松岐夫 「八〇年代國家の行政構造」西尾勝・村松岐夫編 『講座行政學第一卷・行政の發展』(有斐閣, 1994), p.101.

터 나카소네 수상 마지막 재임 년도인 87년도까지 각 공공사업 분야의 예산배분, 또는 일반공공사업비의 소관별 구성은 거의 재고되지 않은 채 추이하고 있는 것이다.

[그림 4-1] 공공사업비의 배분점유율의 추이

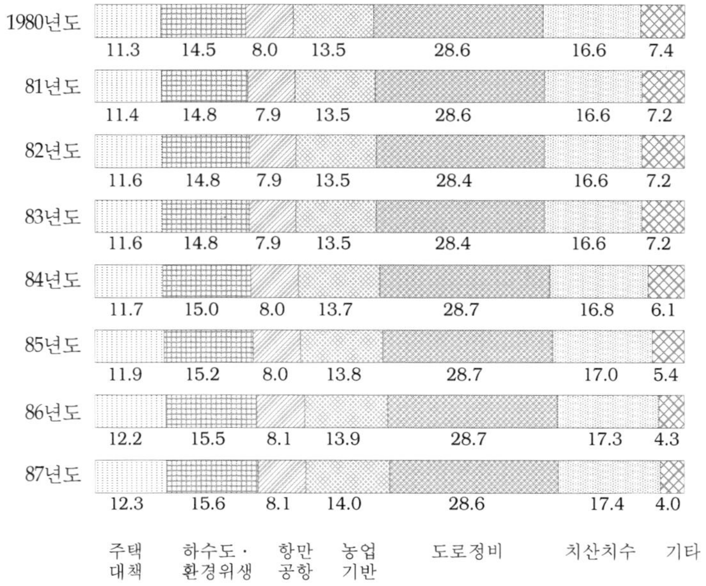

출처) 『図説日本の財政』을 참고로 저자가 작성한 것.

47) 柳澤伯夫『財政赤字の一〇年と四人の總理たち』(日本生産性本部, 1985), pp.176~77.

[그림 4-2] 일반공공사업비와 소관별 구성

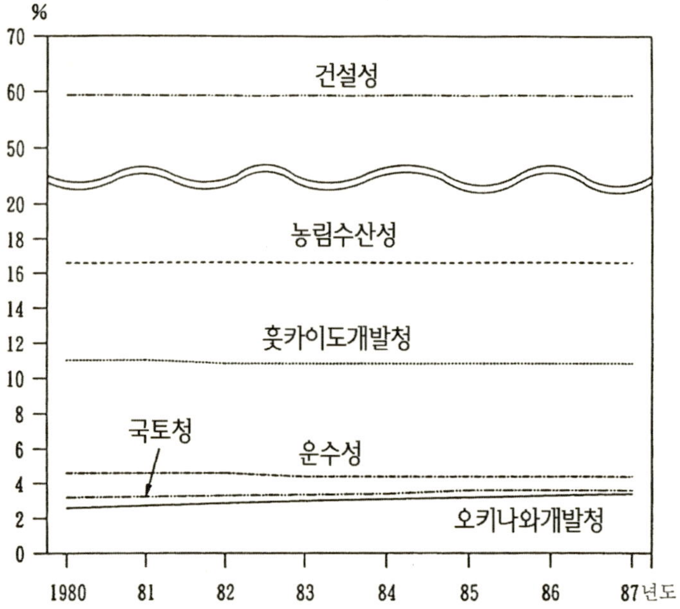

출처) 宮島洋『財政再建の研究』(有斐閣, 1989), p.175.

하지만 재정재건이란 재정적자가 해소되면 그것으로 완료되는 그런 단순한 것이 아니다. 재정적자는 어디까지나 재정시스템의 문제점을 표면화시키는 하나의 지표에 지나지 않으며 재정시스템 자체를 근본적으로 개혁하는 일이 재정재건의 진정한 목적인 것이다.[48] 마부치 마사루(眞淵勝)는 선진제국에 있어서의

48) 井堀利宏『日本の財政改革』(筑摩書房, 1997), p.15. 제2임조 제4부회장을 맡고 있던 카토 히로시(加藤寛)도 "행정개혁은 재정을 삭감하는 것에 목적이 있는 것은 아닙니다. '증세 없는 재정재건'은 행정개혁의 한 측면의 결과로서 할 수 있다면 바람직하다고 하는 것에 불과합니다. 행정개혁은 국민의 활력을 어떻게 하여 발휘시킬 것인가에 목적이 있으며, 공적부문이 민간부문을 압박하는 것 같은 혹은 발목을 잡는 상태를 잘라 버리는 것입니다.……그러한 의미에서 재정적자는 행정개혁을 결의시키는 참 좋은 계기이긴 했지만, 그

재정위기를 초래한 원인, 메커니즘이 일본에서 가장 강하게 작용한 이유를 재정과 금융을 융합하는 제도, 즉 대장성이 재정과 금융이라는 두 권한을 함께 갖고 있는 구조에서 찾고 있다.49) 그에 따르면, 재정적자를 해결하기 위해서는 대장성의 구조개혁이 필요하다는 것이다. 그러나 제2임조는 물론 자민당에게도 대장성을 개혁하겠다는 발상은 없었다. 자민당 간부와 대장성 사이에, 자민당은 대장성에 대해 주계국이관론(主計局移管論)을 거론하지 않겠다고 약속하고 그 대신에 대장성의 협력을 얻는 「밀약」이 교환되었다고 말해지고 있다. 그 진위를 확인할 수는 없으나, 2년에 걸친 제2임조의 논의 속에서 대장성개혁이 심의의 대상이 되지 않은 것은 확실하다. 제2임조에 의한 행정개혁의 포인트의 하나는 대장성이 개혁의 대상이 되지 않았다는 것에 있는 것이다.50)

이와 같이 재정구조의 개혁을 동반하지 않는, 각 성청의 자주적인 판단에 맡겨진 일률삭감 방식은 첫째, 관료 측이 갖는 신조 즉 관료가 각각의 행정에 대해서는 가장 잘 알고 있으며 행정목적의 달성에 가장 공헌하고 있다는 신조를 만족시키는 것이었다. 둘째, 다른 성청도 일률적으로 삭감한다면 어쩔 수 없다는 감정에 호소하는 것이었다.51) 스즈키 수상도 "성청은 자기 성청의 문제가 되면 몸을 던져 사수하려고 하지만, 모든 성청이 동일하게라고 하면 납득하는 법이요"52)라고 말해, 이 방식을 의도적으로 채용한 것을 시사하고 있다. 셋째, 이 방식은 자민당의 일당우위 지위를 구축하는 요인이 된 하나의 전략, 즉 가

재정적자의 시정을 목표로 한 것에서부터 행정개혁의 혼란이 일어났던 것입니다"라고 제2임조에게 있어서의 '증세 없는 재정재건'이라고 하는 슬로건이 갖고 있던 의미를 설명하고 있다. 加藤寛『行革は日本を変える』(春秋社, 1982), p.62.

49) 眞渕勝『大藏省統制の政治経濟學』(中央公論社, 1994) 참조.

50) 眞渕勝『大藏省はなぜ追いつめられたのか』(中央公論社, 1997), p.96 참조.

51) 加藤一明, 전게논문, p.88 참조.

52) 宇治敏彦『鈴木政權・八六三日』(行政問題研究所, 1983), p.218.

능한 한 관료제를 통해 일을 진행하려고 하는 전략에도 합치한 것이었다.[53] 요컨대 「일률삭감」이라는 수단을 취한 80년대의 세출억제는 재정구조개혁이나 예산을 통한 정책조정이라는 구조적인 측면의 희생이라는 큰 대가에 의해 달성된 면이 크다고 말하지 않을 수 없다.

2. 관료제에 의한 자주적 조직개편

재정재건을 위한 정책수단으로 채용된 「일률삭감」방식과 함께 행정개혁의 과제였던 성청조직의 정리·합리화도 관료제의 자주개혁에 위임되었다. 관료제에 의한 자주적인 성청조직의 정리·합리화를 검토하기 전에 우선 82년 7월에 제출된 「행정개혁에 관한 제3차 답신(기본답신)」에 이르기까지의 성청조직 재편성에 관한 논의를 살펴보자. 관료제는 이 성청조직 재편성에 강하게 저항했다고 말해진다. 왜냐하면 논의과정 속에서 종합조정기능을 강화하기 위해 경제기획청과 국토청 등을 통합한 「종합기획청」구상이 제안되었기 때문이다. 애당초 이 구상도 1부12성 체제레벨에서의 종합기획기능의 강화라는 과제의 크기에서 볼 때, 극히 미미하고 부분적인 의의밖에 갖고 있지 않았다. 그럼에도 불구하고 이 안도 각 성청 OB의 반대로 빛을 보지 못하고 국토청·홋카이도개발청·오키나와개발청의 3청 통합안이 대신 만들어진 것이다.[54] 이 3청 통합안의 의미를 칸바라 마사루(神原勝)는 "종합기획청구상이 무너졌을 때 부회가 가장 두려워한 것은 기획조종기능 강화에 관한 제안이 제로로 돌아가는 일이었다. 그런

53) 村松岐夫, エリス・クラウス「保守本流と戰後日本におけるパターン化された多元主義の發展」國際文化會館編『現代日本の政治経済第一巻－國內情勢の展開－』(總合研究開發機構, 1987), p.615 참조

54) 山口二郎「行政改革のなかの省廳組織再編論」『賃金と社會保障』1035号(1990. 6. 10), p.43 참조

의미에서 3청 통합은 실제의 필요성에 근거하여 제안되었다기보다는 부회보고의 모양을 갖출 필요에서 억지로 제안되었다고 보아야 할 것이다"[55]라고 설명하고 있다.

결국 성청조직재편 중 최종적으로 실현된 것은 저항이 적었던 청 레벨의 조직개혁에 지나지 않았다. 즉 행정개혁의 붐 속에서 세력을 키워온 행정관리청이 총리부 본부인사국과 인사원의 일부 사무를 흡수하는 형태로 이루어진 총무청의 설치였다. 물론 총무청의 설치를 전후 최초의 중앙성청의 재편성이라고 할 수는 있다.[56] 그러나 종합기획이라는 개혁목적과는 너무나 거리가 있는 것이었다. 사토 세자부로(佐藤誠三郎)는 그렇게 된 이유를 "실행가능성을 무시하고 말하면 더 대규모의 철저한 중앙성청의 재편 즉 1부12성 체제 그 자체에 손을 대는 것이 바람직했다. 하려고만 하면 필요 없는 곳은 많이 있다고 지금도 생각합니다. 다만 실제의 제약조건을 생각하면 중앙성청에 관해서는 우선순위를 '변화에의 대응'에 둘 수밖에 없었던 것이 아닌가 생각합니다. 나는 그렇게 생각하고 '간소화'에 대해서는 일찍 포기해버렸습니다. 종래의 경위를 무시하고 이상적인 체제를 생각해도 좋다면 성청을 두개나 세 개 정도 줄이는 안은 얼마든지 만들 수가 있습니다."[57]라고 실행가능성이라는 것을 가지고 설명하고 있다. 실행가능성이 있는 답신 그것은 관료제를 염두에 두고 한 발언이라고 할 것이다. "전문적 능력을 전제로 한다면 …… 실행 가능한 정책안을 만들어내는

---

55) 神原勝, 전게서, p.283 참조

56) 마스지마 토시유키(增島俊之)는 "성청재편에서는 무엇보다도 행정관리청과 총리부의 통합이었습니다. 1984년 7월에 총무청이 발족했는데 전후 처음으로 중앙성청의 재편성을 했다는 것입니다"라고 총무청의 설치를 높게 평가하고 있다. 增島俊之『行政改革の視点』(良書普及會, 1996), p.81.

57) 「第二部會關係座談會・次代を担う總合的・効率的な行政システムづくり」臨時行政調査會OB會編『臨調と行革・二年間の記錄』, p.141.

것은 관료제의 역할이 되기"[58] 때문이다.

이 관료의 저항이 적은 실행 가능한 개혁안의 예가「간소화」가 아니라「변화에의 대응」에 중점을 둔 각 성청에 의한 자주적인 조직개혁안이었다. 제2임조는 구체적인 성청개혁안을 만들 데이터도 시간적 여유도 없었기 때문에 1982년 7월 30일에 제출된 기본답신에서 각 성청에 대해 9월말까지 자주적인 개혁안을 제출하도록 요청하지 않을 수 없었다.[59] 그 시점에서 각 성청의 저항이 강한 발본적 개혁안을 답신하는 일은 어느 정도 포기했다고 볼 수 있을 것이다. 자주개혁안이 제2임조의 답신에 어떻게 반영되었는지 몇 가지 예를 들어 검토해 보자. 각 성청의 재편·합리화를 검토하고 있던 제2임조 제2부회의 작업그룹은 운수성에서 제출한 정리·재편 합리화안을 참고로 하면서, 1982년 11월 12일의 부회회합에서 운수성개혁에 대한 부회보고초안이 될 작업그룹안을 제출했다. 그런데 그 내용은 동성의 해운, 철도감독, 자동차, 선원(船員)의 4국을 폐지하고 운수정책, 국제운수·관광, 지역교통, 화물유통의 4국을 새로 설치한다는 것으로 운수성이 10월 상순에 임조에 제출한 자주개혁안을 거의 답습한 형태였다.[60] 건설성에 관한 것을 보면, 관방의 정책조정부문과 계획국을 통합하여「건설조정국」으로 바꾸어 사업조정부문, 건설산업부문, 주택부동산부문을 통괄한다는 안이었다. 하지만 건설성에 관한 개혁안도 작업그룹과 건설성이 수차례의 의견조정을 거쳐 만들어낸 것이었다.[61] 물론 임조 안에서도 각 성청에 의

58) 山口二郎「現代日本の政官關係」日本政治學會編『年報政治學一九九五·現代日本政官關係の形成過程』(岩波書店, 1995), p.152.

59) 자주적인 개혁안의 기준 등 구체적인 내용에 관해서는,「行政改革に關する第三次答申－基本答申－」臨調·行革審OB會監修『日本を変えた一〇年－臨調と行革審－』(行政管理研究センター, 1991), pp.252~254 참조.

60)「朝日新聞」1982년 11월 13일자 참조.

61)「朝日新聞」1982년 11월 20일자 참조.

한 자주적인 조직정리·합리화안에 대한 이론이 없었던 것은 아니었다. 우시오 지로(牛尾次朗) 제2부회장의 회고에 의하면, "각 성청의 자주재편안을 그대로 받아들일 게 아니라 1성 1국 삭감을 포함시켜야 한다"는 의견이 일부 멤버로부터 나왔지만, ① 각 성청이 맹렬히 반대하고, ② 행정개혁 담당성청인 행정관리청 간부도 "1성 1국 삭감을 무리하게 포함시키면 재편 그 자체도 실현할 수 없게 된다"고 반대함으로서 철회되었다고 한다.[62] 그 결과, 최종답신에서 제안된 중앙성청의 재편합리화 내용은 관료제에 있어서 실행 가능한 것이 됨과 동시에 각 성청의 자주적 개혁안과 거의 다르지 않는 내용이 되어버렸던 것이다.

이상과 같이 「60년체제」의 변용기에 행해진 행정개혁에 있어서 「재정위기」를 극복하기 위해 채택된 세출의 일률삭감 방식과 1부 12성 체제를 전제로 한 성청조직 재편은 실질적으로는 관료제의 자주적인 개혁에 위임되어, 발본적인 재정지출의 구조개혁이나 성청재편에는 이르지 못했다. 거기에는 시간적 제약과 정보의 제약이라는 제2임조의 한계가 관계하고 있다고 할 수 있다. 그러나 그 이상으로 재정의 지출구조개혁과 성청조직의 개혁이 관료제의 근간에 메스를 가하는 일이었기 때문에 관료제의 능동적 저항에 부딪힌 결과라고 말하지 않을 수 없다.

3. 민영화·민활정책·규제완화의 진행과 「재규제」

우선 민영화에 관하여 고찰한다. 제2임조의 가장 눈부신 성과로 여겨지는 것이 공기업의 민영화이다. 제2임조가 의도한 「민간활력」의 도입과 그를 위한 규제완화는 국민의 지지를 얻기 쉬운, 전전(電電)·국철·전매의 3공사를 위시한 공기업의 「민영화」로 대상을 한정하여 착수되었다. 이 문제가 클로즈업된 배경

62) 「朝日新聞」1982년 12월 22일자 참조.

에는 기존의 이해관계가 상충하는 세출삭감이 자민당 및 관료의 반대에 부딪혔기 때문에 개혁의 대상을 한정할 수밖에 없다는 생각이 작용하고 있었다. 더구나 국철문제는 한 기업의 경영문제이며, 제2임조가 「권위」의 근간으로 하고 있는 민간액터 우월론이 가장 유효하게 그 힘을 발휘할 수 있는 대상이었다.[63] 나아가 국철개혁은 무엇보다도 임조의 행정개혁노선을 국민의식에 정착시킬 수 있는 최대의 재료였으며, 행정개혁론을 민활·규제완화에로 선회시키기 위한 절호의 그리고 불가결한 표적이었던 것이다.[64]

공사민영화 중에서 국철개혁보다도, 제2임조가 답신에 제시한 개혁으로서 가장 성공했다는 평가를 받고 있는 것이 전전공사(電電公社)의 민영화였으며, 그에 수반하는 전기전신시장의 형성이었다. 그러나 그 내실을 보면 전전공사의 민영화에 의해 역으로 우정성(郵政省)의 인허가 권한이 80년대에 43건 정도 증가를 보이고 있다.[65] 그렇게 된 이유는 민영화 이전에 전전공사와 국회가 가지고 있었던 권한이 민영화 이후 우정성으로 이관되었기 때문이다. 규제권한은 세 개의 기본적인 방법으로 이관되었다. 즉 예산이나 인사권은 국회에서 우정성의 감독 하에 NTT로 이양되었고, 가격설정이나 서비스조건에 관한 책임은 국회에서 우정성으로, 기술적인 규제에 관한 책임은 전전공사에서 우정성으로 이관되었다. 우정관료는 자민당의 규제완화 움직임을 규제의 확대로 전환시켜 버린 셈인데, 자민당은 그것을 제지하려고 하지 않았다.[66] 그 결과 전전공사에

---

63) 佐々木毅「構造的再編成の政治過程」東京大學社會科學研究所編『現代日本社會第五卷·構造』(東京大學出版會, 1992), pp.384~365 참조.

64) 伊藤正直「円高·經濟摩擦のなかで」歷史學硏究會編『日本同時代史五·轉換期の世界と日本』(青木書店, 1991), p.190.

65) 新藤宗幸『眞の行政改革とは何か』(岩波書店, 1997), p.23 참조.

66) Steven K. Vogel, *The Transformation of The Japanese Ecomomy : The Political Battle over Deregulation*(Cornell Univ. Press, 1996). 岡部曜子譯『規制大國日本のジレンマ』(東洋經濟新

대해 최소한의 감독권한밖에 행사할 수 없었던 "공사시대의 우정성과 전전공사의 관계에 비교하면 전자 쪽으로 힘이 이행한 것은 확실"[67]하며, "공사의 민영화는 정부규제를 공사시대에 비교해서 크게 강화시키게"[68] 된 것이다.

요컨대 우정성의 경우 그 힘이 증대한다는 인식에 근거하여 민영화 · 규제완화를 강하게 추진한 것이며 그 결과 일본의 전기통신개혁에는 재규제(규제의 확대), 더구나 우연이 아닌 의도적인 재규제 케이스가 창출되었다고 할 수 있다.[69]

다음으로 제2임조의 「증세 없는 재정재건」이라는 기본방침 하에 스스로의 예산을 늘리는 일 없이, 신규사업을 실현할 수 있는 매력적인 틀이었던 「민활」 정책을 검토한다. 이것은 나카소네 수상의 의도 즉 재정재건을 수행하면서 동시에 공공사업량도 확보하여 이익배분정책을 지속적으로 추구한다는 의도에 의한 것이었다. 나카소네 수상은 스스로 「국유지등유효활용추진본부」의 본부장에 취임하여 각성의 출신자를 지휘, 도시재개발 추진을 담당함과 동시에 1984년 7월 1일에는 나카니시 이치로(中西一郎) 특명대신에게 민간활력의 활용을 특명(特命)했다. 이처럼 나카소네 수상이 규제완화와 민간활력 도입에 대해 의욕을 보인 것은 자민당의원들의 관심이 높은 민활정책을 가지고 총재선거에서 주도권을 장악함과 동시에 재선 후 정권의 중 · 장기 비전의 중심에 민활정책을 두고자 하는 의도가 있었기 때문이라고 한다[70]

이 나카소네 수상의 민활노선에 가장 신속하게 반응을 보인 것이 건설성이었

報社, 1997), pp.72~73 참조

67) 村松岐夫「通信行政と産業政策」日本行政學會編『年報行政硏究二四・國際化時代の行政』(ぎょうせい, 1990), p.70.

68) 伊藤光晴「國鐵・電々改革とは何だったのか」『世界』(1989. 5), p.133.

69) 村松岐夫「民營化・規制緩和と再規制の構造－電氣通信政策の変化－」『レヴァイアサン』2号(1988. 4), pp.119~135 참조.

70) 大嶽秀夫『自由主義的改革の時代』(中央公論社, 1994), pp.199~200 참조

다. 그 배경에는 나카소네 수상의 민활정책에 자극받아 이 정책에 대응함으로서 종래의 공공사업의 발주주라는 현장관청에서 통산성 같은 경제관청으로, 즉 정책관청으로의 탈피를 도모하려는 의도가 있었으며[71], 또한 건설성이 토지관계의 규제완화를 준비하고 있었다는 사정도 있었다. 구체적으로 보면 1982년 9월에는 도도부현(都道府縣)에 대해 시가지화조정구역의 구획재고를 지시하고, 83년 2월 초에는 녹화와 토지의 고도이용을 위한 용적률의 완화책을 결정하였으며, 2월 말에는「민간재개발의 추진방책에 관한 연구실」을 발족시켰다. 이와 같이 건설성에는 이미「민간활력의 강화」라는 테마에 따른 정책이 준비되어 있었기 때문에 나카소네 수상의 민활노선에 바로 응할 수 있었고 구체적인 정책이 나올 수 있었던 것이다.[72]

나카소네 수상의 정치적 의도는 차치하고라도 건설성의 입장에서 보면 규제완화를 동반하는 민활정책은 한 면에서는 개별적인 권한의 상실을 의미한다. 그러나 다른 한편 보다 포괄적인 유도권한과 보다 큰 사업을 개척한다는 측면이 있었음에 주의해야한다.[73] 즉 건설성의 입장에서 본 민활노선이란 민간자본의 참가 등을 계기로 사업화가 진행되어간 동경만횡단도로 등의 거대프로젝트의 진전에서 알 수 있듯이 재원부족 속에서 사업량을 확보하는 방책이었던 것이다. 또 규제완화의 영역에 있어서도 용적률의 완화나 재개발사업요건의 완화 등을 실시함으로서 본래 민간의 참가에 의해 행해지는 공공적인 사업을 촉진하고, 사업량의 증대를 도모하려는 의도가 작용하고 있었던 것이다.[74]

71) 상게서, p.201 참조.

72) 飯尾潤 「中曾根民活政策－理念・手法・利權－」近代日本研究會編 『年報近代日本研究一五・戰後日本の社會・経濟政策』(山川出版社, 1993), p.225 참조.

73) 北原鐵也「建設省における行政スタイルの変化」總務廳長官官房企畫課『社會経濟の変化と行政スタイルの変容に關する調査研究報告書』(1990. 10), p.157.

74) 北原鐵也, 전게논문, p.152.

끝으로 민활정책과 밀접한 관련이 있는 규제완화를 검토하겠다. 인허가권은 이것이 관료에게 무한한 지배권을 가져가 주기 때문에 관료제에 있어서는 중요한 리소스의 하나이다. 그러므로 행정개혁이 도마에 오를 때마다 반드시 문제가 되는 것이 이 인허가권이며, 또 관료 쪽도 사수하려고 하는 것이다. 그러나 관료제에 의한 규제를 설명할 때는 그 규제과정이 관료제에 의해 일방적으로 강요된 것으로서만이 아니라, 규제를 받는 이익집단, 또는 그 양쪽에 이해관계를 갖는 족의원을 포함한 정치 측으로부터도 영향을 받는다는 사실에 유의하여, 복수요인으로 설명해야 한다. 즉 규제를 받는 업계는 행정에 의한 과잉 규제, 개입에 관해서는 강한 거부반응을 나타내며, 신고·검사·감독·업무규제의 완화를 경영효율 면에서 요구하게 된다. 그러나 과잉규제라든가 개입을 전폐하여 업계의 자유경쟁에 맡기는 것에 대해서는 기존권익을 지킬 수 없게 된다, 새로운 기업의 참가에 의해 과당경쟁이 발생한다는 이유로 반대한다. 과잉개입이 동시에 과잉보호가 되고 있다는 면과 과잉개입이 규제목적을 위해 필요한 측면이 공존하고 있다는 것이다.[75] 여기에도 경제적 규제를 통한 이익네트워크가 형성되어 있는 것이다.

제2임조에서는 행정간소화를 위해 개별 인허가의 정리합리화에 중점을 두어 온 그 전까지의 행정개혁과는 달리 ① 경제협력개발기구(OECD)가 자유경쟁을 추진하기 위해 정부규제의 재검토를 각 국가에 요구하고 있다, ② 저성장경제로 바뀌어 민간기업의 활력을 조장할 필요가 증가되었다는 등의 이유를 들어 기업의 경제활동을 구속하는 사업규제의 완화를 표방했다.[76] 물론 거기에는 정부와 민간의 관계를 재정립하고자 하는 재계의 의사가 반영되어 있었다고 할 수 있다. 그리하여 제2임조는 인허가 사항을 면밀히 검토하여 253개 사항에 관해 개

75) 加藤一明, 전게논문, p.92.

76) 「朝日新聞」1984년 9월 3일자 참조

선하도록 답신했다. 그 성과를 기록하고 있는 것이 규제완화에 대한 심의를 진행 중이던 행혁심이 1984년 10월 23일에 제출한 의견서「임시행정조사회답신의 진행상황에 관하여」이다. 그 내용을 보면, 조치가 취해진 것은 데이터 통신의 원칙자유화, 차량검사의 간소화, 운전면허 갱신 수속의 간이화 등 177항목(전체의 70%)에 이르렀다.[77] 일단 성과를 올린 것으로 보인다. 그러나 총무청이 1992년 12월 2일 보고한 추진상황에 의하면, 인허가 사항을 삭감한 것은 조사대상 23성청 중 1성뿐이며, 현상을 유지한 성청이 8성청, 그 외의 성청에서는 인허가 사항이 역으로 증가하고 있었다.[78] 또「표4-1」[79]이 보여주는 것처럼 행혁심의 답신에 근거하여 처음으로 각 성청이 보유하고 있던 인허가 총수에 관해 통일적인 파악을 행한 1986년이래 규제완화가 진행되는 중에서도 반대로 성청별 인허가사항 수는 계속 증가하고 있다. 이것은 규제의 법제화가 규제완화와 병행해서 진행된 결과라고 볼 수 있으며, "흔히 재규제라고 일컬어지는 현상은 이 측면을 가리키고 있다. 즉 여러 정세 변화에 의해 행정기관은 기존의 규제권한의 몇 개인가를 포기했지만 그와 동시에 남겨진 권한에 대해서는 이것에 법적권한을 부여함으로서 보다 확실한 것으로 만들었으며 새로 탄생한 규제기회는 놓치지 않고 포착한다는 움직임이다. 나아가 대외적으로는 규제의 근거나 기준을 명시적으로 알리기 위해서 규제활동에 법적표현을 부여하는 일도 행

77) 臨調・行革審OB會監修『日本を変えた一〇年－臨調と行革審－』, p.497 참조.

78) 金子仁洋『官僚支配』(講談社, 1993), p.230 참조.

79) 행혁심(行革審)이 1985년 7월 22일 제출한「행정개혁의 추진방책에 관한 답신(行政改革の推進方策に關する答申)」에서 인허가 등에 관한 실체를 통일적으로 파악할 필요성이 지적되었다. 이 때문에 1985년 12월 28일 각의결정된「86년도에 강구해야할 조치를 중심으로 한 행정개혁의 실시방침(昭和六一年度に講ずべき措置を中心とする行政改革の實施方針について)」에 의해 총무청이 각성청의 협력을 얻어 통일적인 파악을 실시하게 되었다. 이것에 기초하여 행정감찰국이 1986년에 처음으로 인허가 총수에 관한 통일적 파악을 행하였고 이후 매년 1회씩 그 보정(補正)이 이루어지고 있다.

해지고 있다"[80]는 것이다.

[표 4-1] 성청별 관련 인허가 건수

파악시점 / 성청명	제 1 회 85년12월31일현재	제 2 회 87년3월31일현재	제 3 회 88년3월31일현재	제 4 회 89년3월31일현재	제 5 회 90년3월31일현재
총부부본부	27	27	29	32	32
공정거래위원회	26	26	26	28	28
국가공안위원회	81	95	97	100	100
총 무 청	29	29	29	34	34
홋카이도개발청	26	26	28	31	31
방 위 청	26	26	28	31	31
경제기획청	26	26	26	31	31
과학기술청	218	260	263	291	291
환 경 청	149	149	156	159	162
오키나와개발청	27	27	27	32	32
국 토 청	81	81	81	86	86
법 무 성	146	146	148	149	153
외 무 성	37	37	39	42	46
대 장 성	1,116	1,134	1,143	1,173	1,195
문 부 성	310	308	317	314	315
후 생 성	936	945	985	1,015	1,033
농림수산성	1,263	1,256	1,270	1,270	1,299
통 산 성	1,870	1,886	1,883	1,900	1,908
운 수 성	2,017	1,976	1,977	1,962	1,988
우 정 성	265	273	279	284	306
노 동 성	532	559	563	560	559
건 설 성	742	770	776	804	808
자 치 성	104	107	108	113	113
합 계	10,054	10,169	10,278	10,441	10,581

출처) 총무청 발행의 『行政監察年報』『行政上の諸問題』를 참고로 작성.

80) 眞渕勝 「大藏省における行政スタイルの変化－脫規制と再規制－」總務廳長官官房企畵課 『社會経済の変化と行政スタイルの変容に關する調査研究報告書』(1990. 10), p.41. 마부치(眞渕)는 전자를 권한의 고정화, 후자를 권한의 가시화라고 말하고 양자를 규제의 법제화로 파악하고 있다. 상게논문, p.47 참조.

이상의 검토를 통해 민영화·「민활」정책·규제완화라는 행정개혁관련 정책결정과정에 있어서, 관료제의 「능동적 저항」의 한 형태로서, 관료제에 의한 영향력 행사의 변모라는 것을 지적할 수 있다. 즉 전전공사의 NTT로의 「특수회사」화는 우정성에 의한 의도적인 「재규제」의 케이스로 볼 수 있으며, 「민활」정책은 건설성 입장에서 보면, 신규사업을 실현할 수 있는 새로운 틀로서의 의미뿐만 아니라 민간 활동을 개별 규제완화에 의해 유도할 수 있다는 의미도 있었던 것이다. 나아가 규제완화가 진행된 80년대에, 관료에게 무한한 지배권을 가져다주는 인허가권의 총수는 거꾸로 증가를 계속하고 있었던 것이다.

4. 관료제와 법인의 인적 융합관계 온존

관료제와 특수법인·인허가법인·공익법인과의 인적 융합관계란 것은 관료의 「낙하산인사」에 의해 맺어져 있는 상호의존관계를 의미한다. 관료의 「낙하산인사」에는 민간기업에의 낙하산인사외에 특수법인·인허가법인으로의 낙하산인사, 국가공무원의 지방자치단체로의 낙하산인사의 세 가지가 있다. 민간기업으로의 낙하산인사에는 관료제가 보유하고 있는 정보에 대한 민간기업의 욕구가 저변에 존재한다. 즉 "행정기관은 어떤 근거나 기준에 의거하여 규제를 행한다. 근거나 기준은 명시되는 경우도 있지만 소위 내규(内規)로서 외부에 공표되지 않는 것도 있다. 행정내부에 확립되어 있는 비공개의 규제근거나 기준은 피규제자 입장에서는 가치 있는 정보이다. 민간기업이 관료의 낙하산 인사를 받아들이는 최대의 이유는 이러한 정보를 낙하산인사 관료로부터 얻으려 하는 것에 있는"[81] 것이다.

이와 같은 관료의 민간기업으로의 낙하산인사에 비해, 관료제와 특수법인·인

81) 眞渕勝「大藏省における行政スタイルの変化－脫規制と再規制－」, p.49.

허가법인 등과의 관계가 문제시되는 것은, 간부직원의 임면권(任免權), 사업의 감사, 사업의 기본계획・방침을 포함하는 인허가, 보조금 이외에도 「낙하산인사」의 관행 그 자체에 많은 부(負)의 측면이 존재하기 때문이다.[82] 예를 들면 관료조직으로부터 조직적으로 낙하산인사를 받아들이고 있는 특수법인 입장에서 보면, 임원이나 일부 중간관리직이 「외부」에서 전입해오는 것은 내부 직원층의 근로의욕을 저해하는 부정적인 효과를 낳기 쉽다.[83]

그럼에도 불구하고 82년 7월 정부에 제출된 「행정개혁에 관한 제3차 답신(기본답신)」을 보면, 3공사 이외에 당시 109개나 있었다고 하는 고급관료의 낙하산 장소인 특수법인의 개혁에 관해서는 구체적인 언급이 없다. 물론 인가법인・공익법인 같은 숨겨져 있는 특수법인에 관해서는 문제의식조차 없었다.[84] 실제 「민영화」된 3공사의 경우도 엄밀한 의미에서의 「민영화」는 아니다. 국철

82) 이와 같은 부정적 측면이외에 이노키 타케노리(猪木武德)는 특수법인에의 「낙하산」을 국가공무원의 인사관리라고 하는 관점에서 본다면 다음과 같은 합리성을 발견할 수 있다고 한다. 하나는 정년전인 40대부터의 퇴직을 관행화하는 것에 의해 젊은 층 관료의 빠른 승진을 가능하게 하여 관료조직의 활성화를 가능하게 하고 있다는 점, 또 하나는 특수법인에의 「낙하산」이 조직내부의 이동이라고 하는 측면을 가지고 있으며, 이 이동에 있어서의 선발과 배치 패턴에는 성청재임 중 관료 개개인의 업적평가가 포함되어 있다고 하는 것이다. 전자는 「낙하산」이 특수법인으로의 이동의 범위를 넓히는 것에 의해 중앙성청 내에서의 인사의 정체를 피하고 젊은층과 중년층을 활성화시키는 작용을 한다는 것을, 후자는 「낙하산」이 일종의 「늦게 지불되는 보수」(deferred compensation)라고 하는 측면을 가지고 있다는 것을 의미한다. 猪木武德 「戰後日本の官僚組織と特殊法人―人的資源の移動という視点より」『學術月報』48・5(1995. 5), p.184. 또한 관료의 「낙하산」을 공무원의 재취직 알선의 의미로서 "행정의 공정성을 해치는 고급관료의 민간기업에의 낙하산은 엄격하게 제한하지 않으면 안 되지만, 퇴직 후의 공무원에게 일할 수 있는 장소를 알선하는 것은 노동력의 활용, 연금지급개시연령의 상향조정이 실시된 점 등을 고려하여 오히려 적극적으로 추진해야 한다"는 의견도 있다. 鹿兒島重治 「官僚制度の改革」『組織科學』28・3(1995. 2), p.10.

83) 猪木武德, 전게논문, p.192 참조

84) 室伏哲郎 『高級官僚―「霞が關帝國」の舞台裏』(講談社, 1987), p.191 참조

개혁에 의해 태어난 6개의 여객철도회사와 1개의 화물철도회사, 전전공사의 후신인 NTT, 전매공사개혁에 의한 일본담배는 모두 주식회사 형태를 취하고 있지만 이들은 전부 특수법인의 범위에 속하는, 행정용어에서 말하는 「특수회사」[85] 이다. 특수회사가 포함되는 특수법인에는 그 사업의 목적이나 재무면의 성격에 근거한 엄밀한 정의는 존재하지 않는다. 모든 특수법인은 근거법을 갖고 있으며, 주관성청 및 주관국·과가 지정되어 있지만, 특수법인인가 아닌가의 최종적인 구별은 총무청 행정관리국이 특수법인으로 간주하여 「특수법인총람」에 포함시키고 있는가의 여부에 달려 있다. 다시 말해 특수법인이라고 공적으로는 간주되지 않는 법인(공익법인의 다수) 중에도 그 사업내용, 재무의 성격으로 볼 때 특수법인과 기본적으로는 다르지 않는 법인이 상당수 존재하는 것도 분명하다.[86] 「인가법인」의 경우도 사실 특수법인과 완전히 동일한 정의가 된다. "정부가 특별 법률로 설립한 법인"이다. 그렇다고 한다면 특수법인과 인가법인의 차이가 무엇인가하면 단 한 가지, 그 법인을 설립할 때 국가 단독으로 설립위원을 임명하고 있는 법인을 「특수법인」, 민간에서도 설립위원이 선출되고 있는 법인을 「인가법인」으로 구분한다는 점이다. 그러나 그렇게 구분하고 있을 뿐, 정부가 설립했다는 것, 대다수의 경우 정부의 출자를 받으며, 또 보조금 등을 받고 있는 것, 임원 등의 인사에 있어 주관성의 인가를 받는 것 등 양자간에는 전혀 다른 점이 없다.[87]

---

85) 「특수회사」는 그 개념이 애매하여 실태로부터 특징을 지적하는 방법밖에 없다. 「특수회사」의 특징으로서는 "첫째, 설립의 근거가 되는 법률을 가지고 있으며 정부에 의해 전부 내지는 일부의 주식보유가 행해지고 있다는 점, 둘째 회사 간부 등의 인사가 주관관청의 인허가제도 하에 놓여져 있다는 점, 셋째, 사업계획 및 자금조달이 인허가제도 하에 놓여져 있다는 점, 넷째, 회사에 대한 정치·행정·재정통제는 소관성청에 한정되는 것이 아니고 행정부내의 감사기관 및 국회에 의해서도 행사된다는 점"이다. 新藤宗幸『福祉行政と官僚制』(岩波書店, 1996), p.23.

86) 猪木武德, 전게논문, p.177.

제2임조 · 행혁심의 답신에 의한 특수법인의 통폐합은 거의 성과를 거두지 못했지만 특수법인의 신설에 관해서는 "스크랩 앤드 빌드(scrap and build)의 원칙을 엄수하여 가능한 한 해당법인의 폐지시기를 정하기로 한다"[88] 라는 제언에 의해 어려워졌다고 할 수 있다. 그 결과, 정부관계법인노동조합연합(政勞連)이 조사한 특수법인으로의 낙하산인사의 추이를 보면, 1985년 1월 시점에서 464명이었던 것이 92년 2월에는 433명으로 오히려 감소경향에 있는 것을 알 수 있다. 그러나 토요시마 에자부로(豊島榮三郎) 정노련서기장은 "이 숫자만으로는 표면적으로 낙하산인사가 줄고 있는 듯하지만, 민간 외에 재단법인 등의 공익법인이 늘어나고 있어, 실태를 파악하기 어려운 곳에 낙하산인사가 늘고 있다"고 지적한다.[89] 즉 관료 측은 특수법인 · 인가법인의 신설이 어려워지자 민법에 의거하여 각 관청이 허가하는, 공익을 목적으로 하는 공익법인에 주목한 것이다. 실제 제2임조에 의한 행정개혁 결과 이 시기에 사단 · 재단법인으로 이루어지는 공익법인은 증가했다. 양쪽을 합한 수는 86년 10월 현재 21,866건이었던 것이 92년 10월에는 25,423건으로 불어났다.[90]

[표 4-2] 주요성청별 퇴직 간부관료의 재취직 단체

	퇴직자수	특수법인	공익법인		퇴직자수	특수법인	공익법인
대장성	19	13	2	건설성	19	2	14
통산성	32	7	17	농림수산성	28	12	9
운수성	25	6	7				

출처) 松原聰『特殊法人改革』, p.87

87) 松原聰『特殊法人改革』(日本評論社, 1995), p.80.

88) 臨調 · 行革審OB會監修『日本を変えた一〇年－臨調と行革審－』, p.370 참조.

89) 日本経済新聞社編, 전게서, p.392.

90) 상게서, p.390.

총리부가 편집한 1997년도판 「공익법인백서」에는 1980년대에 공익법인수가 증가한 이유를 "1983년 3월 제출된 제2임조 최종답신에서, 행정사무의 간소화 등을 추진하는 관점에서 민간단체로의 위탁이나 민간지정검사기관 등의 활용을 도모하여야 한다는 제언이 나온 것 등으로 인해 행정적인 사무를 담당할 민간기관으로서 공익법인이 한층 적극적으로 활용되게 되었기 때문"[91]이라고 기록하고 있다. 하지만 이 공익법인에 대한 주요관청별 낙하산인사의 수가 특수법인을 웃도는 것은 간과할 수 없다. 즉 마츠바라 사토시(松原聰)의 조사에 의하면 특수법인의 40명에 대해 공익법인은 49명으로 낙하산인사를 받아들이는 단체로서 공익법인의 역할이 커진 것이다.(「표4-2」참조) 마츠바라는 "공익법인 중에서 법률이 정한 업무를 담당하는 '지정법인' 등은 특수법인에 대단히 가까운 성격을 갖는다고 할 수 있다. 또 국가로부터 기금을 받고 있는 법인도 많아, 당연히 기금과 교환하여 낙하산인사 포스트를 제공하는 거래가 있을 수 있다"[92]고 보고 있다.

이상에서 알 수 있듯이 행정개혁이 추진되는 사이에도 관료제의 낙하산인사는 계속 늘어났으며, 인허가권, 보조금, 기금이 기초가 되어 있는 관료제와 특수법인·인가법인·공익법인과의 인적 융합관계는 온존되었던 것이다.

5. 보조금삭감에 집중된 중앙·지방의 관계

"보조금 정리에 있어서 삭감은 단순히 양의 문제가 아니라, 이 보조금에 의해 맺어진 관련집단간의 관계 또는 그 존재를 위태롭게 한다는 것이다".[93] 따

---

91) 總理府編 『平成九年版·公益法人白書』(大藏省印刷局, 1998), pp.152~153.

92) 松原聰, 전게서, p.86.

93) 加藤一明, 전게논문, p.102.

라서 족의원, 관료제, 이익집단의 저항이 심한 것은 예상할 수 있다. 그러나 보조금의 문제가 다름 아닌 관료제, 족의원, 이익집단의 강력하고 견고한 이익네트워크의 결과로 야기되었다는 점에 주목한다면, 그 개혁의 방향은 보조금에 의해 밀접한 관계를 형성하고 있는 각 성청, 특정의 이익집단이나 관계집단, 자민당이나 특정 정치가집단 사이의 융합관계 및 그 구조를 변혁시키는 쪽으로 설정되어야 한다고 할 수 있다. 그러나 제2임조와 나카소네 정권에서는 중앙·지방관계의 개혁을 하나의 목표로 하면서도 실제는 지방자치나 중앙·지방관계의 구조 변혁이라는 면보다 재정적인 측면에 중점이 놓여졌다.[94]

중앙·지방관계에 있어서 보조금이 문제가 되는 것은, 그 배분이 비시장메커니즘에 의하면서 인위적으로 배분되기 때문에 결과적으로는 배분하는 세력 즉 중앙성청으로 권한이 집중되어가는 시스템이 형성되었기 때문이다. 구체적으로 말하면, 보조금의 흐름은 필연적으로 그 보조금의 흐름에 따라 행정 기구를 중앙에서 말단에 이르기까지 계통화시켜 그 행정기구의 존립은 보조금을 더욱더 비대화시키게 되고, 그와 연동하여 행정기구는 더한층 확대된다는 역사적 경과를 거쳐 온 것이다. 행정개혁과 보조금 정리의 곤란성은 첫째 이 점에 있다고 할 수 있다.[95] 또 보조금을 통한 행정은 중앙·지방의 지배·종속관계를 공고화하여, 지방자치의 발전을 억제하고 있을 뿐만 아니라, 이익유도와 집표장치의 배양을 통해 정권당의 보수적 지반을 유지·육성하고, 「정권의 재생산장치」로서도 광범위하게 활용되고 있다. 즉 보조금은 정치시스템 속에서 다음과 같은 역할을 하고 있는 것이다. ① 각 성청의 보조사업은 정권당의 승낙을 얻어 예산에 계상(計上)된다. 정권당의 발안으로 보조사업이 제안되는 경우도 있다. 정권당은 보조사업에 있어서 보조금 교부지역의 결정에도 영향력을 발휘한다. ② 보

94) 村松岐夫『地方政治』(東京大學出版會, 1988), p.195 참조.

95) 今村奈良臣「補助金の政治経済學」『エコノミスト』(1980. 5. 20), p.24.

조사업과 보조금 교부지역의 선택에서 정권당이 중시하는 것은, 자기 당의 기반강화나 선거대책에 얼마나 도움이 되느냐하는 것이다. 보조사업 중에서 큰 비중을 갖는 공공사업은 가장 효과적인 집표의 수단이 되고 있다.96) 따라서 정치권이 정치의 좌표축까지 재고하거나, 정치시스템을 변화시키지 않으면, 보조금 문제의 근본적인 개혁이 불가능하다.97)

그 역설적인 증거를 보여주고 있는 것이 정치적인 지지 배양에 직접 도움이 되지 않기 때문에 삭감의 표적이 된 「보조금」의 예이다. 1985년도 예산편성과정에서 부상된 「고율보조금의 보조율삭감」이 그 일례이다. 대상이 된 것은 생활보호비조성금, 신체장해자보호비보조금, 모자보건위생비보조금, 실업대책사업보조금, 공립학교시설정비보조금 등이었다. 이들 국가보조금은 공공사업보조금이나 각종의 장려적 보조금, 혹은 공립학교주임수당과 같은 정치적 색채가 짙은 보조금과는 성격이 다른 것으로, 대장성이 매년 간행하는 『보조금총람』에서는 「부담금」으로 분류되어 있다. 「보조금」이 아닌 「부담금」이며, 「보조율」이 아닌 「부담률」인 것이다.98) 이들은 정치적인 지지 배양에 직접 도움이 되지 않기 때문에 가장 먼저 삭감의 표적이 된 것이다. 이에 반해 개별 이익집단에 대

---

96) 廣瀨道貞『補助金と政權党』(朝日新聞社, 1993), pp.17～18.

97) 「第三部會關係座談會・地方も民間も自主・自立の原則に立って」『臨調と行革・二年間の記録』, p.196 참조. 정치가의 지방분권에 대한 의식을 사카다 토키오(坂田期雄)는 "정치가라고 해도 원칙으로서는 지방분권을 노래하면서도 본심은 선거구에서 진정단(陳情団)이 찾아오면 각각의 소관성청의 국장들에게 연락해서 보조금을 증액하거나 또는 새로운 보조금을 만들거나 한다. 그것에 의해 표가 약속되기 때문이며 지방분권의 슬로건처럼 각 성청의 보조금이 없어지면 의원들이 활약할 장이 없어져 버린다. 게다가 사실은 지방자치단체 자체가 구조적으로 의원들과 동일한 인식, 체질이 되어있다"고 말한다. 田原總一郎『日本大改造―新・日本の官僚』(文藝春秋, 1986), p.331.

98) 新藤宗幸「『柔らかな集權体制』の岐路――九八五年体制をめぐって―」『世界』(1985. 7), pp.28～29 참조

한 보조금은 상대적으로 상처를 입지 않고 살아남았다. 행정개혁에 의한 보조금 억제라는 대의명분 아래 진행된 것은 이익정치시스템의 온존이었던 것이다.[99]

또한 중앙 · 지방관계에 관한 문제로서 늘 개혁대상이 되어온 것이 기관위임사무이다. 그러나 와타나베 요조(渡辺洋三)는 "행정개혁이 문제가 된 이래 국가행정사무의 간소화라는 명목으로 기관위임사무의 축소가 20년 동안 외쳐져왔다. 그럼에도 불구하고 실제로는 오히려 역으로 증대하고 있다. 1952년에는 250항목 정도였던 것이 이 40년간에 560항목 이상이 되어, 두 배 이상으로 증가했다. 행정수요가 증대하고 있다는 것은 분명하지만, 그 이상으로 국가개입이 강해진데 원인이 있다"고 지적한다.[100] 즉 지방자치단체는 중앙성청의 종적행정기구에 의한 지배와 통제 하에서 충분한 자치권을 부여받지 못한 채, 행정상의 책임만을 떠맡아 온 것이다. 도도부현(都道府縣)재정의 약60%, 시정촌(市町村)재정의 약20%를 차지한다고 하는 기관위임사무가 이를 단적으로 나타내고 있다.[101]

이 보조금 · 기관위임사무 등을 개혁하기 위해서 "국가와 지방의 기능분담 및 보호조성 · 규제감독행정의 바람직한 모습"을 심의한 제2임조 제3부회의 카메이 마사오(龜井正夫) 부회회장 등 재계출신의 멤버는 ① 기관위임사무 등의 권한은 극력 지방으로 옮기고, 국가는 외교, 방위 등 기본적인 행정을 담당하는 것이 좋다 ② 그를 위해 지방에 자주재원을 부여하는 등, 재원배분에 관하여도 발본책을 검토해야 한다는 의향을 갖고, 이러한 입장에서 국가와 지방의 역할분담에 관한 구체적인 기준을 보고서에 포함시키려고 했다.[102] 그런데 1981년

99) 山口二郎『一党優位体制の崩壊』(岩波書店, 1989), p.14 참조.

100) 渡辺洋三『日本をどう変えていくのか』(岩波書店, 1996), p.190.

101) 田中重博「臨調『行政改革』の本質と構図」『季刊科學と思想』(1982. 4), pp.119~120.

102)「朝日新聞」1982년 5월 25일자 참조.

9월 심의에 들어가자, 중앙관료 사이드로부터 "우리 영역을 축소하는 지방에의 권한이양에 대해서는 인정할 수 없다"는 맹렬한 반발이 쏟아져 나와, [103] 그 결과 제2임조는 일반회계에서 약 2,800항목에 이르는 보조금 중 금액이 비교적 큰 39항목에 대한 재검토로 한정하고, 보조금의 본연의 모습 그 자체에 관한 논의는 피했다. 즉 각 성청이 정책실현의 수단으로서 지방자치단체나 이익단체에 대한 보조금을 이용하고, 그 과정에 정치가가 개입해서 팽창되어 간다고 하는 보조금의 구조에 메스를 가하는 것을 사실상 처음부터 포기한 것이다.

보조금의 구조개혁 대신 채택된 것이 보조금 삭감수단으로서의 제로실링이었다. 제로실링을 받아들인 성청이 이를 위해 선택한 수법은, 성청내의 각 국, 각 분야의 사업량, 보조금의 일률10퍼센트 삭감이었다. 10퍼센트 삭감의 구체적인 방법은 국에 위임되었는데, 어떤 종류의 보조사업이 완전히 폐지된 예는 거의 없다. 보조사업 폐지란 그 사업을 맡고 있는 과 혹은 계 혹은 반이 불필요하게 되어 기구 축소로 이어지기 때문이다. 보조사업은 축소하지만 폐지되는 일은 없는 것이다.[104]

마지막으로 중앙・지방의 관계에 관해 말한다면 임조・행혁심은 미미한 성과밖에 거두지 못하고 끝났다. 행혁심은 1986년 6월 10일의 최종답신 안에서 "그러나 지방의 자주성・자율성강화를 위한 지금까지의 노력은 아직 충분하다고 할 수 없으며 특히 지방공공단체 관계자로부터는 그 적극적인 추진이 요망되어지고 있다. 국가의 관여・기관위임사무 및 권한의 이양은 …… 일거에는 해결할 수 없는 문제이나 …… 계속해서 사회경제정세의 변화 등을 고려한 개혁을 정부 전체로서 강력히 추진해 가야한다"[105]고 언급하고 있어, 지방제도의

103) 「朝日新聞」1982년 5월 25일자.

104) 廣瀨道貞, 전게서, pp.271~272 참조.

105) 臨調・行革審OB會監修 『日本を変えた一〇年－臨調と行革審－』, p.701.

발본적 개혁에 실패했다는 것을 인정하고 있다.

이상과 같이 「60년체제」의 변용기에 행해진 행정개혁은 중앙 성청이 갖는 권한의 지방으로의 이양을 의미하는 지방분권화추진은 전무했으며 보조금의 삭감만이 추진대상이 되었다. 단 그 보조금의 삭감도 관료기구의 축소로 이어지는 보조금사업의 폐지는 실현되지 못했으며, 보조금의 일률10퍼센트 삭감이라는 수법이 채택되어, 보조금의 구조개혁을 통한 중앙·지방관계의 재편성이라는 목표에는 미치지 못한 결과를 가져왔다.

제 5 장

행정개혁의 정치과정에 있어서의 사회당과 총평

제5장

행정개혁의 정치과정에 있어서의 사회당과 총평

이 장에서는 80년대를 「60년체제」의 변용기로 파악하고, 그 변용기에 행해졌던 행정개혁의 정치과정을 추진주체가 중심이 아닌 저항을 축으로 한 분석을 시도하고자 한다. 다시 말하면 국회내에서 고립화되어 가면서 행정개혁에 계속적으로 저항했던 사회당의 저항과 제2임조의 답신에서 표면화된 공사의 민영화에 의해 산하노조의 해체위기에 직면한 일본노동조합총평의회(日本勞働組合總評議會)의 저항에 주목하여 두 「수동적 저항」주체를 중심으로 하는 행정개혁의 정치과정을 논증할 것이다. 따라서 이 장의 목적은 행정개혁은 정치과정이라고 하는 인식에 입각하여 행정개혁의 정치과정에 있어서 왜 사회당과 총평(總評)은 수동적 저항을 할 수밖에 없었는가, 그리고 행정개혁의 정치과정이 「60년체제」에 어떠한 영향을 미쳤는가를 명백히 하는 것에 있다. 이와 같이 사회당과 총평을 분석하는 것은 전후 일본의 정치과정과 정당정치의 전개에 있어서 양자가 한극을 점하고 있었기 때문이며, 행정개혁의 정치과정에 있어서 추진주체가 아닌 저항주체로서의 양자를 대상으로 삼는 것에 의해 행정개혁의 전체상을 명확히 할 수 있기 때문이다.

이하에 있어서는 사회당의 행정개혁에 대한 인식을 검토한 후, 행정개혁의 정치과정에 있어서 사회당의 대응을 사공민연합정권구상(社公民連合政權構想)과 관련시켜 분석하고 총평에 관해서는 대기업노사연합(大企業勞使連合)의 협력시스템과 노동전선통일의 움직임을 행정개혁과 연관시켜 논하고자 한다.

제1절 사회당의 행정개혁에 대한 인식

사회당의 행동이 행정개혁의 정치과정에 있어서 수동적 저항을 할 수밖에 없었던 요인의 한 가지는 행정개혁에 대한 인식에 있었다고 생각된다. 사회당=행정개혁 반대라는 이미지가 떠오르는 것은 제2임조, 행혁심(行革審)이나 정부의 행정개혁 노선에 대한 사회당의 비판적 자세에 원인이 있겠지만, 사회당이 행정개혁 자체에 반대한 것은 아니다. 제2임조의 행정개혁의 직접적인 계기가 된 것은 재정위기로, 오히라(大平)수상에 의해 제기된 일반소비세도입에 의한 재정재건이 좌절함에 따라 제2임조가 발족한 사실을 보아도 명백하다. 사회당도 "제1차 오일쇼크 이래 고도경제성장 시대는 끝났으며, 경제성장률이 저하됐을 뿐 아니라 고령화 등 인구구조의 변화, 산업구조의 변화 등 소위 성숙사회로 접근함에 따라 국민의 세금부담이 급속히 무거워졌는데 공공부문이 국민의 기대대로의 역할을 감당하지 못하고 있을 뿐 아니라 오직(汚職)·부패가 계속 드러나 이 분야의 전면적 재고를 요구하는 기운이 일어나고 있다"[1]라는 인식을 표명하고, "80년대에 적합한 사회의 모습을 고려하여 적극적으로 공공부문의 개혁=행재정개혁을 추진한다"[2]고 하여 행정개혁의 필요성을 인정하고 있다. 그리하여 사회당은 제2임조의 성립에 앞서 총평과 연락회의를 갖고, 마루야마 야스오(丸山康雄) 自治労위원장을 제2임조의 위원으로, 츠루소노 테츠오(鶴園哲夫) 전全農林위원장을 전문위원으로 추천했던 것이다.

그런데 행정개혁의 직접적인 계기가 된 심각한 재정위기의 원인에 관한 인식에 있어서는 사회당과 제2임조와의 사이에 차이가 보인다. 제2임조의 제1차 답

1) 社會党中央委員會 「國民のための行財政改革を目指して(中間報告)」日本社會党結党四十周年記念出版刊 行委員會編 『資料日本社會党四十年史』(日本社會党中央本部, 1989), p.1262.

2) 상동.

신은 “석유위기에 따른 대폭적인 물가 및 임금 상승 하에서 사회보장, 문교관계비가 큰 지출확대 요인이 되었으며, 또 침체한 민간경제활동을 보충하기 위한 공공사업비 등의 큰 폭의 증가가 성장률이 저하하여 세수의 증가가 둔화하는 가운데 적자공채 증발과 겹쳐 재정적자를 초래했다”[3]고 지적하고 있는데 반해, 사회당은 “재정적자의 진정한 원인은, 첫째 정부의 잘못된 경기대책, 둘째 농업, 교통, 사회보장, 교육 등의 분야에 있어서의 지금까지의 정책수법, 셋째, 행정기구의 경직화·비효율성, 바꿔 말하면 관료제 그 자체에 있다”[4]고 하여, “경직화된 관료제도와 정·관·재 유착의 부패구조”[5]에서 오는 자민당 정치의 여러 정책의 결과에서 재정적자의 원인을 찾고 있다. 그리고 그 극복책으로서의 행정개혁을 “불공평세제를 시정하고 필요한 재원의 확보를 도모함과 동시에 현재의 행재정의 낭비, 불필요경비를 철저하게 삭감하여, 국민이 요구하는 시대의 변화에 적응하고 투명하며 개방된 참가와 분권이 보장되는 민주적이고, 공정하며, 효율적인 행재정제도를 확립하는 일”이라고 자리매김하여, 평화·복지·분권의 행재정시스템의 확립을 지향하는 「국민을 위한 행재정개혁」을 선언한 것이다.[6]

또 사회당이 제2임조의 행정개혁에 계속 반대한 것은, 행정개혁의 정의나 목적을 둘러싼 인식의 차에도 그 원인이 있었다. 즉 동당은 제2임조·정부의 행

3) 臨時行政調査會 「行政改革に關する第一次答申」臨調・行革審OB會 『日本を変えた十年』(行政管理硏究センター, 1991), p.184.

4) 社會党中央委員會 「國民のための行財政改革をめざして(中間報告)」日本社會党結党四十周年記念出版刊行委員會編, 전게서, pp.1263～65 참조.

5) 日本社會党 「第二次臨時行政調査會の『行政改革に關する第一次答申』に對する見解」臨時行政調査會事務局 『最近の行政改革に關する各党、各界の主な意見』第3号, p.132.

6) 社會党行政制度對策委員會 「行財政改革に對する党の態度－國民的行財政改革をめざして－」臨時行政調査會事務局 『最近の行政改革に關する各党、各界の主な意見』第1号, p.23 참조.

정개혁이라는 것은 "법인세 인상을 직접적인 계기로 한 재정 부담 회피라는 의도에서 온 '작은 정부'론"7)이며, 제2임조의 행정개혁의 목적은 사회당의 지지단체인 총평의 국철노동조합(國勞)을 위시한 공공기업체등노동조합협의회(公勞協)의 점진적인 말살에 있다고 인식했다. 그런 의미에서 사회당의 행정개혁에 대한「저항」은 조직방어적인 측면이 강했다고 할 수 있다.8)

사회당의 행정개혁 개념에 대한 인식은「역사의 선례」로서의 제1임조의 행정개혁에서 발단되고 있다고 생각된다. 즉, 행정개혁의 바이블이라고 일컬어진 제1임조의 답신에서는 총론의 서두에, 정치나 행정의 본연의 역할과 직접 관련되는 사항에는 관여하지 않았다고 기록되어 있는 것처럼, 답신의 내용은 행정기구나 관리기능의 개혁에 한정되어 있었던 것이다.9) 제1임조의 답신은 행정개혁이 정책이나 정치의 역할에 발을 들여놓아서는 안 된다고 하는 하나의 관념을 정착시켰다고 할 수 있다. 사회당은 행정개혁은 행정기구의 정비나 관리의 개선에 한정되어야 한다는 개념을 가지고, 제2임조의 행정개혁에 반대한 것이다. 즉 제2임조가 "행정개혁의 최대의 주안점은 행정의 역할을 크게 바꿈으로서 국가와 국민을 포함한 나라 전체의 행보를 보다 바람직한 방향으로 바꾸어 가는 데 있다"10)고 정의한 것에 대해, 그것은 본래의 행정개혁의 틀을 넘어선

---

7) 社會党中央委員會「國民のための行財政改革をめざして(中間報告)」日本社會党結党四十周年記念出版刊行委員會編, 전게서, p.1263.

8) 제1임조의 행정개혁에 있어서도, 사회당은 "행정개혁 즉 인원정리라고 하는 생각에 서서 행정개혁 그 자체에 반대였으며, 따라서 행정개혁에 관해서는 극히 보수적이라고 하는 인상을 주었다고 해도 과언이 아니다. 이 점은 사회당이 노동조합에 많은 것을 의존하고 있고 관공로(官公勞)의 의향을 무시할 수 없었다는 것에 의한 것이라고 생각된다"는 지적이 있다. 渡辺保男「臨調と政党」日本行政學會編『年報行政研究五・行政改革の推進と抵抗』(勁草書房, 1966), p.123 참조.

9) 行政管理研究センター編『行政改革のビジョンI・臨時行政調査會意見』(行政管理研究センター, 1977), p.24 참조.

것이라고 비판했다. 그러나 행정개혁의 개념이라는 것은 「시대의 산물」[11]이므로, 변할 수 있는 것이라는 사실을 사회당이 인식하고 있었는지 아닌지는 차치하고, 제1임조 설치법의 성립에 앞서 사회당은 정부·여당에게 유리한 조치, 특히 인원정리를 일방적으로 강행하는 것을 방지하기 위해, "심의에 있어서는 전원일치를 원칙으로 한다"고 하는 부대결의[12]을 제안, 통과시킨 것에 반해, 제2임조설치법의 성립시에는 눈에 띄는 반대 움직임도 보이지 않고 , 난항이 예측되던 위원 인선도 원만하게 결정됐다는 것은 「60년체제」성립기에 있어서의 사회당의 영향력과 변용기에 있어서의 동당의 영향력의 차이를 말해주고 있는 것이 아닐까라고 생각한다.

그리고 사회당과 총평의 「수동적 저항」을 생각할 때 "제2임조를 둘러싼 정치과정이 명백히 행재정개혁을 주도하는 이데올로기를 둘러싼 항쟁의 장"[13]이었다는 것도 간과할 수 없다. 즉 제2임조가 주도하는 이데올로기 즉 신보수주의나 경제적 자유주의는 "대항이데올로기(사회민주주의)의 담당자인 노동조합과 상당히 대립하는"[14]것이었다. 따라서 적어도 행정개혁의 정책패키지의 하나였던 국철개혁의 예를 보아도 그것을 둘러싼 정치과정의 무대 그 자체가 출발점에서부터 이미 관련된 이데올로기에 의한 제약 하에 놓여져 있었다고 할 수 있

10) 臨時行政調査會「行政改革に關する第一次答申」臨調·行革審OB會『日本変えた十年』(行政管理硏究センター, 1991), p.181.

11) 사토 아츠시(佐藤竺)는 동일하게 행정개혁이라고 부르더라도 그 목표는 시대요청을 반영하는 것이라고 말한다. 佐藤竺「臨調と官僚」日本行政學會編『年報行政硏究五·行政改革の推進と抵抗』, p.50 참조

12) 그 내용에 관해서는 行政管理硏究センター編, 전게서, pp.494~95를 참조바람.

13) 川崎嘉元「行政改革と政治過程－『多元主義』的モデルの検討－」『中央大學文學部紀要』137(1990. 3), p.44.

14) 大嶽秀夫「中曾根政治のイデオロギーとその國內政治的背景」『レヴァイアサン』1(1987秋), p.75.

다. 따라서 "국철개혁의 정치과정에 등장하는 행위자는, 이런 주도 이데올로기의 제약 하에 활동할 수밖에 없었던"[15] 것이며, 조직이나 기득권을 지키고 싶은 사회당·총평은 소위 「총론찬성 각론반대」라는 「수동적 저항」입장을 취할 수밖에 없었던 것이다.

또 일반적으로 「개혁」이라는 동적현상은 「바람직한 방향으로의 변화」라는 의미를 암묵적으로 갖고 있는 개념이기 때문에 「바람직한」이라는 말이 나타내는 방향은 그리 문제시되지 않고, 행정개혁은 국민에게 받아들여지기 쉽다. 더구나 철건공단(鐵建公団)과 국제전전(國際電電)의 부정경리·오직사건이 적발되어, 이들 정치·행정·공단 등에 있어서의 오직·부패에 대한 국민의 불신이 낭비 없는 민주적 행정 확립을 요구하는 광범위한 여론을 형성하고 있었던 당시에는 두말 할 것도 없을 것이다. 이와 같이 국민 사이에 행정개혁에 대한 광범위한 지지가 형성되어 있었기 때문에 그에 반대한다는 것은 자신의 이익만을 추구하는 집단으로 보이기 쉬었던 것이다.

이상과 같이 사회당은 제2임조의 설치나 행정개혁을 인정한 이상, 행정개혁의 개념을 둘러싼 이의의 제기나 조직방어적인 행동을 취할 수밖에 없었다고 말할 수 있다. 게다가 국회의 의사록은 공개됨에도 불구하고, 제2임조의 심의, 결정이 공개되지 않고, 일본에 있어서의 정치적 역학의 반영인 제2임조나 소위 「裏臨調」에의 접근도 한정된 결과, 정보가 차단된 사회당·총평으로서는 「수동적 저항」밖에 할 수 없었던 것이다.

15) 川崎嘉元, 전게논문, p.44.

제2절 행정개혁의 정치과정에 있어서의 사회당

마츠시타 케이이치(松下圭一)는 "행정개혁은 국회 내지 내각이 행하는 것으로, 임시행정조사회가 행하는 것이 아니다"[16]라고 말한다. 이것은 의회제 민주주의가 존재하는 한 정당과 국회는 결코 무시할 수 없다는 것을 의미하는 것일 것이다. 국회의 역할을 뺀 정치과정론은 성립하지 않으며, 행정개혁의 정치과정에 있어서도 정당과 국회의 역할은 중시해야 한다. 그런데 종래의 제2임조·행혁심(行革審)을 축으로 하는 정책결정과정의 분석, 특히 그 주류를 점하는 「다원주의」적 연구에서는, 국회와 여당의 역할에 대해서는 별로 언급되어 있지 않다. 그 이유의 하나는, 이론에 등장하는 주요 액터의 활동의 장이 제2임조이며, 국회의 정치과정에 놓여져 있지 않는 사실에 기인하는 것이라고 생각된다. 다른 한 가지는 「다원주의론」의 사실인식의 틀, 즉 「60년체제」의 정치적인 역학과 영향력환경의 반영에 의해 등장하는 액터가 한정되는 구조에 기인할 것이다. 물론 "제2임조는 국회에서 심의하는 문제를 사전에 심의하여, 체계적인 개혁에 관한 보고서까지 만들었다. 보고서가 내각의 행정개혁대강(大綱)이 되었고, 행정개혁관련법으로서 국회를 통과했다. 그 국회심의 과정은 대개 불철저한 경우가 많았다. 그러나 …… 국회의 역할이 종래보다도 후퇴되어 있었다고는 생각되지 않는다. 일본의 정치는 국회가 최종적인 활동의 장이 되는 다원주의과정이다"[17]라고 하는 무라마츠 미치오(村松岐夫) 등의 지적은 있다. 일본의 정치가 다원주의과정이냐 아니냐에 관하여는 의견이 갈리는 부분이나, 「국권의 최고기관」이며 「유일한 입법기관」인 국회가 국가레벨의 정책결정과정상, 최종적인 무대라

16) 松下圭一「行政改革の課題と臨調基本答申」『季刊行政管理研究』19(1982. 9), p.3.

17) 村松岐夫·伊藤光利·辻中豊『戰後日本の壓力団体』(東洋経濟新報社, 1986), pp.280~81.

는 인식에는 이견이 없을 것이다. 최근 「60년체제」의 한 요소인 일당우위정당 시스템 하에서 등한시되어 온 최종적인 활동의 장으로서 국회의 역할에 관한 연구가 나오기 시작했다.18) 국회의 역할에 관한 최초의 본격적인 연구라고 말해지는 마이크 모치즈키(Mike Mochizuki)의 연구에 촉발된 국회기능에 관한 여러 연구와 연동하여, 야당의 역할에 관한 연구도 적지만 발표되고 있다.19) 그중에서 행정개혁에 관련한 것으로는 타니 사토미(谷聖美)의 사회당의 정책결정과정에 관한 실증분석이 있다. 단 타니(谷)의 분석은, 자위대의 위헌·합법론 및 전전공사(電電公社) 민영화를 둘러싼 사회당내의 정책결정과정을 비교한 것으로, 정치과정에 있어서의 사회당을 분석한 것은 아니다. 여기서는 행정개혁의 정치과정에 있어서의 사회당의 대응을 사회당과 공명당, 민사당에 의한 「사공민연합정권구상」과 관련하여 분석하고자 한다. 왜냐하면 사회당이 행정개혁정치과정에 있어서 시종 「수동적저항」을 할 수밖에 없었던 이유의 하나로서 「60년체제」 변용기에 있어서의 「사공민연합정권구상」을 둘러싼 정치 환경을 들 수가 있기 때문이다.

---

18) Mike Mochizuki, *Managing and Influencing the Japanese Legislative Process*, ph.D. Dissertation at Harvard Univ., 1982., 伊藤光利「國會のメカニズムと機能」, 曾根泰教·岩井奉信「政策過程における議會の役割」모두 日本政治學會編『年報政治學一九八七·政治過程と議會の機能』(岩波書店, 1988), 谷勝宏「國會における政党の立法行動に關する動態分析」『レヴァイアサン』4(1989 春), 岩井奉信「現代日本における政策過程論モデル」『レヴァイアサン』臨時增刊(1992 夏), 堀江湛·笠原英彦編『國會改革の政治學』(PHP研究所, 1995) 등을 참조 바람.

19) 中郵章·竹下譲編『日本の政策過程－自民党·野党·官僚－』(梓出版社, 1984), 曾根泰教研究會編『八〇年代日本の野党議員』(1986), 谷聖美「社會党の政策決定過程」中野實編『日本型政策決定の変容』(東洋経済新報社, 1986) 등을 참조 바람.

1. 「사공민연합정권구상」의 파탄과 행정개혁

70년대 보혁(保革)백중시대에 있어서의 「연합정권구상」이 상징하듯 야당 측은 자민당 대 전야당의 대치라는 기본구도 하에 일정한 협력관계를 유지해왔다고 할 수 있다. 70년대의 국정선거를 통해 진행된 여야백중화에 의해 "사회당은 동당 주도에 의한 야당 연합정권을 수립할 가능성이 높아졌다는 인식을 갖게"[20] 되었으며 그것은 1980년 1월 10일 공명당과의 「사공연합정권구상」합의로 나타났다. 이것은 79년 12월 6일 공명・민사양당위원장 사이에 합의된 「중도연합정권구상」과 세트로 「사공민(社公民)」연합을 목표로 하는 것이었다.

이와 같이 80년대 사회당이 사공중축(社公中軸)노선을 결정한 배경에는 첫째, 당내파벌의 세력변화, 둘째 정치환경, 셋째, 총평의 의향이 있었다고 생각된다. 우선 첫째 당내파벌 세력의 변화부터 보면, 「전야당」공투를 주장해온 사회주의협회파의 영향력의 감소・소멸을 들 수 있을 것이다. 77년 2월 제40회 대회에서는 에다 사부로(江田三郎)가 공명당의 야노 쥰야(矢野絢也)서기장, 민사당의 사사키 료사쿠(佐々木良作)서기장들과 만든 「새 일본을 생각하는 모임」의 활동에 대해 협회파로부터 격렬한 비난이 퍼부어졌다. 그 후 에다(江田)는 탈당하여 「사회시민연합」(후에 사회민주연합)를 창당하게 된다. 에다(江田)의 탈당으로 사회당내의 반협회파의 기운이 높아져, 「당개혁위원회」를 설치하게 되고, 이 당개혁위 등의 요구를 거의 받아들이는 형태로[21] 사회주의협회는 77년2월의 협회전국대회에서 「연구집단」이 되겠다는 자숙방침을 결정하게 된다. 또 84년3월 협회의 유력한 이론가였던 호세이(法政)대학 `교수・후쿠다 유타카(福田豊) 등의 탈퇴[22]가 표면화하였으며, 최종적으로는 협회에 절대적인 영향력을 행사하고 있

---

20) 中野實『現代日本の政策過程』(東京大學出版會, 1992), p.179.

21) 이 점에 관해서는 渡辺治 「現代日本社會と社會民主主義」東京大學社會科學研究所編『現代日本社會第五卷・構造』(東京大學出版會, 1992), pp.294~300 참조

던 사키사카 이츠로(向坂逸郎)대표가 85년 1월 사거, 사회주의협회파의 영향력은 소멸하게 된 것이다.

그리고 둘째로, 사회주의협회의 영향력 감소에 더하여 "1980년대 초, 즉 무라야마 키이치(村山喜一) 국회대책위원장 시대 이전, 사회당의 원내활동은 법안심의를 포함하여, 당본부로부터 독립적인 것이었기"[23] 때문에 정치상황에 대한 구체적인 대응이 당내의 파벌간의 노선투쟁에 별로 영향을 받지 않고 자율적인 형태로 행해졌다는 점에 있다. 예를 들면 1981년도 예산안 국회통과시, 자민당은 처음으로 본예산의 강경채택이라는 수단을 취했지만, 사회당은 전면대결노선이 아닌 양보를 요구한다는 방침으로 대응하여, 의장재정(議長裁定)에 근거하는 「합의」[24]를 인정하긴 했지만, 한편으로는 예산수정의 기둥이었던 소득세 감세를 위해 노력하겠다는 약속을 자민당으로부터 받아낸 것이다. 이것을 사회당은 노동4단체 등을 배후로 무너지지 않은 5야당(공산당 제외)의 협력의 결과라고 하며, "야당이 소수라도 스크럼을 짜면 싸울 수 있다는 것이 증명되었다"[25]고 총괄했다. 이 총괄에 의해 사회당은 "중도정치세력결집이라는 정치노선을 확인하게 되며, 이 확인이 무엇보다도 무거운 기성사실, 혹은 현실의 사회당의 행보

---

22) 1984년 3월 사회주의협회 第17회 전국총회에 이미 전년도부터 지향하는 사회주의를 둘러싸고 협회의 방침을 강하게 비판하고 있던 기관지 「社會主義」의 편집장이며 협회사무국 차장인 후쿠다 유타카(福田豊) 등 7명의 학자가 결석, 운영위원을 사임했다. 후쿠다 등은 직후 「現代社會硏究會」를 결성하여 사회주의협회는 분열했다. 후쿠다 등은 "현대자본주의국가의 변혁은 소련 · 동구형의 레닌혁명론으로는 설명할 수 없다"고 하면서 유러소셜리즘(Eurosocialism), 유로코뮤니즘(Eurocommunism)을 평가하고 완만한 개혁노선을 주장했다. 이에 대해 협회는 "협회테제에 반한다"고 비난하고 있었다. 高畠通敏編 『社會党—万年野党から抜け出せるか』(岩波書店, 1989), p.82 참조.

23) 上住充弘 『日本社會党興亡史』(自由社, 1992), p.297.

24) 「合意」의 내용에 대해서는 「朝日新聞」1981년 3월 18일자 참조.

25) 「朝日新聞」1981년 3월 18일자.

로서 노선논쟁의 방향을 정하게"[26] 된 것이다.

셋째로 총평(總評)의 동향인데, 총평의 사공연합추진파의 중심은 토미즈카 미츠오(富塚三夫)사무국장이었다. 토미즈카 사무국장은 노동전선 통일문제와 참의원선에서의 선거협력이라는 양면작전을 취했다고 한다.[27] 즉 공명당과의 선거협력을 실현하여 참의원선거에서 어느 정도의 성과를 올림과 동시에, 공명당을 끌어들임으로서 「민사・동맹블록」의 민간선행에 의한 노동계재편성의 움직임에 제동을 건다는 전략을 취했던 것이다. 그리하여 마키에다 모토후미(槇枝元文)의 장이 1980년 2월 6일 제60회 임시대회에서 사공연합정권구상을 지지하는 근거에 관해 "자민당을 주체로 하는 보수・중도연합을 거부하고, 보다나은 정부만들기를 추구하는 것"[28]이라는 견해를 표명했다.

그런데 사회당이 대자민당전략으로서 연합정권구상을 공명, 민사 양당과 합의하기 위해서는 정책을 현실노선으로 궤도수정할 필요가 발생했다. 그 반영으로서 아스카타 이치오(飛鳥田一雄)위원장은 80년 5월 22일 중앙위원회에서 "비무장・비동맹・적극중립이라는 당시(党是)는 견지하나, 당면의 연합정권을 형성함에 있어 타당과의 연합에 장애물이 되어서는 안 된다"[29]고 표명한 것이다. 또 83년 9월 아스카타(飛鳥田)위원장의 뒤를 이어 취임한 「뉴 사회당」을 리드하는 이시바시 마사지(石橋政嗣)위원장은 궤도수정의 실제 행동으로, 83년 12월 20일 자위대의 법적지위에 관한 사회당의 태도를 종래의 단순한 위헌론에서 「위헌・합법」적인 존재라고 하는 변화된 입장을 밝히고, 22일에 열린 중앙

26) 高橋彦博「八〇年代初頭における日本社會党の方向轉換過程」『歷史評論』378(1981. 8), p.52.

27) 田島三津雄「何が社會党を変えたのか」『世界』412(1980. 3), p.205.

28) 「日本経濟新聞」1980년 2월 6일자 석간.

29) 「朝日新聞」1980년 5월 22일자 석간.

집행위원회에서 이 위헌·합법론을 당기관에서 정식으로 협의할 것을 요청했는데, 그 이유로 ① 당시(党是)인 비무장 중립의 구체정책을 논의하는 데 있어서 소재가 된다, ② 사공간의 연합정권구상을 향후 구체화해가는 데 있어 피할 수 없다[30]라는 두 가지를 들고 있다.

그러나 오히라(大平) 내각 불신임안 가결에 따라 80년 6월 22일 실시된 중·참의원동일선거에서 자민당이 압승한 결과, 야당연합정권구상에는 혼란이 생기게 된다. 일반적으로 "야당의 연합정권론은 역사적으로 보면, 자민당의 의석이 줄었을 때 활발화하는 관계에 있다. 자민당이 다수를 유지했을 때는 오히려 자민당과의 연합정권론이 대두한다"[31]고 하는데, 자민당이 안정다수를 획득한 「60년체제」의 변용기라는 정치환경 속에서 재정위기의 해결책으로 행정개혁이 정치무대의 전면에 등장함에 따라, 그 대응을 둘러싸고 사회당과 다른 야당간의 견해차가 뚜렷해진 것이다. 자민당 일당우위정당시스템 하에서, 야당이 그 힘을 발휘하기 위해서는 야당이 일치하여 행동하는 길밖에 없는데 행정개혁의 정치과정에서는 중도정당의 자민당에의 접근경향이 현저해져, 사회당은 국민의 「보수 복조(復調)」경향[32]에도 영향을 받으며, 「현실주의」에의 전환을 도모했으

30) 谷聖美, 전게논문, pp.188～89 참조.

31) 椎橋勝信 「これが社會党だ」高畠通敏編, 전게서, p.99.

32) 시사통신의 여론조사에 의하면 자민당의 연평균지지율은 74년 24.7%를 최저로 75년 26.8%, 록히드사건 발각 후의 76년에 일단 25.1%로 떨어지지만, 77년 28.2%(신자유클럽을 포함시키면 30.1%)로 급상승, 이후 80년부터는 30%대 회복으로 이어지고 있으며, 「保守復調」현상은 77년부터 뚜렷이 나타났다. 그리하여 국회의원선거에 있어서도 록히드사건이나 자민당내 파벌항쟁의 여파로 보수와 혁신의 백중현상이 계속될 것으로 보였으나 80년 6월의 중참의원 동시선거에서 자민당이 압승한 이래 도시 샐러리맨층이나 청년층의 「약한 지지」증대를 배경으로 「保守回復」경향이 명확해진다. 加藤哲郎 「國民意識の変化と『生活保守主義』」歷史學硏究會編 『日本同時代史五·轉換期の世界と日本』(青木書店, 1991), p.93 참조.

나, 유효한 액터가 되지는 못했다.

2. 안보・방위정책에 관한 야당간의 균열

제2임조의 행정개혁의 목표는 많은 선행연구가 지적했듯이 단순한 재정재건에만 있었던 것이 아니다. 제1차 답신은 「행정개혁의 이념」으로서, 국내적으로는 「활력있는 복지사회의 실현」, 대외적으로는 「국제사회에 대한 공헌의 증대」를 내걸고 있는데, 이 중에서 「국제사회에 대한 공헌의 증대」가 의미하는 것은 방위비 증액이었다고 말할 수 있다.

이 방위비 문제와 관련하여 먼저, 자위대에 대하여 변용해가는 야당 각 당의 모습을 보면 다음과 같다. 민사당(民社党)은 73년의 「혁신연합국민정권구상」에서 이미 자위대 「합헌」의 입장을 명언했지만, 자위대에 대한 적극적인 긍정을 선명히 한 것은, 80년대에 들어와서부터이다. 즉 80년 8월 30일 「국민합의에 의한 방위체제 추진」을 강조한 80년도 정책대강을 발표하고, 80년 10월 30일 임시국회에 제안되어 있었던 방위청설치법 등의 개정안에 동당으로서 처음으로 찬성의 태도를 밝힌 시점부터라고 생각된다. 공명당(公明党)은 적어도 70년대 중반까지는 호헌의 입장에서, 안보・자위대에 관하여 명백히 부정적이었는데, 여야당백중이 한층 진행된 76년의 제34회 중의원선거 후, 안보 보류, 자위대의 사실상의 인지(認知) 등이란 정책의 전환을 도모하게 된다. 그리고 한편에서는 야당간연합의 가능성을 생각하면서도, 다른 한편에서는 자민・중도연합을 상정하여, 동당은 81년 12월 제19회 당대회에서 자위대 「합헌」을 표명하게 되는 것이다. 사회당의 방위정책은, 미일안보・자위대문제・헌법문제와 깊게 연동하면서, 「비무장・비동맹중립정책」을 기본으로 전개되어왔는데, 74년 1월의 제37회 당대회에서, 자위대의 해체는 "일정한 시간과 절차를 필요"로 한다고 하며, "제일차적으로는 국민여론의 지지 정도가 최대의 요소가 된다"고 하는 「국민통일의 기본강령」을 채택하게 된다.[33] 나아가, 76년의 제34회 중의원선거 후에는 「안보 유보」, 「대미정책의 적극화」라는 외교・방위정책의 궤도수정을 표명하게 된다.[34] 이것이 70년대에 행해진 일련의 국정선거에서의 여야당백중화경향을 배경으로 함은 말할 필요도 없을 것이다.

그러나 83년의 중의원 선거 후의 신자유클럽과의 연립정권을 제외하고, 자민당이 안정다수를 유지하게 된 「60년체제」의 변용기에 들어오면, 자민당과의 연립을 상정한 야당의 현실주의화가 진행되는 가운데 안보・방위정책상의 문제는, 행정개혁의 「GNP 1% 틀의 문제」에서 볼 수 있듯이, 안보조약, 자위대의 존속을 전제로, 적극적이냐 소극적이냐라는 차이로 나타나게 된다. 물론 사회당은 임조의 논의가 방위문제 등에 언급하고 있는 것에 관해, 82년 4월 28일 바바 노보루(馬場昇)서기장・시마자키 유즈루(嶋崎讓)정심회장 등이 나카소네 야스히로(中曾根康弘)행정관리청장관과 도코 토시오(土光敏夫)임조회장을 개별 방문하여, "임무의 일탈이다"라고 하는 아스카타(飛鳥田)위원장 이름의 이의제기서를 전달한다.[35] 또 83년 사회당의 국회대책위원회가 국회에 임하는 기본방침으로서, ① 정치윤리 확립 ② 국민생활 향상 ③ 군사대국화 반대 ④ 반국민적 행정개혁 반대의 네 가지에 중점을 두어[36], 재정재건을 위한 긴축예산에서의 방위비와 경제협력비의 돌출에 대해, 「군사대국화」반대, 「반국민적 행정개혁」반대라는 입장에서 타당과 협력하여 「방위비 GNP 1% 틀 문제」를 쟁점화하려고 시도하

33) 『資料日本社會党四十年史』, pp.1016～17 참조

34) 中野實, 전게서, p.180 참조

35) 臨時行政調査會事務局 『最近の行政改革に關する各党､各界の主な意見』第5号(1982. 7. 1), p.44 참조

36) 「讀賣新聞」1983년 1월 24일자 석간 참조

지만, 민사당 · 공명당과 자민당사이에 정책상의 차이가 줄어드는 수렴화경향에 의해 사회당은 「수동적 저항」을 할 수밖에 없었던 것이다. 예를들면, 84년 2월 사회 · 공명 · 민사 · 사민련의 야당 4당은, 정책심의회장 회담을 열고, 84년도 예산안에 대한 공동수정안을 결정했는데, 그 기둥이 된 것은, ① 감세총액을 1조 7100억엔으로 한다 ② 대중증세를 철회한다 ③ 공공사업비를 1조엔 추가한다 ④ 의료보험제도 개혁의 철회 ⑤ 연금 인상 등 복지문교예산의 충실이라는 5항목이었다.[37] 그러나 매년 야당간에 문제가 되었던 감세재원의 「방위비동결」의 취급에 관해서는 사회당이 야당간의 합의형성을 중시하여, 재원으로 「방위비동결」을 거론하지 않았던 것이다.[38]

3. 국철(國鐵)개혁에 있어서의 사회당

또 재정재건을 위한 「활력있는 복지사회」론에 의한 재정삭감과 「국제사회에 대한 공헌」론에 의한 방위비 · 경제협력비의 증액은 모순됨에도 불구하고, 제2임조 내에서는 방위비 · 경제협력비 등이 삭감대상에서 제외되었다.[39] 그 대신 슬로건이 된 것이 「민간활력」론에 의한 국철의 분할 · 민영화였다. 그리하여 국철개혁은 전전(電電)개혁과 마찬가지로 야당 제1당인 사회당의 중요 지지기반인 관공노(官公勞)의 해체란 결과를 가져올 가능성이 잠재된 개혁이었기 때문에 사

37) 「朝日新聞」1984년 3월 1일자 참조

38) 宇治敏彦 「野党の政策形成能力」『ジュリスト增刊總合特集 · 日本の政党』35(1984. 6), pp.180～81 참조

39) 제1차답신의 제출을 위해 세출삭감을 담당했던 제1특별부회의 부회장인 카메이 마사오(龜井正夫)는 삭감을 위해 히어링대상으로부터 외무성 · 방위청을 제외시킨 이유에 대해 "(방위나 경제협력비는) 너무나 일본이 약하다. 반대로 증액해야만 한다는 주장도 있었기 때문에 이번에는 부르지 않기로 했다"고 말하고 있다. 神原勝, 전게서, p.78 참조

회당이 절대반대의 「현상유지」태도를 취한 것은 당연했다고 할 수 있다. 한편 관공노(官公勞)의 해체는 사회당 지지기반의 해체를 의미할 뿐 민사당이나 공명당으로서는 반대할 이유가 없는, 오히려 당세확대에 바람직한 사태로 받아들여져, 분할・민영화에 찬성한 것이다. 공명당은 전전개혁에 관해서는 "민영화된 전전공사가 통신업계에 신규 진입하여 공명당의 지지기반인 중소기업 시장이 위협받을 수도 있다는 우려가 있었기"[40] 때문에 소극적인 태도를 취했지만 국철개혁에 관해서는 "철저한 개혁을 지향해야한다"[41]고 임조 지지의 자세를 표명하여, 82년 4월 30일 「국철개혁에 대한 긴급제언」[42]에서 "분할・민영화를 지향한다"는 방침을 구체화했다. 민사당도, 사회당－국노(國勞)・동노(動勞), 민사당－철노(鐵勞)라는 협력관계구도로부터 지지기반을 확대함과 동시에 "야당내의 주도권을 사회당으로부터 빼았겠다"[43]는 의도에서 국철의 분할・민영화를 지지했다.

이런 정치구도 안에서 사회당은 85년 8월 5일 총평과 국철재건에 관한 합동회의를 열어 분할・민영화에 반대하는 방침을 확인하고, 분할은 "불경제적이며, 국민생활을 강하게 압박한다"며, 국회 내에서 타당의 협력을 얻기 위해 노력하기로 일치하였으나, 85년 6월 27일 민사당의 츠카모토 사부로(塚本三郎)위원장이 국철개혁문제 등과 관련하여 "수상이 단호히 임하는 한, 민사당은 전면적으로 지지하고자 한다"[44]고 나카소네 정권에 협력할 생각을 강조한 것을 보아도,

---

40) 大嶽秀夫 「自由主義的改革の中のコーポラティズム—電電公社民營化における全電通の役割—」『レヴァイアサン』臨時增刊(1992 夏), p.133.

41) 「讀賣新聞」1982년 3월 29일자.

42) 내용에 관해서는 『公明』246(1982. 7), pp.16～21을 참조 바람.

43) 「讀賣新聞」1982년 3월 29일자.

44) 「朝日新聞」1985년 6월 28일자.

타당의 협력을 얻는 일은 어려운 상황에 놓여 있었다. 이런 상황을 반영하여 사회당의 타나베 마고토(田辺誠)서기장은 10월 3일의 국노(國勞) 전국위원장·서기장회의에서 "분할·민영화 반대의 방침은 견지하나, 민영화에는 찬성하여도 분할에는 신중한 정당도 있으므로 분할반대 선에서 공투를 벌여, 국민의 다수파형성에 힘을 기울인다"[45]고 말하게 된다. 그리고 10월 18일 타나베 서기장·마가라 에이키치(眞柄榮吉) 총평사무국장의 회담시, 임시국회에서의 국철재건문제에 관해, ① 분할·민영화반대의 기본자세는 견지한다 ② 그러나 국회내외에서 다수파공작을 진행함에 있어서, 분할반대, 지방선폐지 반대, 고용확보의 세 가지를 주축으로 진행시킨다고 하는 방침을 확인하게 되는데[46] 이것은 더 이상 민영화에는 반대하지 않는다고 하는 명백한 후퇴를 의미하는 것이었다.

그러나 야당의 합동보조를 기도한 사회당의 그런 움직임도 국철개혁법안이 국회에 제출되자, 공명·민사의 지지에 의해 사회당이 국철개혁법안을 저지할 가능성은 무산되었다. 더구나 86년 10월 22일 사회·공명·민사 각 당이 각각 법안의 수정요구를 특별위원회에 제출했는데 그에 대해 자민당측은 사회당의 요구는 무시하는 한편 공명, 민사의 요구에는 배려하는 자세를 나타내, 24일 개혁 8법안이 중의원국철개혁특별위원회에서 자민, 공명, 민사의 찬성으로 수정된 후 가결되어 중의원을 통과하게 되는 것이다.[47]

이상과 같이 국철의 경영형태 변경 등에 관한 법률의 개정, 폐지에는 정책결정과정에서의 자민당의 역할, 혹은 임조의 역할이 아무리 크다하더라도 국회에서 야당의 동의를 받아내는 것이 필요한 것인데, 행정개혁의 정치과정에서 생긴 야당간의 대응의 차이가 가져온 「사공민연합정권구상」의 파탄과 공명·민사

---

45) 「朝日新聞」1985년 10월 4일자.

46) 「朝日新聞」1985년 10월 18일자 석간 참조.

47) 飯尾潤 『民營化の政治過程』(東京大學出版會, 1993), pp.171~72 참조.

의 자민당에의 접근이 그것을 가능케 했다고 할 수 있다. 또 자민당과 연립정권을 형성한 신자유클럽(新自由クラブ)은 물론이며, 공명·민사 양당은 「사공민연합정권구상」대신 자민당과의 연립을 모색하게 된 것이다. 예를 들면, 공명당의 타케이리(竹入), 민사당의 사사키(佐々木) 양위원장은 85년 2월 20일 회담을 갖고 79년에 교환한 양 당수 확인사항 중 "자민당과의 연합 혹은 연립은 행하지 않는다"라고 한 부분을 실효화 시키기로 하고[48], 이어서 민사당은 3월 23일, 제30회 정기대회에 제출할 운동방침안을 발표했는데 그 안에 "자민당과의 연립정권도 배제하지 않는다"라고 명기하게 된다.[49]

이상과 같이, 행정개혁의 정치과정에 있어서의 사회당의 행동을 「수동적 저항」으로 규정한 것은 자민당 일당우위정당시스템이었다고 할 수 있는데, 이 시스템과 관련이 깊은 「60년체제」의 또 다른 서브시스템인 「대기업노사연합」의 협력시스템 하에서 정책협의·노사협조를 표방하는 민간노조를 중심으로 하는 노동전선통일의 움직임이 행정개혁의 정치과정 속에서 사회당의 지지기반인 총평에 「수동적 저항」을 강요했다고 하는 것을 다음 절에서 검토하고자 한다.

제3절 민간노조선행에 의한 노동전선통일의 움직임과 총평

80년대의 노동계의 노사협조노선 혹은 자민당에의 접근·자민당과의 정책협조노선은, 일본의 노동계에 「성공」을 가져왔다고 말해지고 있다. 예를 들면, 쿠메 이쿠오(久米郁男)는 "일본의 노동은 정치경제에 깊게 뿌리를 내리고 있으며,

48) 「朝日新聞」1985년 2월 21일자 참조.

49) 「朝日新聞」1985년 3월 24일자 참조.

노동정치가 노사간에 이루어지는 교섭보다도 오히려 경제시스템 속에서의 거래에 기초를 두고 있기 때문에, 80년대의 신보수주의적 개혁은 거기에 손을 댈 수 없었으며, 경제적 자유주의와 민간의 활력을 중시하는 80년대의 신보수주의적 조류 속에서도 일본의 노동은 그 힘을 잃는 일이 없었다"[50]고 말하고 있다. 이 견해는 민간노조에 국한시키면 타당할 지도 모른다.[51] 그러나 이 견해에는 관공부문의 민영화에 의해 총평산하 관공노(官公労)의 힘이 저하된 것, 그 결과로서 일본의 노동운동의 일각을 점해온 총평이 「해체」에 이른 사실이 불문에 붙혀져 있다. 따라서 이 절에서는 민간노조의 「성공」과는 대조적으로 힘이 저하, 「해체」에의 길을 걷게 된 총평의 문제를 분석한다. 이를 위해 민간노조선행에 의한 80년대의 노동전선통일의 움직임과 행정개혁과의 관계를 밝히고, 그것에 대한 대응에 있어서 총평이 「수동적 저항」을 할 수밖에 없었던 것은 「대기업노사연합」의 협력시스템과 자민당의 對노동전략이 있었기 때문이었다는 사실을 검증하고자 한다.

1. 행정개혁을 둘러싼 노동계의 동향

80년대의 노동전선통일의 움직임은 76년 민간노동조합에 의해 정책・제도요구를 운동의 중심으로 하는 정책추진노조회의(政推會議)가 결성된 데서 시발된다. 그 후 80년대에는 통일추진회, 82년에는 전일본민간노동조합협의회(全民労

50) 久米郁男「新保守主義の時代における日本の労働政治」『レヴァイアサン』17(1995), p.167.

51) 츠지나카 유타카(辻中豊)도 연합(連合)의 성립은 민간노조의 성공이었다고 평가하면서 연합이 일본의 정치시스템에 있어서 중요한 요소가 되었기 때문에 "일본의 이슈 공간의 중심은 가장 영향력있는 정치, 관료, 재계 그리고 노동 액터가 완전히 점유하고 있다"고 주장한다. Yutaka Tsujinaka, "Rengo and Its Osmotic Networks", in Gary D. Allinson & Yasunori Sone, (eds.), *Political Dynamics in Contemporary Japan*(Cornell Univ. Press, 1993), pp.200~213 참조.

協)가 결성되고, 87년에는 전일본민간노동조합연합회(連合)의 발족을 보게 된다. 그에 따라 전일본노동총동맹(同盟)과 중립노동조합연락회의(中立労連)는 해산했다. 그리고 89년에는 마침내 관민통일에 의한 일본노동조합총연합회(新連合)가 결성되어, 총평도 해산하게 되었던 것이다.[52] 민간노동조합은 이런 노동전선통일의 과정 속에서, 감세·세제개혁, 연금제도개혁 등 제도·정책요구를 최대의 목표로 삼아가는 것이다. 그 제도·정책요구의 기초가 되는 것은, 현 경제체제하의 시장을 통한 기업활동에서 얻을 수 있는 이윤이며, 임금뿐만 아니라 여러 종류의 후생제도와 퇴직금 등 기업내분배의 유지였다. 따라서 민간대기업노조의 제일의 관심은 관공노나 중소기업노동자와 비교해서 상대적으로 유리한 조건을 그들에게 제공하고 있는 현 경제체제의 유지인 것이다.[53] 그러므로 이 제도를 위협할 것 같은 경향, 예를 들면 국민 경제의 운영을 위험하게 할 것 같은 국가재정의 악화에 위기감을 느껴, 이에 대해서는 재계단체와 보조를 맞추어 재정재건, 행정개혁을 제창하기도 한 것이다.

그러나, 민간노조가 행정개혁을 지지한 데는 이상과 같은 이유 이외에 행정개혁이란 정치과정에 있어서의 노동계의 헤게모니 싸움, 즉 새로운 연합체 결성이라는 문제가 관여되어 있다고 생각된다. 즉 1950년 이후 노동계는 관공노계를 주체로 하는 총평에 의해 계속 주도되어왔는데 고도성장기에 중심적인 역할을 담당하여 힘을 길러온 민간노조는 사회과정에 있어서 소수자(조직노동자의 1할 정도, 노동자 전체의 3~4%)인 관공노계의 노조가 전국적인 조직성, 대기업조합으로서의 재정적인 윤태함, 또한 파업권을 박탈당하고 정부 예산에 의해 임금이 규정되는 데서 오는 강한 정치성에 의해, 노동계에서 다수를 제압하고 있

52) 일본에 있어서의 노동전선통일의 움직임에 관해서는 労働運動研究會編『資料労働戦線統一－総評·同盟から「連合」へ』, pp.625~62 참조.

53) 村松岐夫·伊藤光利·辻中豊『戦後日本の壓力団体』, pp.132~33 참조.

는 것에 대하여, 그러한 뒤틀림을 극복하기 위한 수단으로 행정개혁을 간주하고, 그 과정에 참가를 도모함으로써 헤게모니를 잡으려고 했던 것이다.[54] 재계의 경우는 81년도 예산에서 법인세가 2% 인상된 것이 계기가 되어, 도코(土光) 경단련 명예회장의 제2임조 회장 취임과 경제단체의 행정개혁을 향한 적극적인 활동이 시작되었다. 그 배경에는 증세와 행재정 비대화의 악순환에 대한 공포 외에도 재정의 국채(國債)의존체질에 대한 경계심, 스태그플레이션에 대한 위기감, 자민당 장기정권의 금권체질에 대한 위기감이 있었다고 분석되고 있다.[55]

한편 행정개혁을 추진하는 제2임조와 정부·자민당 쪽에서 보면 행정개혁을 수행하기 위해서는 그 주요한 반대세력인 공노협(公勞協)을 고립화시키는 일이 중요한 포인트가 된다. 그 경우 중요한 역할을 감당할 수 있는 것이 전민노협(全民勞協)의 전신인 정추회의(政推會議)였다. 자민당은 76년 및 79년 선거패배에 자극되어 지지기반 재편의 단서 및 정책협조의 상대를 행정개혁 추진에 대한 구체적 제안을 행하고 있었던 민간 대기업노조의 새로운 연합체인 정추회의로 정하게 되는데[56] 그 변화가 자민당의 운동방침에도 나타난다. 즉 80년의 운동방침에는 민간노조와의 제휴, 특히 정추회의의 이름이 거론되어 높게 평가되고 있다. 그 후 자민당과 정추회의와의 첫 회합이 80년 2월 18일 자민당 본부에서 열리게 된다. 이 회합에서 아베(安倍) 자민당 정무조사회장이 "80년대는 70년대의 연장이 아니며 커다란 문제에 봉착해 있다. 이 때문에 노조와의 대화를 강화해가고 싶다"고 협력을 구한데 대해, 정추회의의 간사이며 전기노조위원장인 카타야마 토시후미(堅山利文)는 "자민당이 노조와의 교류, 제휴를 내세

54) 辻中豊『利益集团』(東京大學出版會, 1988), p.165. 同「勞働界の再編と八六年体制の意味」『レヴァイアサン』1(1987 秋), .pp.47~48 참조

55) 高須賀義博「臨調基本答申の歷史的意味」『エコノミスト』(1982. 8. 24), p.28 참조

56) 辻中豊, 전게논문, p.64 참조

운 것은 획기적이다. 정권담당정당과 솔직하게 대화하는 데는 의의가 있다"고 기대를 표명하고, 공공요금 인상을 포함한 물가문제와 춘투(春鬪), 행재정개혁 등에 관해 의견을 교환했다.[57] 82년에도 동일하게 정추회의의 이름이 거론되어 샐러리맨 층과의 제휴라는 말이 등장한다. 83년에는 노조와의 대화추진이 강조되고, 84년에는 전민노협의 이름이 총평・동맹과 함께 등장하는 것이다.[58] 이와 같은 운동방침의 배경에는 도시형정당으로의 탈피를 모색하는 자민당의 對노동전략이 있었다고 생각되는데, 이런 자민당의 전략에는 "중도세력은 행정개혁에 협력적이다. 이 지지를 확보하여 사회당과 공산당을 고립시킨다"[59]라고 하는, 행정개혁을 순조롭게 추진하려고 하는 나카소네의 의향이 있었다고 말해지고 있다.

행정개혁에 관해 정추회의는 80년 1월 예산안에 대한 요망 속에서 3K적자해소, 행정의 간소화・효율화・통폐합, 보조금의 정리 등의 행정개혁을 전면에 내세우고, 같은 해 8월에는 스즈키 젠코(鈴木善幸)수상과 회견하는 자리에서 행정개혁・3K적자해소를 요구하고 있다. 그리고 81년 3월 제2임조의 발족 때는 동맹의 카나스기 히데노부(金杉秀信) 조선중기노련(造船重機勞連)위원장을 위원으로, 야마다 세이고(山田精吾) 정추회의 사무국장을 전문위원으로 들여보냈다. 나아가 제2임조에 호응하여 행정개혁추진국민운동을 북돋운다는 방침 하에 동맹, 정추회의, 금속노협, 화학에네르기노협은 「행정개혁 추진 국민운동회의」를 발족시키게 되는 것이다. 그 행혁추진회의의 설립총회는 81년 3월 25일 열렸는

57) 「朝日新聞」1980년 2월 18일자 석간 참조.

58) 그러나 주의해야할 것은 85년에는 일체 「勞働」이라는 말이 나타나지 않았다는 점이다. 辻中豊 「現代日本政治のコーポラティズム化」內田滿編 『講座政治學三・政治過程』(三嶺書房, 1986), p.248 참조.

59) 牧太郎 『小說土光臨調』(ビジネス社, 1983), p.69.

데 그 회장에는 민간노조의 지도자 이외에도 나카소네(中曾根)행정관리청장관이 내빈으로 출석하였으며, 도코(土光) 제2임조 회장으로부터 메시지가[60]도착해 있었던 것을 보아도 자민당의 대노동전략과 「대기업노사연합」의 일단을 엿볼 수가 있다. 그 후 민간노조는 일관되게 행정개혁의 정치과정에 있어서 임조·재계·정부와 보조를 함께하는 것이다. 이상과 같은 민간노조의 노사협조노선 혹은 자민당에의 접근·정책협조노선 하에서 관공부문을 민영화하는 일이 행정개혁의 목적이 되었다. 국철이 행정개혁의 중요대상으로 선택된 것은 재정재건을 직접의 계기로 하는 행정개혁에 있어서, 국철이 16조 엔의 빚을 지고 있으며 매년 실질적으로 2조 엔의 적자를 내고 있었던 사실에 비추어 볼 때도 당연한 귀결이었다고 말할 수 있다. 그러나 그에 더하여 국철조합이 매년 춘투에서 사철(社鐵)와 함께 파업을 실시한 것, 또 잇따른 국철운임 인상으로 불만을 고조시켜온 국민에게 있어서 국철은 극히 가까운 존재였던 것도 요인일 것이다. 나아가, 국노(國勞)·동노(動勞)는 공노협(公勞協)의 핵심이고, 공노협은 또 관공노동조합의 지주로서의 위치를 차지하고 있었으며, 공노협·공무원공투의 노동조합이 총평노동운동을 지탱해온 것도 그 요인의 하나였다고 생각된다.[61]

2. 행정개혁에 대한 총평의 대응

이와 같은 의미를 갖는 행정개혁에 관해 총평은 처음에는 제2임조의 설치법안에는 기본적으로 찬성의 입장을 취하여, 1981년 3월 16일 열린 간사회에서 "① 목자르기는 인정하지 않는다 ② 배치전환은 노사협의·합의를 전제로 한

60) 谷木俊正 「『行政改革』と第二臨調」『月刊社會党』298(1981. 5), p.197 참조

61) 吉村勵 「『行革』の本質と狙いは何か」『経濟評論別冊·行革と官公勞働運動の危機』2(1982. 9), p.14 참조

다"62)는 조건부로 행정개혁찬성을 확인하고, 총평 내에 행정개혁의 기준을 만들기 위해 「행정개혁 대책위원회」를 설치한다. 그러나 제2임조의 심의가 진행됨에 따라 "국민생활을 희생으로 하여, 재계부담을 억지하려고 하는 재계주도형 행정개혁"이라고 비판하고, 나아가 제2임조 제4부회가 국철·전전·전매의 3공사를 분할·민영화하고, 공단 등도 정리·통합한다는 부회보고를 정리하여 조사회에 제출하자, 총평과 국철4조합(國勞, 動力車, 全施勞, 全動勞), 전전통(全電通), 전전매(全専賣), 정노협(政勞協)은 그에 반발하여, 항의 성명을 내게 된다.63) 이와 같은 항의나 반대가 영향력을 갖기 위해서는 노동조합의 통일된 행동이 필수 조건인데 총평과 동맹 간의 균열이 표면화하고 있었다. 즉 행정개혁을 둘러싸고 일경연(日経連), 경단연(経団連)과의 간담회, 민사당·공명당·사민련과의 협의를 의욕적으로 거듭해온 동맹은 "관민의 의견 차이를 부각시키게 되어도 어쩔 수 없다", "제2임조의 위원이 된 카나스미(金杉), 마루야마(丸山) 두 사람의 의견조정은 무리다", "일경연과 일치한 사항에 대해서는 각각의 임조위원을 지원하고 싶다"64)라는 자세를 취했던 것이다. 그 배경에는 전술한 바와 같이 관공부문의 민영화에 편승하여 노동전선통일 움직임의 주도권을 잡고 싶

62) 「朝日新聞」1981년 3월 17일자.

63) 제2임조 제4부회보고에 대한 총평의 견해는 「三公社民営化についての總評見解」總評四十年編集委員會·總評資料頒布會編 『總評四十年』(總評資料頒布會, 1989)을 참조 바람. 또한 제4부회보고에 대해 國勞·動勞·全施勞·全動勞의 國鐵4조합은 국철의 경영위기는 자민당정부의 사적독점본위의 경제정책, 무계획적인 교통정책에 의해 발생한 것임에도 불구하고 규모나 관리능력의 문제로 바꿔치기했다는 비난성명을 발표했다. 全電通은 분할·민영화가 정보통신사업의 현상과 장래전망이라는 관점에서 볼 때 비현실적임과 동시에 보고의 기초가 되어 있는 노사관계에 대한 인식도 왜곡되어 있다고 비판했으며, 全專賣도 담배의 민영이행은 "일본시장을 거대한 외국담배자본에 내어주는 것"이라는 반대성명을 발표했다.

64) 谷木俊正 「『行政改革』と第二臨調」, 전게서, p.196.

다는 의도가 있었다고 생각된다.

그런데 1975년 11월 26일부터 공노협은 파업권을 실력으로 탈환하겠다는 생각으로 국노·동노를 중심으로 전후 최장인 8일간에 이르는 「파업권 파업」을 실시했다. 그러나 국민여론의 격심한 비난을 받음과 동시에 민간노조의 관공노 비판을 증폭시켜 결국 아무런 성과도 얻지 못한 채 끝났고 말았다. 이 「파업권 파업」의 결과는 그 후의 공공부문의 노동운동에 대단히 큰 영향을 주게 되었다.[65] 즉 「파업권 파업」실패에 의한 공노협의 힘의 저하와 함께 정부·재계·민간노조에 포위된 형태가 된 관공노를 주체로 하는 총평은 민간노조 안에서 진행되고 있던 노동전선통일 움직임에 스스로 참가함으로서 영향력을 유지해가려고 했던 것이다.

그리고 80년 7월 21일 열린 총평 제61회 정기대회에서 토미즈카(富塚) 사무국장은 강대한 보수체제 하에서는 노동전선통일, 국민 속에서의 다수파형성이 필요하다고 하며, 그것을 달성하기 위해 혁신연합정권을 추구해가는 것을 제안하게 된다.[66] 즉 총평은 행정개혁 등의 공격에 의해 고립화되어가는 속에서 노동전선통일에 의한 정치적 압력 및 정책참가에 의해 정당재편을 촉진하고, 제도·정책면의 충실을 기하는 방향밖에 관공노조직의 장래에 대한 전망은 없다고 생각하고 「열린 총평」이라는 현실노선을 내세워 사·공 정권합의에 있어서 적극적인 역할을 하게 되는 것이다. 거기에 「보강견해(補强見解)」문제가 등장한다. 총평의 토미즈카(富塚) 사무국장은 민간노조 선행에 의한 노동전선통일을 목적으로하는 「통일추진회」가 81년 5월 1일 발표한 「노동전선통일의 기본구상」[67]

65) 石幡信夫『日本の勞働組合－歷史と組織－』(日本勞働硏究機構, 1990), p.21 참조.

66) 『總評四十年』, p.659.

67) 1981년 6월 3일 최종 결정된 「民間先行による勞働戰線統一の基本構想」의 자세한 내용은 勞働運動硏究會 編, 전게서, pp.169~75 참조 바람.

에 대해, 5월 27일 총평민간단산회의의 대표자 회의에서 총평의 대응책으로 5개 항목의 보강견해를 「사무국장 메모」라는 형태로 제안한다. 그 내용은 ① 국민춘투노선의 평가와 계승・발전, ② 반자민당세력의 결집, 전야당과의 협력, ③ 이데올로기 등에 의한 선별방식은 취하지 않는다, ④ 중소노조, 미조직노동자에의 원조, 지역노동운동분야에의 통일 견해, ⑤ 기업주의의 극복이었다.[68] 그리고 제63회 정기대회 전에 열린 간사회에서 「민간선행에 의한 통일기본구상」에 대해서는 토미즈카(富塚)사무국장이 사적으로 제창한 「반자민・전야당결집」 등 5항목을 간사회 방침으로 확인하게 된다. 그러나 8월 4일 총연합, 동맹과의 협의에서 총평이 「기본구상」으로 채택할 것을 요구한 5항목 중 특히 「반자민・전야당의 결집」은 논의의 대상이 되지 않는 것으로 의견이 일치되어[69] 그 결과, 마키에다(槇枝) 총평의장은 8월 11일 총평과 총연합의 제3회 회담석상에서 총평의 5항목견해에 관해 "통일준비회 참가의 절대조건은 아니다"[70]라고 말하지 않을 수 없게 된 것이다. 결국, 총평은 현안인 5항목 보강견해를 둘러싸고 전민노협과의 사이에 기본구상의 수정이 아니라 연합조직 이행시에 강령・기본방침 안에 살린다는 방향으로 정리해 갈 것을 확인하게 된다.[71]

---

68) 勞働運動研究會編, 전게서, pp.179～80 참조

69) 이것은 同盟의 의견이 반영된 것이라고 생각된다. 즉 「基本構想」의 작성을 위한 제7회 통일추진회의에서 전국섬유산업노동조합동맹(ゼンセン同盟)의 우사미(宇佐美)가 정책과제의 해결을 위해 적극적으로 협력해 줄 정치세력으로서 자민당을 상정하고 있는 것이다. 「勞働戰線統一推進會議事錄」勞働運動研究會編, 전게서, p.521 참조

70) 「日本経済新聞」1981년 8월 12일자.

71) 「五項目補強見解に關する狀況と今後の取り扱いについて」勞働運動研究會編, 전게서, pp.298～300 참조

3. 노동전선통일운동에 있어서의 총평의 영향력 약화

이와 같이 총평이 민간노조를 중심으로 진행된 노동전선통일 대응에 있어서 수동적인 입장에 설 수밖에 없었던 이유는 첫째, "정부, 재계를 중심으로 관공노 비판을 강화하여, 방만경영이나 관민격차공격 등 민간과의 분단 정책이 거듭되는 가운데 관공노가 안고 있는 문제에 대해 동맹을 포함한 전체의 공투가 곤란했던 점"[72], 둘째, 총평산하의 관공노 중에도 전전통(全電通)처럼 노동전선통일에 적극적인 노조도 있었고, 또 전전공사(電電公社)의 분할 · 민영화에 대해서도 「분할」에는 반대하지만 「민영화」에는 반대하지 않는다는 태도의 변화가 생겨, 관공노 사이에도 보조가 맞지 않는 사태가 발생했다는 점을 들 수 있을 것이다. 전전통(全電通)은 전전(電電) 3법의 국회심의에 대하여 사회당을 중개로 한 종래의 영향력 채널뿐만 아니라 민사당 등 다른 야당 나아가 자민당과의 직접적인 접촉 루트를 개척 · 이용함으로서, 「분할」하는 일 없이 「민영화」하도록 압력을 가해, 조직의 영향력 유지를 도모한 것이다. 또 자민당 측도 전전통(全電通)과의 직접교섭에 적극적으로 나왔는데 그것은 나카소네 수상의 "왼쪽으로 날개를 펼친다"는 전략의 반영으로 이해되었다.[73]

셋째, 국철개혁 문제와의 관련을 지적할 수 있을 것이다. 앞서 말한 대로 85년 10월 19일 사회당의 타나베(田辺) 서기장, 총평의 마가라(眞柄) 사무국장 간에 국회내외에서의 다수파공작을 위해 민영화에는 반대하지 않는 것을 확인했는데, 거기에는 민간노조와의 통일전선을 목표로 동맹 등 「분할 · 민영화」에 찬성하는 측에도 일정한 배려를 할 수밖에 없었던 것과[74], 국철조직을 그대로 유

---

72) 『總評四〇年』, p.848.

73) 大嶽秀夫「自由主義的改革の中のコーポラティズム」, 전게서, pp.136~37 참조

74) 早川純貴 「國鐵の 『分割 · 民營化』をめぐる總評指導と國勞の抵抗力」 『阪大法學』 42(1992. 11), p.639 참조

지하여 노동전선통일 움직임에 있어서 영향력을 보지하려고 하는 의도가 있었다고 생각된다. 그러나 총평집행부를 당혹하게 한 것은 「분할 · 민영화」 반대를 주장하는 국노와 조직유지를 위해 당국과의 화해 · 협의를 추진하려고 하는 동노와의 사이에 일어난 총평내부의 대립이 표면화한 일이었다. 같은 총평산하의 두 노조가 대립관계에 있다고 하는 것이 한층 총평의 입장을 곤란하게 한 것이다. 결국, 국노의 조직을 유지한 채 노동전선통일에 참가하려고 했던 총평의 의도는 국철의 분열에 의해 좌절하고, 국노를 탈퇴한 구 주류파(사회당계)에 의해 결성된 「일본철도산업노동조합총평연합」만을 노동전선통일에 참가시켜 가게 된다.

제4절 보수지배체제로의 노동의 합류

본장에서는, 행정개혁의 정치과정에 있어서 「수동적 저항」의 주체였던 사회당과 총평의 움직임을, 이 두 가지 액터의 행동을 규정한 당시의 정치과정을 기본적으로 지탱하고 있던 「60년체제」와의 관련에서 고찰하여, 왜 사회당과 총평이 「수동적저항」을 할 수밖에 없었는가를 밝히려고 했다.

일당우위정당시스템 하에서 야당이 정부 · 자민당의 존립기반을 흔드는 그런 정책을 강화하기 위해서는, 야당의 통일행동이 불가결한 조건인 것은 말할 나위도 없다. 그러나 80년대 행정개혁의 정치과정에 있어서 사회당은 동원할 수 있는 리소스의 결여, 제2임조의 심의과정에의 접근 차단 등의 제약요인에 더하여, 「사공민연합정권구상」의 파탄, 그리고 공명 · 민사 양당과 자민당과의 정책수렴경향에 의해 「수동적저항」을 할 수밖에 없었던 것이다. 또, 사회당의 지지기반인 총평도, 관공부문의 분할 · 민영화라는 자기 조직기반의 붕괴를 의미하는 행정개혁의 정치과정에 있어서, 그 조직을 유지하고, 고립화를 벗어나기 위해서는, 관공노 뿐만 아니라 민간의 노동조합 나아가 미조직노동자도 자기편으로 끌어들이지 않으면 안 되었는데, 민간노조선행에 의한 노동전선통일 움직임 속에서 「대기업노사연합」의 협력시스템과 민간노조의 정부 · 자민당과의 협조노선에 제어되고, 게다다 내부분열까지 가세되어 수동적 입장에 설 수밖에 없었던 것이다.

이상과 같이, 80년대의 노동전선통일 문제는 행정개혁과 깊게 관련되어 있어 단순한 노동계의 주도권 싸움만으로 볼 수는 없다. 그 배경에는 보혁백중현상과 지지층의 도시화를 극복하기 위해 그리고 행정개혁을 추진 시에 필요한 지지 확보를 위해 민간노조의 협력을 필요로 했던 정부 · 자민당의 노동전략이 있었다고 생각된다. 만약 80년대 일본에 있어서 노동의 「성공」 혹은 「코포라티즘」 체제의 정착이 있었다고 한다면, 그것은 행정개혁의 정치과정에 있어서의 「대기업노사연합」의 협력시스템과 민간노조와 임조 · 정부 · 자민당과의 협조노선의 제도화를 의미함과 동시에 총평의 「해체」과정도 의미한다고 말할 수 있다. 결국 "노동정치로부터 본 임조의 행정개혁이란, 노동운동의 우선회의 완료이며, 보수지배체제로의 노동의 포섭을 의미하고"[75] 있었던 것이다.

75) 新川敏光『日本型福祉の政治経済學』(三一書房, 1993), pp.226~27.

제 6 장

정치환경 변화와 행정개혁

제6장

정치환경 변화와 행정개혁

행정개혁을 국민의 입장에서 볼 때, "가장 경계를 필요로 하는 해결책은 '최초저항선'의 논리에 따라 저항이 강력한 영역 내지 상대적으로 대등한 힘을 가진 행정부문간의 분쟁을 격화시키는 문제는 피하고, 강력한 이해관계집단을 갖고 있지 못한 약한 부분이나 대상에게 희생을 강요하는 형태로 사태가 진행되어 가는 것"[1]이라고 할 수 있다. 그러나 「60년체제」의 변용기에 행해진 제2임조・행혁심(行革審)에 의한 행정개혁은 어느 정도의 성과는 거두었지만, 조직화되어 있지 않은 집단 M. 올슨(Mancur Olson)이 말하는 「잊혀진 집단=소리 없는 집단」[2]이나 이익네트워크에 포함되어 있지 않은 집단의 희생을 표면화시키는 결과를 가져왔다. 즉 미일구조협의에서 문제시되고 있는 행정과 업계의 유착구조는 80년대 행정개혁의 한계를 여실히 보여주고 있는 것이며, 이 구조는 소비자의 희생 위에 기존업자와 관료에게 이권을 산출시켰다고 하는 지적이나[3], 리쿠르트 오직(汚職)사건・사가와 큐빈(佐川急便)사건 등이 발생한 것은 제2임조 행정개혁의 귀결이었다고 하는 지적[4]에서 알 수 있듯이 80년대의 행정개혁은

---

1) 田口富久治 「先進諸國の行政改革序論」田口富久治編 『主要諸國の行政改革』(勁草書房, 1982), p.33.

2) Mancur Olson, *The Logic of Collective Action : Public Goods and the Theory of Groups*(Harvard Univ. Press, 1965), 依田博・森脇俊雅譯 『集合行爲論－公共財と集団理論』(ミネルヴァ書房, 1983), pp.201～203 참조.

3) 山口二郎「行政改革のなかの省廳組織再編論」『賃金と社會保障』1035号(1990. 6), p.42.

4) 카모 토시오(加茂利男)는 "리쿠르트 오직사건이나 사가와 큐빈사건이 보여준 것처럼 고도

60년체제를 형성하고 있던 기존의 여러 관계에 규정되어 능동적 저항주체로서의 관료제와 같이 저항이 강한 영역에 대한 개혁은 회피되었다. 그 결과 기존의 융합관계나 이익네트워크의 재편성이라고 하는 구조적 개혁에는 크게 미치지 못했다고 말하지 않을 수 없다. 특히 2년에 걸친 제2임조의 논의 속에서 중앙성청의 핵심이라 할 수 있는 대장성개혁이 심의의 대상이 되지 않은 것은 확실하다. 제2임조에 의한 행정개혁의 포인트의 하나는 대장성이 개혁의 대상이 되지 않았다는 것에 있는 것이다.[5)]

이상의 논리에 입각하여 80년대 행정개혁의 정치과정을 관료제를 중심으로 정리해 보면, 관료제가 갖고 있는 정보 또는 전문지식・정책지식이 저항의 리소스가 될 수 있었으며, 그것은 일당우위정당시스템 하에 있어서 관료제가 자민당과의 안정적인 융합관계를 유지하고 있었다는 것, 나아가 관련 이익단체와 밀접한 이익네트워크를 형성하고 있었기 때문이라고 생각할 수 있다.

이 장에서 명백히 하고자 하는 것은 일당우위정당시스템 하에서 관료제와 자민당간의 장기적이고 안정적인 융합관계가 93년의 자민당 붕괴와 야당전락이라는 정치환경변화에 의해 변화를 야기했으며, 그것이 80년대 행정개혁에서의 관료제 개혁과는 다른 결과를 가져왔다는 것이다. 정치환경의 변화에 의해 자민당과 관료제의 관계에 변화를 가져왔고, 그 변화가 행정개혁이라는 정책에도 반영되었다는 것을 밝히려고 하는 것이다. 따라서 이 장은 제1장에서 제5장까

정보화의 진전과 이것을 배경으로 한 민영화・규제완화・금융자유화 등의 움직임은 정보산업이나 도시재개발 등에 관계하는 거대한 비즈니스 찬스=이권을 산출했다. 그러한 비즈니스 찬스를 둘러싼 인사이더정보를 찾아서 토쿄에 펼쳐진 비공식적인 정책네트워크(사적 자문기관이나 유력정치가를 둘러싼 회합・인맥)에의 접근을 시도하는 신흥기업이 발생한 것도 임조 행정개혁의 하나의 귀결이다"는 인식을 피력하고 있다. 加茂利男『日本型政治システム』(有斐閣, 1993), p.185.

5) 眞渕勝『大藏省はなぜ追いつめられたのか』(中央公論社, 1997), p.96 참조.

지의 분석과 시간적 범위를 달리하는 보론적 성격의 분석이 될 것이다. 즉 1장에서 5장까지가 80년대 나카소네 정권기의 행정개혁의 정치과정을 분석대상으로 하고 있는데 비해 이 장은 「하시모토행정개혁」으로 불리며 착수된 90년대의 중앙성청재편에 대한 분석인 것이다.

일본에서 「하시모토행정개혁」으로 불리며 착수된 중앙성청의 재편에 의해 새로운 중앙정부조직이 2001년 1월 6일 출범했다. 하시모토 류타로(橋本龍太郎) 수상은 1997년 1월의 시정방침연설에서 6개의 개혁을 내각의 과제로 내걸었다. 행정개혁(중앙성청의 재편, 내각기능의 강화), 재정개혁(세출삭감, 세출구조의 개혁), 사회보장개혁(의료·복지시스템개혁, 연금개혁), 경제개혁(규제완화에 의한 경제의 활성화), 금융개혁(금융의 자유화), 교육개혁이 그것이다. 여기에서는 6개 과제의 하나로 출발하여 명치유신과 전후개혁에 이은 「제3의 개혁」이라고 불리며 진행되어져 온 행정개혁 중 2001년 새로운 모습으로 탄생한 중앙성청의 재편과정을 분석대상으로 한다. 나카소네 행정개혁은 하시모토의 6개의 개혁과 거의 내용을 같이하고 있다. 따라서 나카소네의 행정개혁이 하시모토 행정개혁보다는 더 포괄적이었다고 말할 수 있을 것이다.

분석에서는 중앙성청 재편의 내용분석이나 그 한계를 밝히기 보다는 중앙성청 재편이 가능했던 이유가 무엇인가를 고찰하는데 초점을 맞출 것이다. 왜냐하면 전술한 바와 같이 일본에 있어서 행정개혁의 역사, 특히 중앙성청의 개혁에 관한 역사를 살펴보면 그것은 관료제의 저항에 의한 좌절의 역사였다고 말할 수 있는데, 그렇다고 한다면 관료제의 저항을 극복하고 중앙성청의 재편이 가능했던 이유는 무엇인가를 밝힘으로써 본서의 주장에 근거를 제공할 수 있게 되리라고 생각했기 때문이다. 왜 관료제 조직의 개편이 가능했는가? 이것이 문제의식이 출발이며 중앙성청 재편이 가능했던 요인을 명백히 하는 것이 본 이 장의 목적이다.

제1절 중앙성청 재편의 과정

1. 중앙성청 재편의 정치적 흐름

1996년 1월 무라야마 토미이치(村山富市)내각총리대신의 돌연한 사임에 따라 하시모토 연립내각이 성립했다. 「하시모토행정개혁」은 96년 6월 자민당이 「하시모토행혁(行革)의 기본방향에 대해서」를 공표함으로써 출발했다고 볼 수 있다. 이것은 96년 10월의 총선거를 의식한 것이었다. 1996년 총선거에서는 전후 일본의 고도성장을 지탱해온 정치・행정시스템이 저성장, 고령화, 국제화, 다양한 가치관이라는 새로운 상황에 적절히 대응할 수 없게 되었다는 인식이 국민들 사이에 광범위하게 확산되면서 각 당이 일제히 행정개혁을 공약으로 들고 나왔던 것이다.[6]

---

6) 각당의 중앙성청 개혁에 대한 선거공약을 요약하면 다음과 같다. 자민당은 96년 9월 「하시모토행정개혁의 기본방향에 대해서」를 기초로 동년 10월의 총선거를 향한 당의 공약으로서 「일본을 활력있게 하기 위한 행정개혁」을 정리하였다. 동 공약은 당의 행정개혁추진본부(본부장:水野清)가 중심이 되어 작성한 것으로 그 중에서 중앙성청에 관한 부분은 ① 나라의 기능을 「국가존속을 위한 기능」・「나라의 부를 확보, 확대하는 기능」・「국민생활을 보장하는 기능」・「교육이나 국민문화를 계승, 형성, 양성하는 기능」의 4가지로 나누어 성청의 수를 현재의 반수 정도를 목표로 재편한다. ② 국정전체와 국가기능의 중요부분에 책임을 지는 성소관대신과 전문적 사무를 정치적 책임을 가지고 집행하는 무임소대신의 조합을 검토한다 등으로 요약할 수 있다.

96년 9월 24일 발표된 사회민주당(社會民主党)의 「96총선거정책대강」중에서 중앙성청의 재편에 관한 부분을 요약하면 다음과 같다. ① 지방분권과 규제완화를 추진하고, 중앙정부의 역할을 축소한다. ② 정치에 의한 컨트롤을 강화하기 위해, 수상의 권한을 강화하고 관저에 조정기능을 집약한다. ③ 금융의 자유화・국제화에 적합한 금융행정의 개혁을 진행하여 금융관계국의 통합, 일본은행의 독립성 강화, 금융검사의 분리, 예산편성시스템의 개혁 등 대장성개혁을 행한다.

신당사키가케(新党さきがけ)가 96년 9월 26일에 발표한 「총선거에 임하는 우리당의 자세」 중에서 중앙성청의 재편에 관한 부분을 보면, 대장성개혁을 시작으로 하는 중앙성청의 재편성을 단행한다. 조직, 인사 양면에서 재정과 금융의 분리를 확보할 수 있는 내용을 포함

행정개혁의 중심테마인 중앙성청의 재편문제는 공산당을 제외하면 각 당의 재편안 내용에 큰 차이가 없었다. 전반적으로 보면 일단 국민에게 어필하고 보자는 식의 중앙성청의 통폐합이라는 느낌이 강하고 통폐합을 왜 실행해야 하는가 라는 기본정책에 관한 이념이 결여되어 있다고 볼 수 있다. 단지 총선거의 결과, 단독과반수를 점한 정당이 없는 정세 하에서 각 당의 행정개혁안에 차이가 없다라고 하는 것은 선거 후의 연합정권 수립은 물론 행정개혁 추진에 있어서 각 당이 결집하기 쉬운 하나의 요인이 되었다고 말할 수는 있을 것이다.

1996년 10월 31일 자민당·사회민주당·신당사키가케의 여당 3당은 「새로운 정권을 향한 3당 정책합의」를 발표하였다. 이 합의에 따라 중앙성청의 재편과 통합을 위한 종합적인 사항을 조사·심의하기 위한 「행정개혁회의」가 발족되었

한 대장성개혁법안, 일본은행의 독립성을 강화하기 위한 일본은행법개정안을 제정한다. 소비세 세율을 인상하기 전에 내각총리대신 직속의 행정개혁추진실을 설치하고 새로운 시대에 대응한 행정의 전개를 도모하기 위해 기구개혁, 공무원제도개혁 등의 실시에 관한 개혁내용을 책정한다 등으로 되어 있다.

신진당(新進党)은 「국민과의 5가지 계약」이라는 선거공약에서 21성청에서 15성청으로 재편하고 최종적으로 총리부를 포함하는 10성청으로 재편하겠다고 약속하면서 97년 통상국회에 새로운 성청통폐합법안을 제출하겠다는 방침을 표명했다.

민주당은 96년 9월 22일 발표한 기본정책 중에서 중앙성청의 개혁에 관해 "내각의 조정기능을 강화하고, 예산, 세입, 행정관리, 위기관리 등의 국가전략과제와 관련된 기능에 대해서는 내각직속의 다른 조직으로서 설치한다. 중앙성청은 외무, 방위, 법무·안전, 국토·환경, 생활기반, 산업·무역, 복지·고용, 교육·과학기술·문화·스포츠의 8개의 분야구분을 기초로 재편한다. 섹셔널리즘의 폐해를 제거하기 위해 공무원인사제도의 발본적 개혁이나 민간등용의 도입, 정원의 삭감을 추진한다"는 입장을 표명했다.

공산당은 국민이 주인공이라는 정신 하에 행정전체의 재조정이 급무이며 성청의 수에 손대는 것이 중심문제가 아니다라고 하면서 대장성에 과도하게 권한이 집중되어 있는 감독제도를 개편하여 은행이나 증권회사에 대한 감독기관을 대장성으로부터 독립된 형태로 창설한다는 공약을 내걸었다.

「毎日新聞」1996년 10월 1일자 및 野口修一『「行政改革」の開幕と行方』(新日本法規, 1997), pp.119~131 참조.

다. 이 행정개혁회의는 내각총리대신(회장)과 행정개혁담당대신(총무청장관, 회장대리) 및 13명의 위원으로 구성되었다. 행정개혁회의는 21세기의 국가기능체제와 중앙성청재편, 수상기능의 강화를 위한 구체적 방안마련을 주요 검토과제로 삼고 발족 1년 후인 1997년 12월 3일, 전후 50년 동안 제도피로를 일으킨 각종 행정제도를 근본적으로 개혁하여 21세기형 행정시스템으로 전환한다는 것을 기본이념으로 하는 최종보고서를 발표하였다. 이 최종보고서에는 내각기능의 강화, 중앙성청개편, 행정기능의 감량·효율화, 공무원제도개혁 등 광범위한 내용이 담겨져 있다.

1997년 12월 4일 일본정부는 행정개혁회의의 최종보고서에 담긴 내용을 최대한 존중한다는 방침을 결정하고, 차기통상국회에 중앙성청개편 등을 위한 기본적 법률안을 제출하기로 결정하였다. 또한 그 준비체제를 갖추기 위해 내각에 내각총리대신을 위원장으로 하고 전각료를 위원으로 하는 중앙성청재편준비위원회를 설치하였다. 행정개혁회의의 최종보고서에 기초한 「중앙성청개혁기본법안」은 1998년 2월 17일 제142회 국회에 제출되었으며, 6월 9일 참의원 본회의에서 가결되었고 6월 12일 공포되었다. 중앙성청개혁기본법 제정 이후 행정개혁회의의 최종보고서를 구체화하기 위한 관계법령 정비작업이 진행되어 1999년 12월 성청개혁실시와 관련된 법률이 제정 및 개정된 결과 2001년 1월 6일의 새로운 정부조직 출발로 이어졌다.

2. 1부 12성청체제의 출발

새로운 중앙성청체제의 출발이란 「1부 21성청」에서 「1부 12성청」으로의 재편을 의미한다. 성청의 재편에 수반하여 관방(官房) 및 국(局)의 총수는 128에서 96으로, 과실(課室)의 총수는 1166에서 997로 감소했다.[7] 내각기능을 대폭적으로 강화시키려는 의도에서 내각부를 신설하여 수상을 보좌하는 내각기능을 강화하고, 각료 외에 종래의 정무차관을 대신하는 부대신, 정무관 포스트를 신설하여 정치가를 각 성청에 대량으로 보내는 시스템을 확립하였다. 종적행정을 타파함으로써 정책결정을 관료주도형에서 정치주도형으로 대체할 수 있는 환경이 형식적으로나마 정비되었다고 볼 수 있을 것이다.

내각부는 총리부, 경제기획청, 오키나와개발청이 합류, 「관료우위」에 대항하기 위해 12성청보다도 한 단계 높은 위치가 부여되었다. 예산편성방침을 책정하는 경제재정자문회의를 둠으로서 예산편성권을 확보하고 대장성지배에 종지부를 찍는 것을 목표로 하고 있다. 또한 수상의 지도력 강화를 목적으로 각의에서의 수상의 발의권이나 내각관방이 중요정책을 기획입안하는 것을 명문화하였다. 좀 더 구체적으로 검토해 보면, 내각법 개정에 의해 각의에 있어서의 수상의 기본방침발의권을 명문화하였으며 수상보좌관의 증원이나 비서관 수의 탄력화, 임기제 임용제의 도입, 관청으로부터의 파견인사 개선 등을 통해 내각관방을 강화했다. 내각부설치법에서는 내각의 중요정책에 관한 사무를 보좌하는 내각부를 일반성청보다 격상시켜 신설했다. 여기에는 수상을 장으로 하는 경제재정자문회의가 설치되어 예산편성의 기본방침, 거시경제정책이나 사회자본의 종합정비계획 등을 심의하여 대장성에서 재편된 재무성에 지시하는 형태를 취하게 되었다. 또한 내각관방이나 내각부에 부성(府省)간의 정책조정권을 인정함

---

7) 전후 일본의 행정조직은 1952년에 1부 11성체제로 출발했다. 당시의 행정관리청장관 하시모토 료오고(橋本龍悟)는 1부 9성으로의 재편을 시도했으나 관료제의 저항에 의해 실패했다. 그 후 방위청, 경제기획청, 과학기술청의 설치, 자치청의 「성」으로의 승격, 이어 오키나와개발청, 환경청, 국토청 등의 설치에 따라 1부 21성청체제가 되었으며, 전후 행정수요의 증대로 인해 각성청 국(局)의 총수도 계속 증가되어 131이 되었다. 사토내각 하에서 「1성청 1국 삭감」이 행해진 결과 114까지 감소하였으나, 신청 설치 등에 의해 79년 이후는 128을 유지했다. 本田雅俊『現代日本の政治と行政』(北樹出版, 2001), p.89.

으로써 종래의 사무차관회의를 최종단계로 하는 상향식 정책입안과는 반대의 하향식 정책입안을 가능하게 하였다.[8)]

성청레벨에 있어서는 운수성, 건설성, 국토청, 홋카이도개발청의 4성청이 국토교통성으로 통합됨으로써 공공사업예산의 8할을 손에 쥐는 거대성청이 탄생하게 되었다. 자치성, 총무청에 우정성이 통합된 총무성은 직원 수 30만 명을 거느리는 또 하나의 거대관청으로 등장하였으며, 그 중 우정3사업[9)]은 우정사업청으로 분리되어 2003년도에 우정공사로 이행되지만, 국영은 사실상 유지되어 초점의 민영화문제는 연기되었다. 후생, 노동 양성은 통합되어 후생노동성이 탄생하였고, 대장성은 재무성으로 개편되었다. 대장성이 가지고 있던 금융행정은, 금융감독청이 대장성 금융기획국을 흡수하여 생긴 금융청으로 이관되었다. 금융청은 대장성 관료에 대한 과잉접대 등의 불상사에 대한 비판을 배경으로 정치적으로 결정된 「재정・금융 분리」의 일환으로 설치되었으며, 종래의 개별금융기관에 대한 검사・감독업무에 더하여 법개정 등 금융제도의 기획・입안업무도 담당하게 됨으로써 일원적으로 금융행정을 책임지고 관리하게 되었다. 문부성과 과학기술청의 원자력행정을 제외한 부문이 문부과학성으로, 통상산업성과 과학기술청의 원자력행정이 경제산업성으로 통합되었으며, 환경청이 환경성으로 승격하였다. 기존의 조직형태가 크게 변화되지 않은 성청은 법무성, 외무성, 농림수산성, 방위성으로 승격하지 못한 방위청 등이다.[10)]([그림6-1] 및 [그림6-2] 참조)

---

8) 笠京子 「中央行政組織改革の研究」水口憲人他編 『変化をどう説明するか:行政篇』(木鐸社, 2000), p.224~225 참조.

9) 우편, 우편저금, 간이보험의 3가지 사업을 가리키는 말로 전국 약 2만 5천개의 우체국에 약 30만명의 직원이 재직하고 있다. 2003년에 「국영유지, 3사업 일체, 직원은 국가공무원」이라는 형태로 우정공사로의 이행이 결정되어 있다.

10) 「毎日新聞」2001년 1월 6일자.

[그림 6-1] 일본 중앙성청 재편성 구조

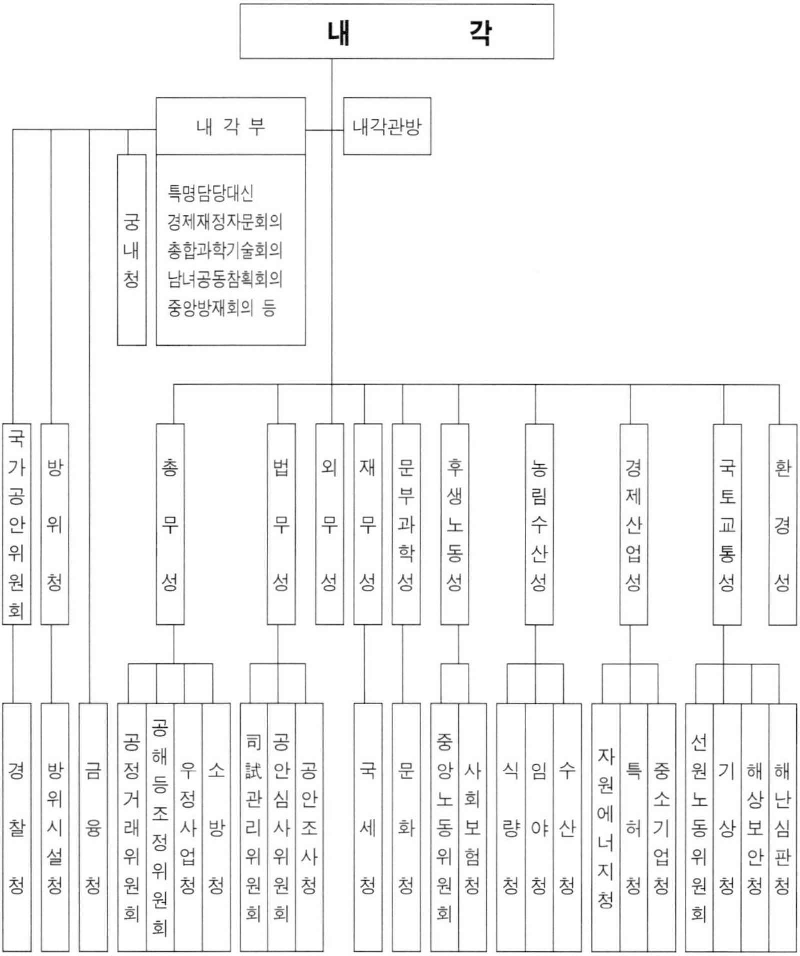

1) 금융청은 2000년 7월 설치
2) 우정사업청은 2003년에 우정공사로 이행
출처) 行政改革會議事務局OB會 『21世紀の日本の行政-行政改革會議活動記錄-』(行政管理研究センター, 1998), p.1070 참조

[그림 6-2] 중앙성청의 재편도

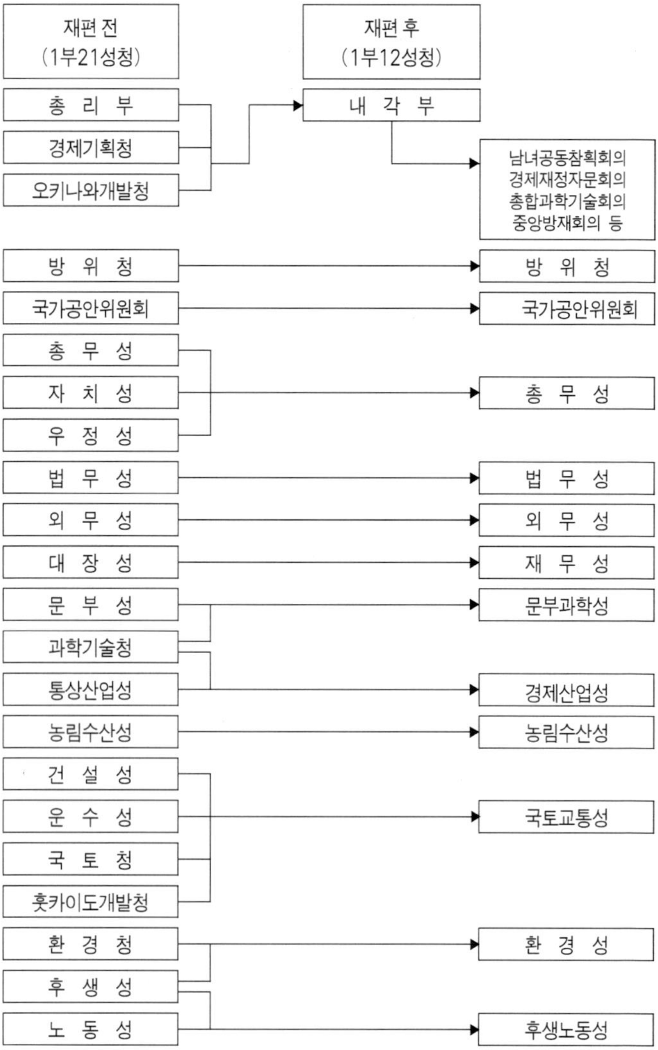

출처) 「日本經濟新聞」2001. 1. 6.

제2절 중앙성청의 재편가능요인

중앙성청의 재편을 가능하게 했던 요인분석을 하기 전에 관료제의 「저항」의 의미를 정리해 두고자 한다. 일반적으로 관료제의 「저항」을 명확히 하는 것은 곤란한 작업이다. 왜냐하면 "정치가의 행동은 언제나 눈에 뜨이기 쉬운데 반해 관료의 행동은 눈에 보이지 않으며 익명적이기"[11]때문이다. 그러나 일본의 정치과정을 고려한다면, 관료제는 "여당인 자민당정조회의 각 부회와 접촉하여 자민당 의원에게 저항을 의뢰하는 방법"[12]이라는 강력한 저항수단을 가지고 있다고 말할 수 있다. 정조부회가 각 성청에 대응하여 설치되어 있기 때문에 당과 성청은 일상적인 파이프를 가지고 있다는 것이 그 근거이다. 이러한 관료제와 자민당의 융합관계가 「하시모토행정개혁」이전까지 중앙성청 재편에 대한 관료제의 저항을 가능하게 했다고 생각할 수 있다.

하시모토행정개혁이라 불리는 행정기구의 개혁이 목표로 하고 있는 방향은 내각기능의 강화, 행정조직의 간소화, 중앙성청의 통폐합의 세 가지로 요약할 수 있다. 그리고 그 궁극적인 목표는 전후 일본의 다원적 정치과정에 있어서 우월적인 혹은 중핵적인 역할을 담당해 온 관료제의 지배체제 개편을 통한 정치의 복권이었다. 자유민주당행정개혁추진본부의 사무국장으로서 자유민주당 행정개혁의 실질적인 입안자 역할을 수행한 야나기사와 하쿠오(柳澤伯夫)의원도 중앙성청 재편을 중심으로 하는 이번의 행정개혁이 정관관계의 개혁, 즉 재정재건과는 달리 중앙관료의 지배통제시스템의 창조적 파괴에 그 목표를 두고 있음을 명백히 밝히고 있다.[13] 이하에 있어서는 이러한 의미를 갖는 중앙성청의

11) 脇山俊『官僚が書いた官僚改革』(産能大學出版部, 1994), p.66.

12) 後藤田正晴『政と官』(講談社, 1994), p.86.

13) 柳澤伯夫「今次行政改革の目指すもの」(1997. 10. 17), 増島俊之「中央省廳等改革基本法

개혁이 관료제의 저항에도 불구하고 왜 가능했는가에 대한 요인을 분석할 것이다. 필자 나름대로 네 가지 요인을 나열하는 형태로 제시하겠지만, 이 네 가지 요인이 동일한 수준에서 동일한 영향력을 발휘했다고 간주하고 있는 것은 아니다. 사회경제적 환경변화, 추진체제와 개혁절차의 변화, 여론과 매스미디어의 변화는 중앙성청 재편을 가능하게 했던 배경요인으로 취급될 것이며, 일당우위 정당시스템의 붕괴에 따른 정치환경의 변화에 초점을 맞출 것이다. 왜냐하면, 중앙성청 개혁을 필요로 하는 환경적 요인이 다 갖추어져 있다하더라도 그것을 정치과제로서 채택하고 추진하는 것은 정치의 역할이라고 생각하기 때문이다.

1. 사회경제적 환경변화

1990년대에 들어와 일본경제는 버블경제 붕괴에 의한 위기에 직면했다. 이 버블경제 붕괴 후의 불황탈출을 위해 거대한 재정지출과 감세라고 하는 경기자극책이 수차 시도되었음에도 불구하고 이러한 케인즈적 정책은 거의 효과를 거두지 못하고 재정적자를 급상승시켰으며, 경기의 후퇴에 의해 세수는 늘지 않고 97년까지 국채의 누적채무는 팽창을 계속하였다. 또한 국제적인 금융규제완화에 대응하지 못한 결과 일본은 구조불황에 직면하게 되었으며, 심각한 90년대의 경제불황은 일본인들 사이에 자조적으로 「잃어버린 10년」 「제2의 패전」이라 불리었다. 그 위에 초고령화사회의 도래라고 하는 악몽이 겹쳤다. 출생률의 급격한 저하는 멈추지 않았으며 평균수명은 계속 기록을 갱신해 나갔던 것이다. 게다가 의지하고 있던 민간경제의 실속에 의해 사회복지시스템도 다시 붕괴의 위기에 직면하게 되었다.

이러한 일본경제의 위기극복이라는 과제에 직면해서 일본 경제시스템 그 자

行革の特色と問題點」『レヴァイアサン』24(1999, 春), p.33 재인용.

체가 이 과제달성의 장해가 되고 있다는 인식이 확대되어 갔으며, 제2임조 시대부터 지적되어 온 정부・기업관계의 유착체질이 다시 문제시되었다. 농업, 유통업, 건설업, 그 외 중소기업에 대한 보호정책이 일본의 산업구조를 비효율화시키고 있다는 비판에 더하여 금융이라고 하는 민간대기업에 대한 보호정책도 비난의 대상이 되었다.14)

결국 연이은 관료제의 불상사 발생과 함께 위와 같은 사회경제적 문제는 사회경제시스템이 제도피로를 일으키고 있다는 것, 바꾸어 말하면 그것을 조직으로서 담당하고 있는 중앙성청 조직자체가 제도피로를 일으키고 있다는 인식이 확산되어 갔다. 이전부터 행정의 최대문제로 인식되어 온 자동안정장치를 갖지 않는 행정은 비대화되고 경직화되기 쉽다라고 하는 종적행정의 폐해가 한층 증폭된 결과, 사회경제의 구조개혁은 진척되지 않고 모든 분야에서 문제가 분출하고 있다는 것이다. 명치유신과 전후개혁에 이은 「제3의 개혁」이 요구되어 사회경제시스템과 그 운용의 개혁과 함께 중앙성청의 조직형태가 문제시된 이유이다. 사회경제의 제도 및 시책이 중앙성청에 의해 기획입안되어 운용되고 있기 때문에 오히려 중앙성청 자체의 개혁이 먼저 행해질 필요가 있다는 것이다.

이와 같은 상황 속에서 제3차 임시행정개혁추진심의회(이하 행혁심)는 1993년 10월의 최종답신에서 성청을 크게 묶어 재편성하는 구상을 제시했지만, 이 구상은 정부에 실행을 강요하는 것이 아니고 단지 이미지로서 제시한 것에 불과했다. 그러나 이 발상은 그 후 성청재편구상에 계기를 부여했으며 하시모토 행정개혁에 연결되어 갔던 것이다.15)

---

14) 大嶽秀夫『「行革」の發想』(TBSブリタニカ, 1997), pp.11～19 참조

15) 田中一昭・岡田彰(編),『中央省廳改革』(日本評論社, 2000), pp.12～13.

2. 추진체제 및 개혁절차의 변화

96년 10월의 총선거 후 자민·사민·사키가케 3당이 교환한 「새로운 정권을 향한 3당 정책합의」문서를 보면 "총리의 강력한 리더십 하에 민간인을 중심으로 한 총리직속기관을 설치하고 성청의 기능별 재편·통합, 중앙·지방공무원의 과감한 합리화, 중앙과 지방의 역할을 수정하여 행정에 대한 국민의 신뢰구축과 투명성의 확보, 재정재건법의 검토 등 관료제의 대개혁을 단행한다. 구체적인 실시절차에 대해서는 총리직속기관 설치 후 1년 이내에 개혁안을 작성하여, 바로 법안화 작업에 들어가 1998년 통상국회에 제출하여 성립을 도모한다. 성청의 재편·통합은 법안성립 후 5년 이내에 실시한다. 이 이외의 사항에 대해서는 가능한 것부터 즉시 실시한다"[16]고 되어 있다. 이러한 합의가 하시모토 수상의 소신표명연설에서 명확하게 표명되어 96년 11월 19일의 각의에서 행정개혁회의의 발족이 결정되었던 것이다. 수상 스스로 행정개혁회의의 회장에 취임했다는 것은 결정사항이 사실상 그대로 하시모토내각의 결정이 된다고 하는 것을 의미하였다.

위원에는 행정개혁위원회와 지방분권추진위원회의 양위원장을 기용한 외에 경제계·학계·노동계 등에서 폭넓게 임명하였으며, 현직·OB를 포함한 관료는 섹셔널리즘과 성청이익을 배제하기 위해 제외되었다. 사무국의 조사원도 관민 동수(同數)가 선임되었다.[17] 이러한 행정개혁회의의 구성은 가능한 한 관료제의 저항을 억제하려는 시도라고 볼 수 있다. 즉 하시모토 수상은 오랫동안

16) 行政改革會議事務局OB會(編) 『21世紀の日本の行政』(行政管理研究センター, 1998), p.1074.

17) 회장과 회장대리 이외의 13명의 위원 구성은 학계 6명, 경제계 3명, 언론계 2명, 노동계 1명, 사무국장인 수상보좌관 1명으로 되어 있으며, 사무국의 조사원은 28명으로 관계 14명, 민간 14명으로 구성되었다.

자민당의 행재정조사회회장을 지낸 바 있으나, 특히 제2임조 활동기에 임조의 전문위원과 참여(參与)로 참가한 전현직 관료들의 저항을 행재정조사회회장으로서 경험하고 있었기 때문에 이를 미연에 방지하기 위한 방책을 강구한 것이라고 말할 수 있다.

한편 성청재편은 행정개혁이라고 하는 커다란 과제 속에서, 정계에서는 독불장군적인 존재로 인식되어 왔고 자민당내의 지지기반이 상당히 약한 하시모토수상이 리더십을 발휘할 수 있는 유일한 테마였다. 왜냐하면 중앙성청의 재편이라고 하는 개혁의 「희생자」는 중앙성청에 근무하는 관료에 한정된다고 생각되었기 때문이다.[18] 또한 행정개혁회의를 하시모토수상이 조직하고 주재한 이유도 당내기반이 약한 그가 당내의 반대여론을 억제하기 위한 수단으로서 이 회의를 이용하려 했다는 데 있었다고 생각된다.[19]

하시모토행정개혁의 추진체제로서는 수상직속기관인 행정개혁회의가 중핵이 되지만, 수상을 포함한 전 각료로 구성하는 정부의 행정개혁추진본부, 그리고 제3자기관인 행정개혁위원회와 지방분권추진위원회가 있으며, 자민당행정개혁추진본부가 있다. 이 기관들이 하시모토행정개혁의 추진을 지원하는 모체이다.([그림6-3]참조)

---

18) 다른 분야 예를 들면 규제완화를 추진하기 위해서는 산업계와의 이해조정이 불가결하며, 족의원에게 배려하면서 그들의 협력을 얻는 것이 필요하다. 또한 지방분권 특히 보조금을 정리하기 위해서는 지방출신의원의 이해에 신경을 쓰지 않으면 안 된다. 이와 같이 관료제의 이해를 초월한 행정개혁을 실시하기 위해서는 당내의 조정이 상당히 중요한 과제가 되며 따라서 강력한 당내기반이 필요하게 된다. 眞淵勝 「省廳再編－橋本行革の終り」『中央公論』(1997. 12), p.45.

19) 98년 6월 14일 일본공공정책학회 주최의 심포지움에서 동경대 니시오 마사루(西尾勝)교수가 한 발언. 增島俊之, 전게논문, p.49 참조

[그림 6-3] 하시모토 행정개혁의 추진체제

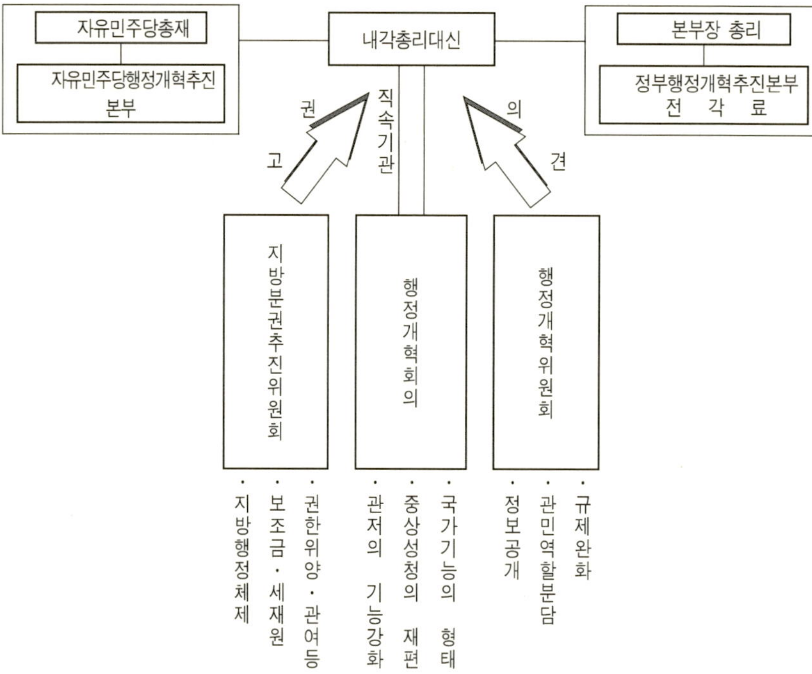

출처) 行政改革會議事務局OB會(1998), p.1017.

1부 12성청을 축으로 하는 중앙성청 재편에 관한 개혁안은 하시모토 내각이 행정개혁회의를 발족시켜 약 1년여에 걸친 논의 끝에 결정되었다. 그러나 제3차 행혁심이 중앙성청의 재편에 대한 답신을 제출한 1993년부터 계산한다면 계획된 행정개혁안이 결론에 다다르기까지 5년이라는 시간이 걸렸으며, 2001년에 실시되기까지는 약 8년간의 장기적인 기간을 요했다. 이 동안에 여·야 정권이 두 차례나 바뀌었고 여당 내에서도 하시모토정권, 오부치 케이조(小淵惠三)정권, 모리 요시로(森喜朗)정권으로 바뀌는 과정을 겪으면서도 개혁의 연속성이 유지되었다. 그 이유를 정책결정까지가 어려우나 일단 합의된 사항을 이행하는 데는 어려움이 없다는 합의를 존중하는 정치문화에서 찾기도 한다.

그러나 필자는 그 원인을 행정개혁의 절차 특히 중앙성청개혁기본법에 있다고 생각한다. 왜냐하면 중앙성청개혁기본법안이라고 하는 법률에 의해 중앙성청 재편의 설계도를 확정지음으로써 행정개혁의 정치과정에 등장하는 행위자들의 행동이 규정되었다고 생각하기 때문이다. 기본법안은 97년 5월 12일에 중의원 본회의에서 가결, 98년 6월 9일에 참의원 본회의에서 가결되어 성립했다. 기본법이 성립해도 중앙성청의 개혁이 즉시 실시되는 것은 아니며, 기본법은 이후의 개혁작업에 대한 큰 틀을 정한 것이라 할 수 있다. 구체적으로는 행정개혁 전반에 걸친 개혁사항과 그 내용, 검토해야 할 사항에 대한 개혁방향, 개혁절차 등을 정한 것이다. 개혁을 위한 법률이 제정됨으로서 구체적인 성청설치법 등의 작업 시에 필요한 기준이 존재하게 됨으로써 정당을 자기편으로 끌어들여 저항하고자 하는 관료제와 이해 관계자의 저항을 상당부분 억지하는 효과가 있었던 것이다.[20]

또한 제도개정 검토의 큰 틀은 각의결정에 의해 결정되는 것이 보통이지만, 중앙성청의 재편에 있어서는 법률이라고 하는 형식을 취함으로써 행정개혁 입안 프로그램에 있어서 입법부의 관여를 비약적으로 확대시키고 있다. 하시모토 정권은 입법부의 의사를 법률이라는 형태로 명확화 함으로써 정치가가 비개혁적 행동을 하지 못하게 하는 구조의 구축을 의도했던 것이다. 따라서 98년 7월의 참의원 선거 결과 자민당이 패배하여 하시모토 총리가 퇴진하고 오부치수상, 모리수상으로 내각이 바뀌어도 중앙성청개혁은 그대로 계승되었던 것이다.[21]

---

20) 전 내각법제국장관 오오모리 마사스케(大森政輔)의 발언. 田中一昭・岡田彰(編), 전게서, p.16 참조.

21) 增島俊之, 전개논문, p.31 참조.

3. 여론과 매스미디어의 변화

전후 일본의 지속적인 발전을 가져온 것은 관료제의 역할 때문이었다라고 하는 국민의 신뢰가 90년대 들어 변화를 보이기 시작했다. 특히 90년대 중반 대장성과 후생성을 비롯한 관료제의 불상사가 속출함으로써 전후 일본 통치구조의 중핵을 담당해 온 관료제에 대한 불신은 국민들 사이에 정점에 달했으며, 그것은 행정개혁에 대한 기대 및 지지로 나타났다. 이에 대응하는 형태로 선거전에서는 모든 정당이 행정개혁을 공약으로 내걸었으며, 특히 하시모토정권이나 자민당의 입장에서 볼 때 공약대로 소비세율을 5%로 인상한 것에 대한 대가라 할 수 있는 행정개혁은 피할 수 없는 정치적 과제가 되었다.[22] 이러한 정치상황과 함께 행정개혁에 대한 국민여론의 지지가 중앙성청의 재편을 추진하는 원동력이 되었던 것이다.

자민당행정개혁추진본부장이었으며, 행정개혁회의의 위원 겸 사무국장이기도 했던 미즈노 키요시(水野清)도 행정개혁회의의 심의과정에서 여론의 후원과 매스미디어의 호의적인 논조가 관료제의 저항을 극복하는 커다란 힘이 되었다고 술회하고 있다. 여론의 후원과 매스미디어의 지지를 받기 위해서는 심의과정과 그 내용이 공개되어야 함은 이론의 여지가 없지만, 하시모토수상은 이를 전략적으로 이용하였다고 한다. 미즈노에 따르면 자민당행정개혁추진본부장을 맡았던 때와 여당3당(자민당・사회민주당・신당사키가케)의 행정개혁프로젝트팀의 좌장을 맡고 있었을 때 기자석을 만들어 매스미디어에 100% 공개하여 행정개혁추진 무드를 관료제에 침투시켜 불완전하나마 일본은행법 개정, 공익법인개혁 등을 추진할 수 있었던 경험에서 「공개」만이 개혁의 최선의 수법이라고 확신하고 있었다고 한다. 행정개혁회의에도 이 방식을 도입할 수 없을까 생각하고 있었

---

22) 笠京子, 전게논문, p.228 참조.

는데 하시모토총리도 같은 생각을 가지고 있어 각 성청으로부터 히어링을 할 때에 "히어링이 시작되면 지금까지보다 더 정보의 공개가 필요하다. 각 성이 어떠한 논점을 가지고 대처하는가를 국민에게 공표하고 그것에 대해 국민이 어떠한 반응을 보이는가 그것을 파악하여 대응하는 것이 대단히 중요하다"는 지시를 했다고 한다.[23)]

이러한 전략과 함께 매스미디어의 획기적인 변화가 중앙성청의 개혁에 커다란 역할을 수행했다고 하는 논자도 있다. 즉 일본의 보도기관은 권력에 밀착해서 자세한 보도는 하지만 권력의 근본적인 문제점을 정면에서 추급하려고 하지 않으며 권력의 홍보기관으로서는 기능하지만 그것에 대한 체크기능으로서는 기능하지 않는 구조적인 문제점을 안고 있다고 한다. 그러나 이번 중앙성청의 재편, 특히 대장성개혁을 예를 들어 살펴본다면 일본의 보도기관은 대장성이 갖고 있는 문제점을 지속적으로 지적하고 개혁에 대한 대장성의 저항을 엄격하게 체크함으로써 전후 수차에 걸쳐 좌절된 대장성개혁에 커다란 힘이 되었던 것이다. 매스미디어에 의해 대장성이 자신의 조직을 지키기 위해 어떠한 행동을 하고 있는가 라는 정보가 국민에게 넓게 공개되어 국민이 감시할 수 있게 됨으로서 대장성이 자유롭게 활동할 수 없게 되었으며, 또한 대장성개혁에 반대 입장을 취하고 있던 국회의원이 부정적인 발언을 반복하면 할수록 그 입장이 어렵게 되어갔던 것이다.[24)]

관료제에 대한 국민여론이 신뢰에서 불신으로 변화하는 과정 속에서 행정개혁회의의 정보공개 전략과 관료제 문제의 심각성을 인식하고 있던 매스미디어에 의한 지속적인 보도가 국민의 지지여론을 동원할 수 있었으며, 중앙성청의

23) 田中一昭 · 岡田彰(編), 전게서, p.vii 참조.

24) 石澤靖治, 『大藏省改革-挫折の歷史-』(岩波書店, 1997), pp.56～61. 이시자와는 朝日新聞, 日本経済新聞, 每日新聞의 역할을 중시하고 있다.

개혁에 커다란 원동력이 되었던 것이다.

4. 정치 환경의 변화

제1장에서도 언급했지만, 행정개혁은 "기존의 행정체계와 사회・행정환경 사이에 차이가 생겨, 이 차이를 해소하기 위해 사회의 특정 계층이 목적의식을 가지고 행정의 새로운 역할을 창출하고자 하는 것"[25]이지만, 동시에 그 과정은 이념과 욕망, 관료제의 합리성과 이익정치가 교차하고 있는 정치과정이라고 말할 수 있다. 다시 말하면, 행정개혁은 정치적・경제적・사회적 환경의 변화와 침체의 문제에 대처하기 위한 혁신적 제안의 단순한 적용이라고 볼 수는 없으며[26], 몽고메리(J. D. Montgomery)가 말하는 것처럼, 그것은 "관료제와 사회의 다른 구성요소와의 관계, 또는 관료제내의 여러 가지 관계를 조정하기 위한 정치과정"[27]이고, 제1임조에 참가했던 로오야마 마사미치(蠟山政道)가 말하는 것처럼, 행정개혁은 결코 그 개혁안에만 의존하고 있는 것은 아니며, 그것은 정치과정의 중요한 일환이기 때문에 내각이나 국회의 동향에 영향을 받는 것이다.[28]

관료제와 자민당은 일당우위정당시스템 하에서 안정적이고 장기적인 융합관계・이해관계를 유지해 왔다. 따라서 행정개혁이 정치과정의 중요한 일환이기 때문에 내각이나 국회의 동향에 영향을 받는 것이라고 한다면, 관료제가 일본

25) 水口憲人, "アメリカ合衆國の市政改革運動とその「遺産」", 田口富久治(編), 『主要諸國の行政改革』(勁草書房, 1982), p.83.

26) F. F. Redley, "Administrative Theory and Administrative Reform", in G. E. Caiden & Siedentopf, (eds.), *Strategies for Administrative Reform*(Lexington Books, 1982). p.3 참조.

27) J. D. Montgomery, *Sources of Administrative Reform : Problems of Power, Purpose and Politics*(CAG, 1967), p.2 참조.

28) 蠟山政道 「我が國における行政改革の課題」 『行政學研究論文集』(勁草書房, 1965), p.106 참조.

에 있어서 행정개혁에 저항할 수 있었던 중요한 요인의 하나로서 자민당내각이나 자민당에 의해 주도되어 온 국회가 중앙성청의 재편을 통해 관료제와의 관계를 불안정한 방향으로 변화시키는 선택을 하지 않았기 때문이라는 점을 들 수 있을 것이다. 관료제는 일당우위정당시스템 하에서 자민당의 정책을 입안·집행하는 조직으로서의 역할뿐만 아니라, 정치가의 인재공급원으로서도 자민당과 밀접한 관계를 가지고 있었다. 인적구성 면에 있어서도, 업무수행 면에 있어서도 관료제와 자민당은 강하게 연결되어 있었던 것이다.[29)]

그러나 93년 자민당이 야당으로 전락하면서 자민당과 관료제 사이에 변화가 일기 시작했다. 자민당 정권이 붕괴하자 자민당 장기집권 하에서 「정치화」되어 있던 관료제는 새로운 여당의 자리에 앉은 비자민 諸정당 특히 그 중핵에 있었던 오자와 이치로(小澤一郎)의 신생당과 긴밀한 파트너관계를 구축하려고 했다. 정계가 불안정한 상태에서는 중립적으로 행동하는 것이 정답이었음에도 불구하고 관료제는 자민당이 단기간 내에 다시 정권에 복귀했다는 사실을 고려한다면 최악의 선택을 하고 말았다. 구체적으로 말한다면 호소카와 정권기의 특징은 본래 내각을 지탱해야 할 관료기구, 특히 대장성과 통산성이 비자민연립여당의 중추와 극히 밀접한 관계를 가지고 있었다라고 하는 것이다. 오자와가 대장성과 긴밀한 관계를 유지하는 것에 의해 정당간의 조정과 정부·여당간의 조정이 이루어졌다고 말할 수 있다. 이러한 관계를 상징하는 사건이 「국민복지세」구상을 둘러싼 혼란이었다.[30)] 대장성의 사이토 지로(齋藤次郎)사무차관과 밀접한 관계에 있던 오자와 이 두 사람에 의해 시도된 것으로 알려진 국민복지세 도입구상과 그 좌절에 대해 자민당은 장기간 융합관계를 유지해 왔던 대장성이 재정

29) 新藤宗幸·山口二郎, 『現代日本の政治と政策』(放送大學教育振興會, 1995), p.47.

30) 山口二郎·生活経済政策研究所(編) 『連立政治·同時代の検証』(朝日新聞社, 1997), pp.34~37 참조

재건이라고 하는 자신들의 사정만을 고려하여 만들어낸 국민경시의 정치라고 비판하였다. 이 혼란과정에서 자민당 정치가는 대장성에 의해 무시되고 바보취급 당했다고 하여 분개했다고 한다.[31] 관청 중의 관청으로 불리며 막강한 권력을 자랑하던 대장성은 오자와를 파트너로 선택한 결과 여당에 복귀한 자민당에게 있어서 더 이상 파트너가 될 수는 없었으며, 오랫동안 지켜져 왔던 대장성 조직을 보전하는 약속도 위와 같은 대장성의 「배신행위」에 의해 파기되었다. 대장성을 둘러싼 불상사가 연속적으로 발생했을 때, 정권당 자민당과 대장성의 관계는 과거의 긴밀한 융합관계를 유지하고 있지 않았다. 자민당은 여론의 격렬한 비판으로부터 모든 수단을 다하여 대장성을 지킨다고 하는 마음을 잃어버리고 있었던 것이다.[32]

대장성개혁의 필요성을 지적한 제3차 행혁심의 중간답신이 제출된 것은 자민당정권의 말기인 93년 4월이었는데 실로 30년 만에 자민당의 손에 의해서 대장성개혁이 문제시된 것이다. 대장성과 일심동체가 되는 것에 의해 정권을 유지해 온 자민당도 자신의 기반이 흔들리기 시작한 것을 계기로 대장성과의 관계를 수정할 필요를 인정했던 것이다. 그러나 대장성개혁의 청사진을 그리기 전에 정치개혁이라는 폭풍 속에서 자민당 자신이 정권의 자리에서 내려올 수밖에 없었다. 자민당이 대장성개혁을 본격적으로 추진하기 위해서는 그 전에 대장성과의 파트너십을 단호하게 청산할 필요가 있었으나 대장성은 끊어 내버리기에는 너무나도 가깝고 매력적인 존재였다. 정권을 한번 건네주는 것에 의해서 처음으로 자민당은 대장성을 잘라 버리는 결의를 굳힐 수 있었다.[33] 이러한 배경하에 진행된 대장성 개혁이 계기가 되어 중앙성청 개혁이 시작되었던 것이다.

---

31) 吉田和男『これでいいのか省廳再編』(讀賣新聞社, 1998), p.74.

32) 眞淵勝『大藏省はなぜ追いつめられたのか』(中央公論社, 1997), pp.30~34 참조

33) 眞淵勝, 상게서, p.338.

관료제 저항의 가장 강력한 무기였던 자민당 의원을 통한 저항은 그 유효성을 상실하고 말았다. 또한 관청중의 관청이라 불리었던 대장성의 개혁이 다른 중앙성청의 재편보다 선행되어 이루어졌다는 사실은 다른 중앙성청이 개혁에 대해 저항하는 힘을 약화시키는 효과를 가져왔다고 볼 수 있을 것이다.

또 한 가지 행정개혁이 정치과정의 중요한 일환이기 때문에 내각이나 국회의 영향을 받는다는 것과 관련하여 관료의 저항을 극복하고 관료기구의 개혁이 가능했던 이유로 당시의 정권이 복수정당에 의해 이루어진 연립정권이었기 때문이라는 점을 들 수 있을 것이다. 96년 1월 무라야마 수상으로부터 하시모토가 정권을 인수받을 때 자민・사민・사키가케 3당간에 이루어진 「3당합의」에 중앙성청의 재편에 대한 검토항목이 포함되어 있으며, 전술한 바와 같이 96년 10월의 총선거 후 여당3당이 교환한 「새로운 정권을 향한 3당 정책합의」문서에서도 중앙성청의 대대적 개혁과 98년 통상국회에의 법안제출을 명시하고 있다. 이러한 제약에 의해 관료기구의 정리통합에 대해 지지모체인 노동조합과의 관계상 소극적일 수밖에 없었던 사민당도 표면적으로는 반대가 어렵게 되었다. 최대야당인 신진당도 행정개혁에 관한 한 기본적으로 자민당과 일치하고 있었으며 그 의미에서 공산당과 함께 반대 가능성이 있는 사민당이 여당으로서 연립정권에 참가하고 있던 시기야말로 중앙성청 재편을 추진하는 호기였던 것이다.[34] 또한 중앙성청의 재편에 선행되어 불완전하나마 대장성 개혁이 실현될 수 있었던 이유도 야당시절에 대장성에 비판적이었던 사회당(사민당)[35]이 여당에 참여하고 있었다는 점과 사민당 이상으로 대장성 개혁에 열심이었던 사키가

34) 草野厚『連立政権』(文芸春秋, 1999), pp.165~166 참조.

35) 사회당은 1996년 1월 19일에 개최된 당대회에서 당명을 사회민주당(사민당)으로 변경했다. 참고로 말하면 사회민주당으로의 당명의 영문표기 변경은 이미 90년에 이루어졌다. 즉 90년 9월 6일의 중앙집행위원회에서 「SPJ : Socialist Party of Japan」을 「SDPJ : Social Democratic Party of Japan」으로 변경할 것을 결정했던 것이다.

케가 여당이었다는 점을 들 수 있을 것이다.[36)]

제3절 정치과정 참가자의 관계와 행정개혁

이 장은 「하시모토행정개혁」에 의해 시작된 일본의 중앙성청 재편을 분석대상으로 한 것이다. 기존의 중앙성청 재편에 대한 분석은 주로 그 내용의 분석과 내용분석에 의해 도출된 개혁의 문제점 및 과제에 초점이 맞추어져 있다고 말할 수 있다. 중요한 작업임은 말할 필요도 없다. 그러나 필자의 관심은 일본의 행정개혁의 역사를 돌이켜 볼 때 중앙성청의 재편은 불가능한 과제였으며, 터부시되어 왔음에도 불구하고 왜 이 시점에서 그것이 가능했는가라는 것이며, 분석을 통해 재편 가능요인을 추출해 내고자 하였다.

물론 중앙성청의 개혁을 「실패」로 평가할 것인가, 「성공」으로 평가할 것인가에 대해서는 논자에 따라 다른 평가가 나올 수밖에 없다. 어떠한 개혁이든 완전한 「성공」이란 있을 수 없으며, 개혁의 내용이나 개혁에 의해 파생되는 다양한 영향을 분석하는 데는 상당한 시간이 소요되는 것 또한 사실이다. 이번의 중앙성청 재편에도 여러 가지 평가가 존재한다. 예를 들면 중앙성청의 재편은 기존 성청의 간판을 변경한 것에 불과하다 또는 복수의 성청을 하나로 통합한 것에 불과하다는 비판이 존재하며, 이번의 개혁을 통해 종적행정의 폐해시정이나 간소화·투명성의 확보 등 목적한 결과를 얻을 수 있을 것인가에 대한 우려의 목소리도 존재한다. 필자도 이번의 개혁이 「성공」했다고 평가하고 있는 것은 아니다. 많은 문제점과 과제가 남겨져 있다고 생각한다. 그러나 그럼에도 불

36) 草野厚, 전게서, p.171.

구하고 불완전하지만 왜 중앙성청의 재편이 실행에 옮겨질 수 있었는가 그 요인을 분석하는 것도 정치학적으로 중요한 작업이라고 생각했다. 왜냐하면 중앙성청 개혁을 필요로 하는 환경적 요인이 다 갖추어져 있다 하더라도 그것을 정치과제로 채택하고 추진하는 것은 정치의 역할이며, 위와 같은 비판이 타당하다 하더라도 일본형 다원주의 또는 일본의 정치구조를 고려할 때 명치 이래의 관료제도를 정치의 힘에 의해 바꾸었다라고 하는 것이 갖는 정치학적 의미가 크다고 생각했기 때문이다.

왜 중앙성청의 재편이 가능했는가? 결론적으로 말하면 사회경제적 환경 변화나 추진체제, 여론과 매스미디어의 변화 등이 중앙성청의 재편을 촉진한 중요한 이유이지만, 가장 중요한 요인은 정치 환경의 변화라는 것이다. 정치 환경의 변화로서 자민당이 정권에서 물러난 시기에 있어서의 관료제의 「반자민당적」행동이 자민당의 여당 복귀 후에 중앙성청의 재편이라는 결단을 가져왔다는 점과 당시의 정권이 자민당 단독정권이 아닌 사민당, 사키가케와의 3당 연립정권이었다는 두 가지 요인을 제시하였다. 즉 자민당과 관료제가 일당우위정당시스템 하에서 가지고 있던 안정적이고 상호보완적인 관계가 자민당의 야당전락이라는 경험을 통해 붕괴되고 그것이 결정적으로 중앙성청의 개혁을 가능하게 하였다는 것이다.

필자는 행정개혁의 정치과정에 있어서 관료제의 저항을 가능하게 했던 이유의 하나가 일당우위정당시스템 하에서 관료제와 자민당이 장기적인 융합관계를 가지고 있었다는 것이라고 주장하였다. 또한 관료제가 가지고 있는 정보 또는 전문지식이 저항의 리소스가 될 수 있었던 것도 일당우위정당시스템 하에서 관료제가 자민당과의 안정적인 상호의존관계를 유지하고 있었기 때문이라고 주장하였다. 이러한 논리에서 본다면, 하시모토정권에 의해 실질적으로 출발한 중앙성청의 재편이 가능할 수 있었던 가장 커다란 요인은 자민당이 정권에서 물러난 기간동안의 관료제의 행동이 자민당과 관료제와 관계에 균열을 가져와 자민당이 여당으로 복귀한 후에 중앙성청의 재편이라는 결단을 가져왔다는 점과 당시의 정권이 자민당 단독정권이 아닌 사민당, 사키가케와의 3당 연립정권이었다는 점을 들 수 있을 것이다. 이것이 80년대 나카소네의 행정개혁과 90년대 하시모토 행정개혁의 상이점이며, 행정개혁을 포함하는 어떠한 개혁이든 그 개혁의 정치과정에 참가하는 행위자간 관계의 변화가 개혁의 결과에도 영향을 미칠 수 있다고 하는 좋은 사례라고 말할 수 있을 것이다.

참고문헌

참고문헌

1. 일본어단행본

阿部　齋・新藤宗幸・川人貞史『日本の政治』(日本放送出版協會, 1986).

_______・新藤宗幸・川人貞史『概説現代日本の政治』(東京大學出版會, 1990).

安藤 博編『責任と限界－赤字財政の軌跡』下(金融財政事情研究會, 1987).

飯尾　潤『民營化の政治過程』(東京大學出版會, 1993).

イーストン, D(山川雄巳監譯)『政治構造の分析』(ミネルヴァ書房, 1998).

五十嵐仁『政党政治と勞働組合運動』(御茶の水書房, 1998).

石川眞澄『データ戰後政治史』(岩波書店, 1984).

_______・廣瀨道貞『自民党－長期支配の構造』(岩波書店, 1989).

石澤靖治『大藏省改革－挫折の歷史－』(岩波書店, 1997).

石幡信夫『日本の勞働組合－歷史と組織－』(日本勞働研究機構, 1990).

猪口 孝『現代日本政治経濟の構図』(東洋経濟新報社, 1983).

_______・岩井奉信『「族議員」の研究』(日本経濟新聞社, 1987).

井堀利宏『日本の財政改革』(筑摩書房, 1997).

_______・土井丈朗『日本政治の経濟分析』(木鐸社, 1998).

ヴォゲル, S・K(岡部曜子譯)『規制大國日本のジレンマ』(東洋経濟新報社, 1997).

上住充弘『日本社會党興亡史』(自由社, 1992).

宇治敏彦『鈴木政權・八六三日』(行政問題研究所, 1983).

大嶽秀夫『自由主義的改革の時代』(中央公論社, 1994).

_______『政治分析の手法－自由化の政治學－』(放送大學教育振興會, 1995).

_______『增補新版・現代日本の政治權力経濟權力』(三一書房, 1996).

_______『「行革」の發想』(TBSブリタニカ, 1997).

岡義武編『現代日本の政治過程』(岩波書店, 1958).

オルソン・M(依田博・森脇俊雅譯)『集合行爲論－公共財と集団理論』(ミネルヴァ書房, 1983).

片岡寬光『行政の構造』(早稻田大學出版部, 1992年).

加藤淳子『稅制改革と官僚制』(東京大學出版會, 1997).

加藤　寬『行革は日本を変える』(春秋社, 1982).

_______『官僚主導國家の失敗』(東洋経済新報社, 1997).
加藤芳太郎『日本の予算改革』(東京大學出版會, 1982).
金子仁洋『官僚支配』(講談社, 1993).
鎌倉孝夫監修『行政改革資料集』(ありえす書房, 1982).
加茂利男『日本型政治システム』(有斐閣, 1993).
カルダー, K・E(淑子·カルダー譯)『自民党長期政権の研究－危機と補助金－』(文芸春秋, 1989).
神原　勝『轉換期の政治過程』(總合勞働研究所, 1986).
北岡　勳『日本保守主義』(御茶の水書房, 1992).
北岡伸一『國際化時代の政治指導』(中央公論社, 1990).
_______『自民党・政權党の三八年』(讀賣新聞社, 1995).
キャンベル, J・C(小島昭・佐藤和義譯)『予算ぶんどり－日本型予算政治の研究－』(サイマル出版會, 1984).
木代泰之『自民党稅制調査會』(東洋経済新報社, 1985).
京極純一『現代民主政と政治學』(岩波書店, 1969).
行政管理研究センター編『行政改革のビジョンⅠ·臨時行政調査會意見』(行政管理研究センター, 1977).
_______『公的規制と民間活力』(行政管理研究センター, 1988).
草野　厚『國鐵改革』(中央公論社, 1989).
_______『連立政權』(文芸春秋, 1999).
月刊官界編集部『現代政治の爭点』(行政問題研究所, 1986).
後藤基夫・內田健三・石川眞澄『戰後保守政治の軌跡』(岩波書店, 1982).
後藤田正晴『內閣官房長官』(講談社, 1989).
_______『政と官』(講談社, 1994).
佐竹五六『体驗的官僚論－五五年体制を內側からみつめて』(有斐閣, 1998).
佐々木毅『いま政治になにが可能か』(中央公論社, 1987).
佐藤誠三郎・松崎哲久『自民党政權』(中央公論社, 1989).
產業計畫懇談會編『財政再建への道－產計懇の三つの意見書－』(善本社, 1981).
サルトリ, G(岡澤憲芙・川野秀之譯)『現代政党學Ⅰ·Ⅱ』(早稻田大學出版部, 1980).
新川敏光『日本型福祉の政治経済學』(三一書房, 1993).
新藤宗幸『行政改革と現代政治』(岩波書店, 1986).
_______・山口二郎『現代日本の政治と政策』(放送大學教育振興會, 1995).

________『福祉行政と官僚制』(岩波書店, 1996).
________『眞の行政改革とは何か』(岩波書店, 1997).
世界平和研究所編『中曾根內閣史・資料編』(丸ノ內出版, 1995).
總理府編『平成九年版·公益法人白書』(大藏省印刷局, 1998).
高畠通敏『新保守の時代はつづくのか』(三一書房, 1987).
________ 編『社會党－万年野党から抜け出せるか』(岩波書店, 1989).
田中一昭『行政改革』(ぎょうせい, 1996).
________・岡田彰(編)『中央省廳改革』(日本評論社, 2000).
田中善一郎『自民党体制の政治指導』(第一法規, 1981).
田原總一郎『日本大改造―新·日本の官僚』(文芸春秋, 1986).
辻中　豊『利益集団』(東京大學出版會, 1988).
東京新聞行革取材班『國家破産－行革は日本を救えるか－』(行政問題研究所, 1982).
中野　實『現代日本の政策過程』(東京大學出版會, 1992).
中郇 章・竹下 讓編『日本の政策過程－自民党・野党・官僚－』(梓出版社, 1984).
西尾　勝『行政學』(日本放送出版協會, 1987).
日本経濟新聞社編『自民党政調會』(日本経濟新聞社, 1983).
________『官僚』(日本経濟新聞社, 1994).
野上修市『行政改革の開幕と行方』(新日本法規, 1997).
野口悠紀雄『財政危機の構造』(有斐閣, 1980).
信田智人『總理大臣の權力と指導力』(東洋経濟新報社, 1994).
野村正實『終身雇用』(岩波書店, 1994).
廣瀨道貞『補助金と政權党』(朝日新聞社, 1993).
樋渡由美『戰後政治と日米關係』(東京大學出版會, 1990).
法政大學比較経濟研究所川上忠雄·增田壽男編　『新保守主義の経濟社會政策―レーガン, サッチャー, 中曾根三政權の比較研究』(法政大學出版局, 1989).
堀江 湛·笠原英彦編『國會改革の政治學』(PHP研究所, 1995).
本田雅俊『現代日本の政治と行政』(北樹出版, 2001).
本間正明『農業問題の政治経濟學』(日本経濟新聞社, 1994).
毛 桂榮『日本の行政改革』(青木書店, 1997).
牧 太郎『小說土光臨調』(ビジネス社, 1983).
增島俊之『行政改革の視点』(良書普及會, 1996).
升味準之輔『戰後政治・一九四五~五五年』(東京大學出版會, 1983).

松原 聰『民營化と規制緩和』(日本評論社, 1991).
________『特殊法人改革』(日本評論社, 1995).
眞渕 勝『大藏省統制の政治経濟學』(中央公論社, 1994).
________『大藏省はなぜ追いつめられたのか』(中央公論社, 1997).
マヨーネ, G(今村都南雄譯)『政策過程論の視座－政策分析と議論－』(三嶺書房, 1998).
宮島 洋『財政再建の研究』(有斐閣, 1989).
村上泰亮『新中間大衆の時代』(中央公論社, 1984).
村松岐夫『戰後日本の官僚制』(東洋経濟新報社, 1981).
________・伊藤光利・辻中豊『戰後日本の壓力団体』(東洋経濟新報社, 1986).
________『地方政治』(東京大學出版會, 1988).
________・伊藤光利・辻中豊『日本の政治』(有斐閣, 1992).
________『日本の行政』(中央公論社, 1994).
室伏哲郎『高級官僚－「霞が關帝國」の舞台裏』(講談社, 1987).
柳澤伯夫 『赤字財政の一〇年と四人の總理たち－財政家待望論－』(日本生産性本部, 1985).
藪野祐三『先進社會=日本の政治 II』(法律文化社, 1992).
山口二郎『一党優位体制の崩壞』(岩波書店, 1989).
________・生活経濟政策研究所(編)『連立政治·同時代の檢証』(朝日新聞社, 1997).
吉田和男『これでいいのか省廳再編』(讀賣新聞社, 1998).
吉村克己『池田政權·一五七五日』(行政問題研究所, 1985).
臨時行政調査會OB會編『臨調と行革・二年間の記錄』(文眞舍, 1983).
臨調・行革審OB會監修 『臨調・行革審－行政改革二〇〇〇日の記錄』(行政管理研究センター, 1987).
臨調・行革審OB會『日本を変えた十年』(行政管理研究センター, 1991).
脇山 俊『官僚が書いた官僚改革』(産能大學出版部, 1994).
渡辺洋三『日本をどう変えていくのか』(岩波書店, 1996).

2. 일본어 논문

阿利莫二他 「座談會・行政國家の位相」『ジュリスト增刊總合特集・行政の轉換期』29(1983. 1).

阿部 齋「政治の保守化と政治學の変質－現實批判はなぜ後退したのか－」『世界』(1986. 10).

飯尾 潤「中曾根民活政策－理念 · 手法·利權－」近代日本研究會編『年報近代日本研究一五・戰後日本の社會・經濟政策』(山川出版社, 1993).

五十嵐仁「中曾根元首相におけるリーダーシップの研究」『レヴァイアサン』5(1989 秋).

五十嵐曉郎「田中角榮の遺産・自民党型政治機構」『中央公論』(1986. 10).

井出嘉憲「保守長期政權下の統治」日本政治學會編『年報政治學一九七七·五五年体制の形成と崩壞』(岩波書店, 1979).

伊藤正直「円高・經濟摩擦のなかで」歷史學研究會編『日本同時代史五·轉換期の世界と日本』(青木書店, 1991).

伊藤光利「國會のメカニズムと機能」日本政治學會編『年報政治學一九八七・政治過程と議會の機能』(岩波書店, 1988).

―――「大企業勞使連合の形成」『レヴァイアサン』2(1988 春).

―――「環境變動期における省廳の內部的對応と政府構造－行政の自律化と合理化との關連で－」『政策科學』5巻2号(1998. 2).

伊藤光晴「國鐵・電々改革とは何だったのか」『世界』(1989. 5).

猪木武德「戰後日本の官僚組織と特殊法人－人的資源の移動という視点より」『學術月報』48・5(1995. 5).

今村奈良臣「補助金の政治経濟學」『エコノミスト』(1980. 5. 20).

岩井奉信「現代日本における政策過程論モデル」『レヴァイアサン』臨時增刊(1992 夏).

犬童一男「勞働と政治体制」『法學セミナー增刊·これからの日本の政治』26(1984. 7).

宇治敏彦「野党の政策形成能力」『ジュリスト增刊總合特集·日本の政党』35(1984. 6).

內田 滿「準政党政治の構図－ポスト五五年体制への條件」『法學セミナー增刊・これからの日本の政治』26(1984. 7).

―――「自民党の大勝と五五年体制の終焉」杣正夫編『日本の選擧一九八六年』(九州大學出版會, 1987).

大川公一「第二臨調と行政改革政策の形成－臨調と政府・自民党」『東京都立大學法學雜誌』第28巻1号(1987. 7).

大嶽秀夫「中曾根政治のイデオロギーとその國内政治的背景」『レヴァイアサン』1(1987 秋).

_______「細川政權を生んだ二つの政治潮流」『エコノミスト』(1993. 10. 19).

_______「自由主義的改革の中のコーポラティズムー電電公社民營化における全電通の役割ー」『レヴァイアサン』臨時增刊(1992 夏).

鹿兒島重治「官僚制度の改革」『組織科學』28・3(1995. 2).

加藤一明 「官廳と予算」『法學セミナー增刊・官廳と官僚』總合特集シリーズ23(1983. 8).

_______「行政改革ー臨調に參畫してー」日本行政學會編 『年報行政研究一九·「臨調」と行政改革』(ぎょうせい, 1985).

加藤哲郎 「國民意識の変化と 『生活保守主義』」歷史學研究會編 『日本同時代史五・轉換期の世界と日本』(青木書店, 1991).

加藤淳子 「政策知識と政官關係」日本政治學會編 『年報政治學一九九五·現代日本政官關係の形成過程』(岩波書店, 1995).

加藤 寛 「世界的潮流の一環・中曾根改革」世界平和研究所編 『中曾根內閣史・理念と政策』(丸ノ內出版, 1995).

神島二郎 「五五年体制」日本政治學會編 『年報政治學一九七七・五五年体制の形成と崩壞』(岩波書店, 1979).

加茂利男「戰後五〇年・日本政治文化の軌跡」『年報日本現代史創刊号・戰後五〇年の史的檢証』(東出版, 1995).

川崎嘉元 「行政改革と政治過程ー『多元主義』的モデルの檢討ー」 『中央大學文學部紀要』137(1990. 3).

北原鐵也 「建設省における行政スタイルの变化」總務廳長官官房企畫課 『社會経濟の変化と行政スタイルの変容に關する調査研究報告書』(1990. 10).

久世公堯 「臨時行政調查會の步みと行政改革の問題点」 『法律時報』36卷7号(1964. 7).

久米郁男 「一九八〇年代日本における利益団体政治の変容一九八〇年・一九八九年勞働団体リーダー調查結果分析から(一)ー」『神戶法學雜誌』41・2(1991. 9).

_______「戰後勞使和解体制の形成」日本政治學會編 『年報政治學一九九一·戰後國家の形成と發展』(岩波書店, 1992).

_______「政治経濟環境の変化と行政システム」西尾勝·村松岐夫編 『講座行政學

第三巻・政策と行政』(有斐閣, 1994).
―――― 「新保守主義の時代における日本の勞働政治」『レヴァイアサン』17 (1995 秋).
小島 昭 「政策決定方式の轉換」『ジュリスト增刊總合特集・行政の轉換期』29 (1983. 11).
佐々木毅 「『一國民主主義』の隘路－新しい國際狀況と政治変動への視角」『世界』(1986. 2).
―――― 「構造的再編成の政治過程」東京大學社會科學研究所編 『現代日本社會第五巻・構造』(東京大學出版會, 1991).
佐藤 竺 「臨調と官僚」日本行政學會編 『年報行政研究五·行政改革の推進と抵抗』(勁草書房, 1966).
佐藤誠三郎·松崎哲久「自民党長期政權の解剖」『中央公論』(1984. 11).
サミュエルズ, リチャード・J 「日本における國家のビジネス」北山俊哉譯 『レヴァイアサン』2(1988 春).
篠原 一「団体の新しい政治機能」『岩波講座基本法學二・団体』(岩波書店, 1983).
柴垣和夫 「日米経濟摩擦－その諸要因と歷史的意味」『社會科學研究』第41巻第1号 (1989. 7).
清水愼三 「戰後勞働組合運動史序說」清水愼三編 『戰後勞働組合運動史論－企業社會超克の視座』(日本評論社, 1982).
―――― 「三池爭議小論－八〇年代からの再論」清水愼三編『戰後勞働組合運動史論ー企業社會超克の視座』(日本評論社, 1982).
白鳥 令「大平內閣と五五年体制崩壞後の政治」白鳥令編『日本の政党地図八〇年～九〇年』(學陽書房, 1980).
新川敏光「もう一つの五五年体制」『北大法學論集』第47巻第1号(1996).
新藤宗幸 「『柔らかな集權体制』の岐路－一九八五年体制をめぐってー」『世界』(1985. 7).
椎橋勝信 「これが社會党だ」高畠通敏編 『社會党―万年野党から抜け出せるか』(岩波書店, 1989).
政治エリート研究會・村松岐夫編 「現代日本の政治エリート(二)」『法學論叢』第123巻第6号(1988. 9).
曾根泰教 「日本政策形成論の変化」中野實編 『日本型政策決定の変容』(東洋経濟新報社, 1986).

――――・岩井奉信「政策過程における議會の役割」日本政治學會編『年報政治學一九八七・政治過程と議會の機能』(岩波書店, 1988).

空井　護「自民党一党支配体制形成過程としての石橋·岸政權(一九五七~一九六〇年)」『國家學會雜誌』第106卷第1・2号(1993. 2).

高橋彦博「八〇年代初頭における日本社會党の方向轉換過程」『歷史評論』378(1981. 8).

高須賀義博「臨調基本答申の歷史的意味」『エコノミスト』(1982. 8. 24).

高畠通敏「大衆運動の多様化と変質」日本政治學會編『年報政治學一九七七・五五年体制の形成と崩壞』(岩波書店, 1979).

竹內 啓「『行政改革』の國家觀」『世界』(1982. 9).

竹下　譲「第二臨調と行政改革」中邨章・竹下讓編『日本の政策過程－自民党・野党・官僚－』(梓出版社, 1984).

田口富久治「先進諸國の行政改革序論」田口富久治編『主要諸國の行政改革』(勁草書房, 1982).

田島三津雄「何が社會党を変えたのか」『世界』412(1980. 3).

田中重博「臨調『行政改革』の本質と構図」『季刊科學と思想』(1982. 4).

田中善一郎「中曾根政權と轉換期の國會」內田健三他編『日本議會史錄六』(第一法規出版, 1990).

田辺國昭「戰後日本のストライキ(二)」『法學』第53卷第3号(1989. 8).

谷　勝宏「國會における政党の立法行動に關する動態分析」『レヴァイアサン』4(1989 春).

谷木俊正「『行政改革』と第二臨調」『月刊社會党』298(1981. 5).

谷 聖美「社會党の政策決定過程」中野實編『日本型政策決定の変容』(東洋経濟新報社, 1986).

田端博邦「現代日本の企業・社會・國家」東京大學社會科學研究所編『現代日本社會第五卷・構造』(東京大學出版會, 1991).

千田 垣「鈴木善幸內閣」白鳥令編『日本の內閣Ⅲ』(新評論, 1986).

辻中 豊「勞働界の再編と八六年体制の意味」『レヴァイアサン』1(1987 秋).

――――「現代日本政治のコーポラティズム化」內田滿編『講座政治學三·政治過程』(三嶺書房, 1986).

鶴田俊正「高度成長期」小宮隆太郎・奧野正寛・鈴村興太郎編『日本の産業政策』(東京大學出版會, 1984).

富田信男 「有權者意識の変容」白鳥令編 『日本の政党地図八〇年~九〇年』(學陽書房, 1980).

中北 徹 「貿易と資本の自由化政策」香西泰・寺西重郎編 『戰後日本の経濟改革ー市場と政府ー』(東京大學出版會, 1993).

中邨 章 「自由民主党の四つの顔ー自民党をめぐる政策決定過程の試論的考察ー」中邨章・竹下讓編 『日本の政策過程ー自民党・野党・官僚ー』(梓出版社, 1984).

中村隆英 「過渡期としての一九五〇年代」中村隆英·宮崎正康編 『過渡期としての一九五〇年代』(東京大學出版會, 1997).

樋渡展洋 「『五五年』政党制変容の政官關係」日本政治學會編 『年報政治學一九九五·現代日本政官關係の形成過程』(岩波書店, 1995).

晴山一穗 「『民間活力の活用』をめぐる諸問題」『公法硏究』49号(1987).

早川純貴 「國鐵の『分割・民營化』をめぐる總評指導と國勞の抵抗力」『阪大法學』42(1992. 11).

福岡正行 「中曾根康弘內閣」白鳥令編『日本の內閣Ⅲ』(新評論, 1986).

前田和敬 「官僚機構の政策形成と審議會をめぐる諸問題」『NIRA政策硏究』9・8(1996. 8).

牧 太郎 「『臨調』は日本をどう変えたか」『世界』(1983. 5).

增島俊之 「行政改革の手續き」日本政治學會編 『年報政治學一九八五・現代日本政治の手續』(岩波書店, 1986).

________ 「中央省廳等改革基本法行革の特色と問題点」『レヴァイアサン』24(1999 春).

松下圭一 「行政改革の課題と臨調基本答申」『季刊行政管理硏究』19(1982. 9).

________ 「日本の政策課題と政策構成」日本政治學會編 『年報政治學一九八三・政策科學と政治學』(岩波書店, 1984).

的場敏博 「自民党の政策決定過程」中野實編 『日本型政策決定の変容』(東洋経濟新報社, 1986).

眞渕 勝 「大藏省における行政スタイルの変化ー脫規制と再規制ー」總務廳長官官房企畵課 『社會経濟の変化と行政スタイルの変容に關する調査硏究報告書』(1990. 10).

________ 「省廳再編-橋本行革の終り」『中央公論』(1997. 12).

水口憲人 「アメリカ合衆國の市政改革運動とその『遺産』」田口富久治編『主要諸國の行政改革』(勁草書房, 1982).

三宅一郎「地元利益志向と保守化」『レヴァイアサン』1(1987. 秋).
―――「一党優位政党制の展開と外交基本路線にかんする意識パターン」日本政治學會編 『年報政治學一九九四・ナショナリズムの現在・戰後日本の政治』(岩波書店, 1994).
村松岐夫「中曾根政權の政策と政治」『レヴァイアサン』1(1987 秋).
――― エリス・クラウス 「保守本流と戰後日本におけるパターン化された多元主義の發展」國際文化會館編 『現代日本の政治経濟第一巻－國內情勢の展開－』(總合硏究開發機構, 1987).
―――「民營化·規制緩和と再規制の構造－電氣通信政策の変化－」『レヴァイアサン』2(1988. 4).
―――「一九八〇年代における行政スタイルの変化」總務廳長官官房企畵課編『社會経濟の変化と行政スタイルの変容に關する調查硏究報告書』(1990. 10).
―――「通信行政と產業政策」日本行政學會編 『年報行政硏究二四·國際化時代の行政』(ぎょうせい, 1990).
―――「八〇年代國家の行政構造」西尾勝・村松岐夫編 『講座行政學第一巻・行政の發展』(有斐閣, 1994).
―――「壓力団体の政治活動」『レヴァイアサン』臨時增刊(1998 冬).
八代尙宏「日本の官廳システムと行政改革」『JCER PAPER』18号(日本経濟硏究センター, 1992. 12).
山川雄巳「戰後体制変革期の政策過程についての覺書」『法學論集・原英次教授還曆記念論文集』 第37巻 第5・6合併号(1988. 3).
山口二郎 「行政改革のなかの省廳組織再編論」 『賃金と社會保障』1035号(1990. 6. 10).
―――「政治・行政のインターフェイスの諸相と統治機構」日本行政學會編『年報行政硏究二七・統治機構の諸相』(ぎょうせい, 1992).
―――「現代日本の政官關係」日本政治學會編 『年報政治學一九九五・現代日本政官關係の形成過程』(岩波書店, 1995).
山口 定 「戰後日本の政治体制と政治過程－その特質と変容」三宅一郎・山口定・村松岐夫・進藤榮一『日本政治の座標』(有斐閣, 1985).
―――「政治學の視角から」立命館大學人文科學硏究所編 『戰後五〇年をどうみるか(上)』(人文書院, 1998).

吉村　勵「『行革』の本質と狙いは何か」『経濟評論別冊・行革と官公勞働運動の危機』2(1982, 9).

笠 京子「中央行政組織改革の硏究」水口憲人他編『変化をどう說明するか：行政篇』(木鐸社, 2000).

蠟山政道「我が國における行政改革の課題」『行政學硏究論文集』(勁草書房, 1965).

渡辺 治・加藤哲郎他「座談會·戰後日本社會の変容と変革の展望」『勞働法律旬報』第1111・1112号(1985. 1. 上旬・下旬).

———「『戰後政治の總決算』へ－戰後史のなかの八〇年代－」歷史學硏究會編『日本同時代史五·轉換期の世界と日本』(青木書店, 1991).

———「現代日本國家の特殊な構造」東京大學社會科學硏究所編『現代日本社會第一卷·課題と視角』(東京大學出版會, 1991).

———「現代日本社會と社會民主主義」東京大學社會科學硏究所編『現代日本社會第五卷·構造』(東京大學出版會, 1992).

———「保守合同と自由民主党の結成」坂野潤治他編『日本近現代史四·戰後改革と現代社會の形成』(岩波書店, 1994).

———「日本國憲法運用史序說」樋口陽一編『講座憲法學一・憲法と憲法學』(日本評論社, 1995).

渡辺保男「臨調と政党」日本行政學會編『年報行政硏究五・行政改革の推進と抵抗』(勁草書房, 1966).

綿貫讓治「高度成長と経濟大國化の政治過程」日本政治學會編『年報政治學一九七七・五五年体制の形成と崩壞』(岩波書店, 1979).

3. 기타 일본어 문헌

安倍晋太郎『日経調資料八一一三·財政再建と行政改革』(日本経濟調查協議會, 1981. 6. 30).

行政管理廳史編集委員會編『行政管理廳史』(行政管理廳, 1984).

自由民主党編『自由民主党党史・資料編』(自由民主党, 1987).

自由民主党編『自由民主党党史・党史編』(自由民主党, 1987).

總評四十年編集委員會・總評資料頒布會編『總評四〇年』(總評資料頒布會, 1989).

總務廳行政監察局『行政監察年報』(行政管理硏究センター).

總務廳行政監察局『行政上の諸問題』(行政管理硏究センター).

中曾根康弘『行政改革・その思想と方向』(行政管理廳, 1981. 9).
日本社會党結党四十周年記念出版刊行委員會編『資料日本社會党四十年史』(日本社會党中央本部, 1989).
山口公生編『図説日本の財政』(東洋経濟新報社).
臨時行政調査會事務局『最近の行政改革に關する各党, 各界の主な意見』第1号(1981. 4. 24).
________『最近の行政改革に關する各党, 各界の主な意見』第三号(1981. 10. 1)
________『最近の行政改革に關する各党, 各界の主な意見』第五号(1982. 7. 1).
『中曾根內閣總理大臣演說集』(日本廣報協會, 1988).
「行革參謀長・瀨島龍三の暗鬪」『週刊東洋経濟』(1982. 6. 19).
『公明』 246(1982. 7).
「我が党の七大重点公約」『月刊自由民主』(1980. 7).
「我が党の『二〇の公約』」「自由新報」1983. 12. 6.
「日本経濟新聞」
「毎日新聞」
「朝日新聞」

4. 영어 단행본

Caiden, Gerald. E., *Administrative Reform*(Aldine Publishing Co., 1969).
________ & Siendentopf, H.(eds.), *Strategies for Administrative Reform*(Lexington Books, 1982).
________, *Administrative Reform Comes of Age*(Walter de Gruyter, 1991).
Calder, Kent E., *Crisis and Compensation : Public Policy and Political Stability in Japan, 1944-1986*(Princeton Univ. Press, 1988).
Campbell, John C., *Contemporay Japanese Budget Politics*(Univ. of California Press, 1977).
Easton, David, *The Analysis of Political Structure*(Routledge, Chapman and Hall, 1990).
Elgie, Robert, *Political Leadership in Liberal Democracies*(Macmillan Press, 1995).
Hayao, Kenji, The Japanese Prime Minister and Public Policy(Univ. of Pittsburgh Press, 1993).
Leemans, A. F.(ed.), *The Management of Change in Government*(Martinus Nijhoff, 1976).
Montgomery, J. D., *Sources of Administrative Reform : Problems of Power, Purpose and Politics*(Comparative Administration Group, 1967).
Muramatsu, Michio & Naschold, Frieder, (eds.), *State and Administration in Japan and Germany :*

A Comparative Perspective on Continuity and Change(Walter de Gruyter, 1997).

Majone, Giandomenico, *Evidence, Argument and Persuasion in the Policy Process*(Yale Univ. Press, 1989).

Olsen, Johan P. & Peters, B. Guy, (eds.), *Lessons from Experience : Experiential Learning in Administrative Reforms in Eight Democracies*(Scandinavian Univ. Press, 1996).

Olson, Mancur, *The Logic of Collective Action : Public Goods and the Theory of Groups*(Harvard Univ. Press, 1965).

Sartori, Giovanni, *Parties and Party System : A framework for analysis*(Cambridge Univ. Press, 1976).

Vogel, Steven K., *The Transformation of The Japanese Ecomomy:The Political Battle over Deregulation*(Cornell Univ. Press, 1996).

5. 영어 논문

Chapman, Richard A., "Strategies for Reducing Government Activities", in G. Caiden & H. Siedentopf, (eds.), *Strategies for Administrative Reform*(Lexington Books, 1982).

Fukui, Haruhiro, "Studies in Policymaking : A Review of the Literature", in T. J. Pempel, (ed.), *Policymaking in Contemporary Japan*(Cornell Univ. Press, 1977).

Ito, Mitsutoshi, "Administrative Reform", in Hyung-Ki Kim and Michio Muramatsu, et al., (eds.), *The Japanese Civil Service and Economic Development*(Oxford Univ. Press, 1995).

Kickert, Walter, "Introduction" in Walter J. M. Kickert, (ed.), *Public Management and Administrative Reform in Western Europe*(Edward Elgar, 1997).

Mochizuki, Mike, *Managing and Influencing the Japanese Legislative Process : The Role of Parties and the National Diet*, ph.D. Dissertation at Harvard Univ., 1982.

Mosher, F. C., "Some notes on Reorganization in Public Agencies", in R.C.Martin, (ed.), *Public Administration and Democracy*(Syracuse Univ. Press, 1965).

Muramatsu, Michio, "In Search of National Identity : The Politics and Policies of the Nakasone Administration", *The Journal of Japanese Studies*, Vol.13, No.2 (Summer 1987).

Pempel, T. J., "Japan's Creative Conservatism : Continuity Under Challenge", in Francis G. Castles, (ed.), *The Comparative History of Public Policy*(Polity Press, 1989)

Redley, F .F., "Administrative Theory and Administrative Reform", in G. E. Caiden & H. Siedentopf, (eds.), *Strategies for Administrative Reform*(Lexington Books, 1982).

Rix, Alan, "Bureaucracy and Political Change in Japan", in J. A. A. Stockwin, (ed.), *Dynamic and Immobilist Politics in Japan*(Macmillan Press, 1988).

Siedentopf, H., "Introduction : Government Performance and Administrative Reform", in G. E. Caiden & H. Siendentopf, (eds.), *Strategies for Administrative Reform*(Lexington Books, 1982).

Tsujinaka, Yutaka, "Rengo and Its Osmotic Networks", in Gary D. Allinson & Yasunori Sone, (eds.), *Political Dynamics in Contemporary Japan*(Cornell Univ. Press, 1993).

찾아보기

ㅊ

ㅋ

저자소개

이상훈

1961년생.
한국외대 정치외교학과 졸업, 동대학 대학원 정치학석사 취득.
일본국립오사카대학 대학원 박사학위 취득, 동대학 助手 및 전임강사.
한국외대, 숭실대 강사. 현 국민대학교 일본학연구소 책임연구원.

주요논문
「行政改革の政治過程における能動的推進と受動的推進」
「行政改革の政治過程における能動的抵抗」
「일본의 정치과정을 규정하는 60년체제」
「행정개혁의 정치과정에 관한 분석 틀」
「日本社會党の衰退要因に關する一考察」
「일본의 중앙성청 재편에 관한 요인분석」
「일본의 정당정치와 부패」 외 다수.

일본의 정치과정

2003년 4월 1일 인쇄
2003년 4월 6일 발행

저 자 : 이상훈
발행인 : 김흥국

발행처 : 도서출판 보고사
등 록 : 1990년 12월(제6-0429)
주 소 : 서울시 성북구 보문동 7가 11번지
전 화 : 922-5120～1(편집), 922-2246(영업)
팩 스 : 922-6990 메 일 : kanapub3@chollian.net

ISBN 89-8433-174-0(93340) 정가 9,000원

www.bogosabooks.co.kr